山下徳治と日本の民間教育運動

人間発達の発生論からセルフデザイニング論へ

前田晶子［著］

ミネルヴァ書房

はしがき

歴史研究において、一定の評価が定着している事項であっても、新しい問題状況のなかで再び問い直されるとき、定説とは異なる認識や構図が新たに浮上することがあるのではないか。教育学はまさにそのような時代を迎えている。教育学の領域で、「戦後教育学」が俎上に載せられ、その検討過程において戦前・戦後を生きた教育学者や教師の再検討が進んでいることは、その潮流を表している。[1] 戦後社会が価値として共有してきた教育をめぐる思想や理念がポストモダニズムの潮流のなかで問題の俎上に載せられ、そして近年では新しい地平において戦後教育学を論じ直す動向が生まれている。[2]

本書で取り上げる教育学者・山下徳治は、日本の教育学における「発達」概念について歴史的に検討する際に鍵となる人物の一人である。彼は、一九三〇年代初頭の新興教育研究所・日本教育労働者組合運動（以下、新教・教労運動）の立役者として検討されてきたが、その教育思想の全体を取り上げられることはなく、彼の形成史も明らかにされないままに忘却されてきた人物である。実際に山下が新教・教労運動に直接的に関わったのは、公式には一九三〇年から三一年までの短い期間である。彼は、一九三〇年八月に発足した新興教育研究所の初代所長となるが、その四カ月後には検挙され京城刑務所に拘留される。一九三一年八月に帰国し、その年の年末から年明けにかけて二つの論考を発表するが、それがきっかけとなって新興教育研究所内部で糾弾され、結果として所を去っている。運動への弾圧の渦中で、研究所自体の組織改編や方針転換もあり、山下の退所そのものもあまり注目されるところではなかったといえる。戦後の山下は教育学界から距離を置くことになり、それ以降の彼の教育学研究は知られることがないまま、研究対象となることも多くはなかったのである。

他方で、山下が一九二〇年代に成城小学校の教員となり、渡独してＰ・ナトルプの学生となったこと、マールブルク大学でＥ・Ｒ・イエンシュやＭ・ハイデガーの講義を熱心に受け、ソヴィエトに立ち寄った際にはＬ・ヴィゴツキー一派と面会して交流をしていること、帰国ののちは波多野完治や依田新、宮原誠一、正木正らと研究交流し、戦前の教育科学研究会にいたこと、さらに戦後は体育学者のＣ・ディームと懇親をもち、スポーツ少年団の立ち上げに尽力したことなど、その研究人生は他に類を見ない希有なものであったということができる。本書は、山下がつかもうとした発達思想とはどのようなものだったのかを探るために、彼の人生を追いかけ、その時々の論考を検討しながら、そこに一つの道筋を浮かびあがらせたいと考えるものである。

おそらく、その筋とは、ロマン主義的あるいは非生活主義的立場として、従来の戦後教育学のなかでは注目されるどころか、回避されてきたものである。しかし、現代の教育学をめぐる論議のなかでは、これまでとは異なる位置づけが見えてくるのではないか。そのような立場から、本書は山下徳治のモノグラフをひとまとまりのものとして描き出すことを目的とするものである。

注

（1）　戦後教育学をめぐる議論は、一九九〇年代頃から展開されてきたが、近年では、勝田守一や上原専禄、堀尾輝久など、戦後教育学の言説形成に大きな役割を果たしてきた知識人、また、戦前・戦後を生きた教師の実践がモノグラフとして描かれ、戦後教育学の成立を問う研究が登場している。桑島晋平『勝田守一と京都学派』（東京大学出版会、二〇二一年）、山田真由美「戦後教育学における民族の再考――上原専禄の『国民教育』論を手掛かりに」（『北海道教育大学紀要（教育科学編）』第六九巻第一号、二〇一八年）、田中昌弥「戦後教育学における相対化の契機とその展開――堀尾輝久の教育学を中心として」（『〈教育と社会〉研究』第三三号、二〇二三年、三〜一一頁）、臼井嘉一監修『戦後日本の教育実践――戦後教育史像の再構築をめざして』（三恵社、二〇一三年）、田中耕治他編著『時代を拓いた教師たちⅠ〜Ⅲ』（日本標準、二〇〇五年、二〇〇九年、二〇二三年）など。

（2）例えば、田中昌弥は、「国際的な動向を見れば、人間の生と教育をめぐる矛盾の深まりにより、子ども・学習者の論理を重視するオルタナティブな学校の試みや現場裁量を尊重した授業から国や州が学んで教育改革を模索する例も出てきている。また、人材養成論も、人間形成の道理を無視し続けては、求める働き手が得られなくなることを認識するようになってきた。したがって、戦後教育学の思想を、子どもとの関係や人の育ちへの視点を介した『総合的人間の学としての教育学』（勝田守一・堀尾輝久）として今日的に具体化できれば、むしろ国際的にも先端的な研究となる可能性がある」と指摘している。田中昌弥「戦後教育学の何を受け継ぎ、これからを構想するのか」田中孝彦・田中昌弥・杉浦正幸・堀尾輝久編『戦後教育学の再検討　上――歴史・発達・人権』東京大学出版会、二〇二二年、二〜三頁。

山下徳治と日本の民間教育運動——人間発達の発生論からセルフデザイニング論へ

目次

はしがき

序　章　発達研究における発生論への着目……1

1　教育学における「発達」をめぐる問題……1

論争的な概念としての「発達」　発育論争における山下徳治の立場

2　山下徳治研究の概要……4

先行研究における一九三〇年代への集中　生涯にわたる追求課題の全貌

3　「発育論争」における山下徳治の立場……6

発育論争の枠組み　「発育しつつある児童」の提起

論争をめぐる定説への問い

手掛かりとしての発生論的アプローチ

4　「発育論争」のその後——発生論からセルフデザイニング論への展開……13

5　山下徳治のモノグラフ研究——本書の構成……14

第Ⅰ部　山下徳治における発生論の形成

第1章　鹿児島・台湾における訓導時代……21

1　山下家の家族経営……22

徳之島での出生　東シナ海に広がる家族戦略

2　「学び」のスタイル——郷中教育と近代学校の狭間で……23

原体験としての郷中教育　「自彊学舎」

鹿児島市立西田小学校での教育実践

3　同伴者としての弟・山下兼秀……29

ジャワ島における兼秀の仕事　「新しい人間性」という共通項

4　台湾へ——海洋学への関心……32

ペスタロッチとの出会い　東シナ海へのまなざし

第2章　成城小学校での教育の具体的展開 ……39

1　初期の論考における子どもの原始的生活への着目 …… 39

　機関誌『教育問題研究』の編集　子どもと原始人のアナロジー

2　子どもの原始性に根ざした教育論の展開 …… 41

　尋常科一年生の実践　直観による数学教育

3　子どもの詩に対する固有のスタンス …… 44

　直観と反省　詩の研究

第3章　ドイツ・マールブルク大学における思索 …… 51

1　マールブルク大学の聴講生 …… 51

　P・ナトルプとの短い交流　ドイツ留学中の受講傾向
　M・ハイデガーの現象学への接近

2　E・R・イエンシュとの出会い …… 55

　アイデティーク研究への期待　直観的思惟の心理学研究

3　「発達」と「発展」をめぐる理論問題 …… 59

　意識構造の二層　発展心理学の構想

viii

第4章　ドイツからの帰国とソヴィエト訪問……67

1　ドイツ留学からの帰国……67

後退するイエンシュ　一九三〇年代への助走

2　帰国直後のペスタロッチ論……69

魂《プシュケ》の教育と功利主義批判　成長（Wachstum）と発展（Entwicklung）の架橋

未完のペスタロッチ論

発展心理学（Entwickelungspsychologie）の構想

3　二度目の訪ソの意味……76

ナトルプから新興教育へ　ロシア滞在の足跡

4　新興ロシアへの共感と警戒……79

自筆ノートに見る唯物論の検討過程　リベラリストとしての立ち位置

5　デューイ研究の開始……84

ペスタロッチの先を歩くデューイ　教育研究運動への誘い

第Ⅱ部　一九三〇年代の教育研究運動と教育計画

第5章　山下の新興教育構想 ……… 93

1　訪ソ後の山下の教育運動に果たした役割 ……… 95
転機としての一九三〇年　教育運動史研究のなかの山下

2　プロレタリア科学運動・新興教育運動への参加 ……… 98
初代所長への就任　運動からの離脱の意味

3　『プロレタリア科学』誌への執筆 ……… 102
ナトルプ批判　デューイへの言及と「発展」概念における歴史性の強調
「労働」と「学校」の連結

4　新興教育運動における山下の立場 ……… 110
教育者の政治的疎外への警鐘
自然法則を「転釈」するブルジョア教育学への批判
潜在化するデューイ

x

目　次

第**6**章　山下はなぜ「教化史」を書いたのか……………… 121

1　ソヴィエト・ロシア論……………………… 122

最初の著作『新興ロシアの教育』
デューイの『ソヴェートロシア印象記』の訳出

2　「教化史」の執筆…………………………… 124

『日本資本主義発達史講座』第四回配本　教育のもつ階級性の提起

3　成城時代の総括…………………………… 128

教育の社会的規定への問い　成城における学生運動　デモクラシーの思想

第**7**章　学制改革論と児童学への期待……………… 135

1　教育運動史の教育学的意味……………… 135

新興教育運動をどう総括するのか　悔恨の回想
教育学批判としての教育運動史研究

2　新教・教労運動からの離脱の具体…………… 140

運動の立ち上げにおける積極的役割　最初の検挙と拘留
運動内部に浮上した山下批判　二度目の検挙、三木清との別れ

xi

3　山下の学制改革論における子どもの発生論的把握……147
『中央公論』の二論文　自然発生論に基づく学制改革論　教育学批判へ
4　児童学への期待……152
『教育』第三巻第四号（一九三五年四月号）の「特集号　児童学研究」
『教育』「特集号　児童学研究　第一輯」（一九三七年八月号）と
「第二輯」（一九三八年一一月号）
機械文明の乗り越え

第Ⅲ部　戦後の研究とセルフデザイニング論の展開——スポーツ教育論を中心に

第8章　「ペスタロッチからデューイへ」という問題構制……175
1　思想の成熟へ……175
鹿児島への帰郷　四つのデューイ論の刊行
2　三つの追求課題——教育哲学批判、学校改革論、日本民族教育論……177
主著『明日の学校』の上梓　七著の布置関係

3　教育哲学批判――自己形成の構成的過程……179
構成的な過程としての発展概念　自己を変化させる技術
4　学校改革論――労作教育の立場……183
普通教育の脆弱性　教材のもつ技術的・経済的性格への自覚
5　日本民族教育論――衝動性から生い立つ人間性……186
人類普遍性としての「民族」　民族に共通する「生い立つ」思想

第9章　生い立つ思想とセルフデザイニング論……193

1　児童書『技術の生いたち』と『すまいのおいたち』……193
初めての児童書の執筆　「生い立つ」論の展開
2　森徳治の横浜健民少年団への関わりとセルフデザイニング論……197
スポーツ教育の理念づくり　横浜健民少年団の理論形成
「発育しつつある児童」（発育論争）からセルフデザイニング論へ
3　スポーツを通した「自然」の再構成……204
人間形成における弛緩への注目
「スポーツ少年団の理念」における造形論の展開

4　自ら生い立つ「民族の子ら」への期待……210
民族性の喪失への危機感
確定版「スポーツ少年団の理念」における民族論の削除

第10章　未完の書「日本教育の再発見」へ……215
1　総力戦体制下の言説……215
一九四〇年の論考　精神と行動の一元論
2　一九五〇年代の民族論にみられる転回……219
文化造形と人間形成　日本民族の「手の技法」の形
「形成―造形」論の緊張関係の揺らぎ
3　進化心理学、そして「日本教育の再発見」（未完）の執筆へ……225
V・フレーンとの交流　子供と大人とが一体になる日

終　章　教育学と発生論的発達論……237
1　子どもへのまなざしの変化……238
学童期の子どもの研究　児童の自然性から少年の造形活動へ

2　科学史に根ざす人間科学の探究……240
物質文明に対抗する人間科学　人間学としての心理学への期待
3　教育学における発達論の課題……243
発達心理学への期待　教育学における発達思想の困難
セルフデザイニング論の可能性
あとがき……249
山下（森）徳治略年譜……251
巻末付図表……257
資料編　山下（森）徳治文書の概要とその性格……267
1　二つの「山下（森）徳治文書」……269
2　成城学園教育研究所所蔵「山下（森）徳治文書」目録一覧……270
3　鹿児島大学附属図書館所蔵「山下（森）徳治文書」目録一覧……292
人名・事項索引

序章　発達研究における発生論への着目

1　教育学における「発達」をめぐる問題

論争的な概念としての「発達」

現在、教育学において「発達」を問題にすることが容易に成立しない状況がみられる。とりわけ、二〇〇〇年代に入り「発達」というタームを用いることへの疑念が広がっており、この概念を中心に据えて教育について考えることが困難になっているのである。その理由はさまざまに考えられるが、発達概念が成長過程をスタンダード化してしまい、個人差や多様性を排除するものであるとの見方が根底にあるのではないかと考えられる。それゆえ、発達の一般理論を参照するよりも、個別にアプローチする「子ども理解」といった方が受け入れられやすい状況もみられる。

このような動向は、教育学研究と教育実践の双方において、同時に進行しているとみられる。教育学においては、「発達」という理想を語ることが教育の政治性を隠蔽してきたとの批判(1)があり、「戦後教育学」からのパラダイム転換を図るためにはこの概念の乗り越えが不可避であるとされている。一方、教育実践の現場においては、発達はもっぱら発達障害の文脈に限定して語られるようになり、もはや教育現場全体において共有しうる子ども観としては機能しておらず、個々の子どもの範囲内で用いる語彙となっているといえよう。

とはいえ、このように発達理論を回避することは、子どもを捉えるグランドセオリーとしての参照枠組みを問わないことを意味しており、子ども研究の方法論についても曖昧化されることが懸念される。そこで、本書を始めるにあたって、これまで教育学の中心概念の一つであった「発達」をめぐる論争を検証することを通して、この課題に応答したいと考えている。

そもそも、発達研究は、人類の発生に対する関心から出発したものであり、直接には一九世紀の進化論にルーツがある。その後、新しい学としての心理学が発達研究の主たる担い手となって、人間―動物、大人―子ども、正常―異常、身体―精神、遺伝―環境などの弁証法的な枠組みのなかで展開され、二〇世紀を通じてさまざまな発達段階論として蓄積されてきた。発達研究はとりわけ教育を一つの主要な研究領域として発展してきたのだが、発達理論の学説史において重要なのは、それらが教育への直接的な寄与という意味に止まらず、いずれの古典理論も人間の発生に関する問いと向き合ってきたという点である。いいかえれば、人間らしさとは何か、人間らしさを保障するのはどのような社会か、人間はどのようにして人間になるのか、といった問題群である。この「人間発達の発生論的問い」という枠組みが山下研究の課題に照らしても不可欠の視点であると考えている。

このような「問いとしての発達論」は、人間の発生を問題とするものとして、多くの古典理論に内在するものであった。しかし、本章第3節で取り上げるように、日本の発達をめぐる論争を見ると、一九三〇年代においてすでに発生論的な志向性は少数派となっていたことがわかる。都市化や工業化、そして世界大戦を目前にした時代にあって、発達研究は、人間の発生を問うよりも、むしろ現実の社会に適応しうる人間形成論として要請されたのである。

このようなある意味で手段化された発達理解は、その後も社会のなかで常に要請されてきた。戦後社会のなかでも、「発達への権利」（田中昌人）を導く発達研究が追求されたにもかかわらず、学歴社会化の進行のもとで規範的・技術的な概念としてこの語が語られてきたことも事実である。このことは、発達は常に論争的な概念として存在してきたことを物語っているといえよう。日本では、一九七〇年代に「反発達論」[2]として問題の俎上に載せられたが、この時の争点は、発達は資本主義社会のなかでは生産性によって評価されざるを得ないという点であった。このような発達に対する疑義は、現代の戦後教育学批判とも共鳴するものであり、ともに理想として語られるこの語の限界を指摘するものであるといえるだろう。

発育論争における山下徳治の立場

これらの議論に対して、本書は、発達論における発生論の立場を検証することを目的としている。それは、発達論の批判・擁護のいずれかの立場を取るものではなく、この語が教育の領域でいかに論争的な役割を担ってきたのかを明らかにするためである。その際、まず注目したいのは、一九三四年に日本で行われた「発育論争」である。これは、戦後の発達をめぐる議論に先立って、日本で初めて本格的に展開された発達をめぐる論争であり、山下徳治が発生論的な立場から人間の尊厳性や高貴性を論じたものだからである。ちなみに、この時の彼の位置は、他の論客と一線を画すものであり、この論争において孤立したものであった。

この論争は、後述するように、「子どもは発育する存在か／発育される存在か」という児童学の対象をめぐって展開されたものである。この論争に集ったメンバーは、山下徳治、城戸幡太郎、波多野完治、留岡清男、小野島右左雄など一九三〇年代の民間教育研究運動の主要メンバーであり、その意味で教育史においては大きな意味をもつ論争である。また、それだけでなく、同時代のソヴィエトで展開されていた児童学問題とも関心を共有するものであり、世界史的な共通課題を論じた点でも注目すべき論争であることが指摘されている[3]。しかし、当時の教育学や教育現場、教育制度改革に対しては、ほとんど影響力をもたなかったという点では、「小さな事件」であったともいえるのである。

本研究が注目するのは、この発育論争で独自の立場を示した山下徳治の発達思想である。それは、他の論者が児童学を「生活」の問題として現実社会との連関のなかで論を展開しようとしたのに対して、それを直接に教育実践や教育改革論につなげることに反対した彼の立場が、手段としてではなく、「発生論的問い」として発達思想を提示しようとしたのではないかと考えるからである。もちろん、山下自身が普遍的な発達理論を構築したという意味ではない。山下は、発達思想を教育学に対置させ、発生論の立場から教育学を相対化する理論として追求した数少ない教育学者であるという点で注目されると考えるのである。

2　山下徳治研究の概要

先行研究における一九三〇年代への集中

山下徳治（一八九二〜一九六五）は、鹿児島県師範学校を卒業後、鹿児島市にある西田小学校訓導時代を経て、小原国芳の導きで東京の成城小学校に赴任した。彼はこの上京を契機として、自由教育、プロレタリア教育、そして教育科学など戦前期の主な教育運動に参加し、なかでも新興教育研究所の初代所長を務めたことで知られている。また、研究面では、ペスタロッチとデューイに傾倒し、ドイツ・マールブルク大学留学中にＰ・ナトルプ、Ｍ・ハイデガー、Ｅ・Ｒ・イエンシュらに従事したほか、訪ソの際にはＡ・ルナチャルスキー、Ｍ・バーソフ、Л・ヴィゴツキーらとも交流をもった。他にも、小学校教員としてスタートした彼は、教材・教具の開発・研究に取り組み、一九三四年に『教材と児童学研究』が創刊された際には、誌の主催者として「発育論争」を展開していくのである。

山下徳治については、上記のような多様な経歴を反映して、新興教育の立役者として教育運動研究のなかで論じたもの[4]、「発育論争」と教育科学をめぐる発達思想の研究[5]、ペスタロッチ研究の観点やドイツ留学時代の山下を取り上げたもの[6]、さらに教育方法学の領域において彼の構想を検討したもの[7]などの蓄積がある。これらの研究は、山下の教育学研究の特徴を明らかにするものではあるが、概して一九三〇年代までの、ある特定の一時点をあつかったものが主流である。とりわけ、新興教育研究所と日本教育労働者組合の結成（新教・教労運動）の中心人物として山下を取り上げるものが多いといえる。また、山下の研究の全体像を人間学的立場と論じるもの[8]もあるが、やや一般的な表現にとどまっている感が否めない。そこで、これらの先行研究で示された山下に関する断片的な知見を相互に関係づけていくには、山下自身が取り組んだ追求課題の全体を検討する必要があると考える。

生涯にわたる追求課題の全貌

数少ない山下のライフヒストリー研究[9]においても、戦後の山下を取り上げたものは少なく、主として人生の前半期に集中しているのが現状である。それは、戦後の山下がマルクス主義教育学から離れて「別の道を歩んでいってしまった[10]」と評価されてきたことが要因であると考えられる。しかし、先にも述べたように、山下がどのように生き、何を追求したのかについて、彼が身を置いた場に即してさらなる検討が必要ではないかと考える。

そこで、本書では、山下の発想の基底にあって生涯にわたってその研究を方向づけてきたものは何か、という問いを立ててみたい。彼の基本的な関心を追う形で、その生涯を描いてみたいのである。それは、単に人物研究として山下を論じることに止まらない。次に述べるように、「発育論争」において当時は劣勢であった山下の立場を、現時点から再検討することでもあると考えている。

3 「発育論争」における山下徳治の立場

発育論争の枠組み

「発育論争」は、子どもの発達をどう捉えるかをめぐって、日本で初めて起こった本格的な論争として、これまでも注目を集めてきた[11]。論争の核心は、児童は「発育する存在」（即自《アンジッヒ》）か、それとも「発育される存在」（対自《フューールジッヒ》）かという、研究対象としての児童の捉え方の違いにあったと整理することができる。また、この論争は、遺伝か環境かといった方法論的な対立に止まらず、一九三〇年代の社会と教育の転換期における「児童学」の役割を問うものとして展開されたものである点が重要である。

この論争の背景には、工業化や社会移動などにより変化しつつあった日本社会において、次世代をどのように育てていくかというときの、そこに必要とされる児童学のあり方が問われる状況があった。当時の教育学の基礎学として新たに児童学が要請されたのだが、それを打ち立てる際に、諸学の「寄せ詰め」でいいのか、または心理学や生理学などで行われている児童を対象とした研究だけを「切り取る」ことに問題はないのか、そうではなく総合的で、かつ他領域を牽引する役割を果たすものとして児童学を構想しなければならないのではないか、といった問いが論者らには共有されていたのである。

「発育しつつある児童」の提起

そのなかで、山下は、論争の場となった雑誌『教材と児童学研究』の主催者として、創刊号巻頭論文「児童学とは何か」において、児童学が諸学の寄せ木細工になることを否定し、「真の綜合」として成り立たせなくてはならないと提起する。そして、「解剖学、生理学、心理学が同じく児童を対象としまた特にその発育に重心を置いて研究し年齢上の徴候綜合を与へるとしても、それはただ自己の領域において与へ得るのみである」が、「児童学の対象は発育しつつある児童を全体として研究する」（傍点原文のまま）ものとしての総合性を持って構想されなければならないとするのである(12)。

児童学の対象は「発育しつつある児童」であると述べる山下の意図は、彼自身の言葉でいえば「児童の自然性」を研究目的の中心に置くことであり、そこから「新しい人間性」や「人間の尊厳性や高貴性」を導き出し、「人類文化の発展」に寄与する広がりをもたせていくのだとされる(13)。その際に、山下は、「教育学は児童学ではない」と断言し、児童学は教育学の基礎学でなければならないと指摘している(14)。いいかえれば、教育学のみでは、時勢に追随するいわゆる御用学者の子ども研究になる危険性があり、彼のいう人類文化史を創ることはできないということになろう。

以上の山下の見解に対して、城戸幡太郎、波多野完治、留岡清男といった他の論者たちが、誌上で後者「発育されるもの」の立場から徹底した批判を加えたのである。例えば城戸は、なぜ児童学が必要かといえば、新しい世代としての子どもの「生活の実践的発展」という課題があるからであり、子どもの発達へのアプローチは、山下のいうような「人間性と云ふ立場から考へられる児童、其処に我々が持つて居ないものを持つて居ると云ふやうなロマンチークな考へ方」を持つべきではないとする。そして、「児童学には児童問題解決のための綜合的知識が要求され」ると主張したのである(15)。同様に波多野も「児童の環境的規定」を重視すべきであり、『発達』は発達そのものからではなくて、主体と環境との交渉の有様から規定されなければ真に説明された事にならない(16)」と指摘している。さらに留岡も、山下の「自然性」の議論には、「ロマンティークなアニミズムがしのび込む危険性」があり、それに対して「児童がどう発達して行くかと云ふコンディション」を重視したのである(17)。

「児童の自然性」を論じる山下に対して、これらの批判が展開されたのは、大人社会の問題を括弧に入れた子ども研究に対する強い警戒がその根底にあったと考えられる。城戸は、「自分が子供であつた其の時代を回想して子供とはどう云ふものかと云ふのではなく、〔中略〕自分の中に自分ならざるものを子供に認め、かゝる自分の持つて居ないものを将来発展させると云ふことに対象を求める(18)」べきであるとする。ところが山下の議論では、子どものなかに大人と同型のものを求めており、このような不変の発達像を自明とする立場には、

「生物学主義」や、環境的要因を議論する余地のない「展開説」に陥る危険性が潜んでいるとするのである[19]。このような論争の構造は、現代の発達論批判と単純に比較はできないが、理想の発達像を語ることへの警戒という意味での共通性が指摘できる。

論争をめぐる定説への問い

ここで論点となるのは、はたして山下のいう「児童の自然性」の議論が、批判されたように、子どものなかに大人の縮図をみるという性格のものであったか否かである。この点について、これまでの山下研究では、子どもの「人間的自然」のなかに人間のもつ尊厳性や高貴性を追求するという彼の発想について、他の論者とは「発達的課題の解決の方向性が異なる」のであり、そこには「小学校教員出身の山下」のこだわりが影響しているという評価[20]や、生活綴方にみられるような子どものなかに問題を発見するという方法との類似性を指摘するもの[21]がある。すなわち、山下の固有性は、子どものつかみ方に教師の実践的発想が反映されているゆえであるとされてきたのである。

山下が教材・教具に関心を持っていたことを踏まえれば、このような総括も可能だが、この論争の対立点やずれを明確にするうえでは十分であるとはいえない。例えば、生活綴方教育と山下の児童学の関係についていえば、生活綴方が子どもの表現物から直接に彼らの生活課題を拾い上げるという方法をとるのに対し、山下の主張が、子どもの自然性のなかにそのまま人間の尊厳性や高貴性を求めるものではなく、人類史における人間のあり方を問うという迂回路を取ったという点を考えると、必ずしもこの解釈は成り立つとはいえないだろう。

この点を明確にするために、長くなるが、「発育論争」における山下と城戸のやりとりを以下に引用してみよう（「村上純」は、山下の誌上のペンネームである）。

城戸：例へば子供の芸術を考へても、次の時代の芸術としてどんなものが生まれるかを考へる時、そこに教育の問題がある。其の方法として唯意識といふ事を考へて居てもよいが、其の他色々の材料の発達を考へ又同時に身体的な方面及び意識的な方面も考へねばならん。殊に材料の発達と云ふ様な経済的条件から来る文化材の発達も又社会生活も考へねばならぬ。さういう問題が綜合されて、一つの児童問題が解決されて行くのだと思ひます。夫を教育的な立場から見れば合科教授の問題が起つて来ると思ひます。之をどう規定して行くかと云ふ事から心理学、生理学の方法が必要になつて来るんぢやないですか。今迄研究されて居る学問の中で児童学を完成させる意味に於て……

村上（山下）：方法論に対する大体の見解としてはかう思つて居ます。一般的な意味においてですが、現象学的方法ではないかと思ひます。夫は例へば子供が具体的に表現したもの、図画だとか言葉だとか行動だとかについて研究して其の中に於ける法則性を洞察的な連関に依つて発見することではないかと思つています。[22]（傍点引用者）

「次の時代の芸術」を考える時、城戸の場合は児童の身体や意識に加え、材料のもつ経済的・社会的特徴など、社会環境を踏まえた児童問題研究として児童学は成立するとしている。それに対して、山下は、子どもの表現物を現象学的に洞察することによって人間性の原理を明らかにすることが児童学の方法論であると提起している。当然のことながら、法則性を洞察的に発見するという山下の主張には、大人側の理想論が入り込む余地ができてしまい、城戸らの批判するところとなるだろう。しかし、城戸が児童学をして児童問題を解決する学として位置づけたのに対して、山下はむしろ教育問題の迂回路としての児童学を構想していたことがわかるのである。この点からしても、単に山下において実践志向が強かったということで、この論争をまとめることはできないのではないかと思われる。

手掛かりとしての発生論的アプローチ

本書は、山下のライフヒストリーを追いながら「発育論争」において彼が志向した子ども研究のアプローチを探りたいと考えている。そこで再び先行研究を俯瞰して見ると、山下の教育学研究の特徴として一つのキーワードが浮かび上がってくる。それは、彼が子どもや教育を一貫して発生論的な観点から捉えようとしていたという点である。いくつかの先行研究を取り上げてみよう。それぞれの指摘の文脈は異なるものの、共通して山下の発生論に触れている。

> 山下は、思想・道徳・芸術は「ただそれらが創造的であるという以上に、人間性や世界人類性に通ずる人間の根源的な意味をもっている」と考える。そういう人間の自己形成が法則性をもつものとすれば、それは人類発生の初源から、その進化のあらゆる発展段階を通じて、共通の創造力をもつものと考えざるを得ない。それを山下は人間の生命力そのものに求めて、〈人間性の根源力である〉ものとしての《衝動性》に、思いを深めていった。[23]

児童の実験的研究は成城小学校の特色の一つであったが、山下は「個体発達史は系統発達史を繰り返す」という見解に媒介されながら、「児童研究を発生的に又実験的に研究せんとするものにとって人類の文化発達史の研究は同時にそれがなされなければならぬ」と述べ、子ども研究と人類文化発達史の研究を結合することを提起したのである[24]。

山下は、公的カリキュラムの「学科自体の論理的要求」を原理とする教材選択上の問題点や、当時の生活教育の諸実践が依拠する「心理的要求」を原理とする論理の問題点を打開し、これらの原理を統合する新たな原理を「発生的見解」に求めた。すなわち、「児童の生活の欲求」という個体発達史を追うことで、「人類の生活の欲求」という系統発達史を繰り返そうとする方法である[25]。

以上のように、山下が早い段階からペスタロッチに傾倒していたこともあって、彼の教育学研究の基底に「人間とは何か」を人類の発生史において問う志向性があったことが指摘されてきた。にもかかわらず、この「発生論的アプローチ」というべき発想が彼のなかでどのように形成され、いかなる性格をもったのか、という点については十分研究されてきたとはいえないのである。また、「発育論争」をこの観点から分析する仕事も未着手である。そこで、まず本書の第I部では、鹿児島に出生してから東京の成城小学校で教鞭をとるまでの若き日の山下の教育・研究活動を対象として、発生論的発想のルーツをたどることから始めたい。

4　「発育論争」のその後――発生論からセルフデザイニング論への展開

本書は、山下の鹿児島時代から出発すると同時に、「発育論争」のその後に着目するところにこれまでの研究にはない視点を持っている。山下研究の主要な関心事は、本章第2節でも触れたように一九三〇年代の教育運動のなかの山下に集中している。その理由は、一つは、山下がドイツ留学とその帰路で立ち寄ったソヴィエトから戻って新教・教労運動を主導した点が注目を集めたことと、もう一つは、発育論争で「即自《アンジッヒ》」の立場を堅持したことがその後の研究でも評価されなかったという消極的な理由があるのではないかと考えている。教育運動史以外にも彼の教育制度改革論や教科教育論を取り上げる論考はあるものの、戦後までを通して山下の全体像を捉える研究はいまだ存在していないのである。

しかし、発生論的アプローチの形成という視点で山下を捉えようとすると、彼にとっての一九三〇年代は単にプロレタリア教育運動や新興教育運動一色であったわけではなく、むしろ「子どもの自然性」を軸とした教育の立場を実現するための教育制度改革論や教育課程論の実現に取り組んだ時期であったことがわかる。それは、発育論争後にむしろ精力的に展開されている。

さらに、一九三〇～四〇年代を経て、戦後になると、彼は新しい教育学構想を教育学界の外から模索することになる。それが、「スポーツにおける人間形成論」である。なぜ彼が教育運動から距離を取り、日本体育協会に関わるようになったのか。そこに、教育学に対する批判があったとすれば、それはどのようなものだったのか。本書では、スポーツに関わるなかで、彼が人間形成論に新たに「造形」（セルフデザイニング）という概念を導入しようとしていたことを明らかにする予定である。

山下の戦後における最後の仕事は、「日本教育の再発見」という著書の原稿を準備するなかで、道半ばで終わっている。その意味で、彼の教育学研究はその完成をみる直前で終わってしまったといえるが、発生論への志向性の展開として彼の戦後の仕事を位置づけるなかで、彼の目指した教育学の内実の検討を試みたい。はたして彼が提起したセルフデザイニング論が、現代における教育学の「発達」をめぐる問題に対する一つのオルタナティヴを示すことになるのかどうか、本書の全体を通して考えていきたい。

5　山下徳治のモノグラフ研究——本書の構成

本書は、山下徳治のモノグラフ研究として構成している。すでに述べてきたように、山下は、一九三〇年代の教育研究運動の中心的位置にあり、波多野完治や依田新、正木正など戦前・戦後の教育心理学の担い手に影響を与える存在であったが、戦後は教育学の世界から距離を取ったために、彼の生活史の全貌は明らかになっていない。そこで、本書では、成城学園教育研究所と鹿児島大学附属図書館に所蔵されている山下（森）徳治文書を用いながら、彼のライフヒストリーの三つの時期について論じていくこととする。

まず、「第Ⅰ部　山下徳治における発生論の形成」では、鹿児島での幼少期から成城小学校の訓導としてドイツ留学を果たす彼の三〇代前半までの時期における学問的・実践的な思索の展開を明らかにする。ここでは、彼が自己の成長過程において鹿児島から南西諸島に広がる海洋への視野を醸成していたことや、彼自身の信仰の問題も踏まえつつ、人間の発生を問う発達研究への関心を深めたことを論じる。

次に、「第Ⅱ部　一九三〇年代の教育研究運動と教育計画」では、これまでの研究で主たる関心を集めてきた山下の一九三〇年代の新興教育運動や教育科学運動との関わりを取り上げる。当初は、教育研究運動の中心に位置づきながらも、数年で距離を取るようになる山下の軌跡については、得てして否定的な評価が付されてきた。本書では、人間発達への発生論的アプローチが展開された時期として論じていこうと考えている。

最後に、「第Ⅲ部　戦後の研究とセルフデザイニング論の展開――スポーツ教育論を中心に」では、大学などにポストを持たず、教育学や民間教育運動の舞台から姿を潜めた戦後の山下が、今度は主としてスポーツの領域で教育学の思索を深め、少年期のスポーツ活動を通じた自己形成についての理論的追求を行い、やがてはオリンピック・ムーブメントの一環としてスポーツ少年団の結成に関わっていく点を取り上げる。この点についての身体教育研究や体育教育史の観点からの位置づけについては別途検討が必要であるが、本書では、山下がこれまでの人間学の追究ともいえる人間発達についての思索を、「造形」という概念を用いてセルフデザイニング論として展開しなおしたこと、さらに同時代に広く問題となった民族教育論への言及を取り上げる。

終章では、改めて教育学における発達論、とりわけ山下が提起した発生論的発達論の問題提起についてまとめ、今後の課題を示したい。

最後に、巻末「資料編　山下（森）徳治文書の概要とその性格」では、本書を遂行するにあたって作成した山下（森）徳治文書の概要について述べる。これらの資料は、現在、成城学園教育研究所と鹿児島大学附属図書館に分かれて所蔵されているものである。

なお、山下は一九四一年に結婚により姓を「森」と変更している。本書では、論文については発表された際の姓名を用いるが、煩雑さを避けるため、基本的に第Ⅰ部と第Ⅱ部では「山下」、第Ⅲ部では「森」の表記を用いる。終章及び巻末資料編については、両方の姓を併記する。なお、ここで示す成城学園教育研究所所蔵と鹿児島大学附属図書館所蔵の資料目録は、成城学園教育研究所と山下徳治のご子息である森礼治氏のご理解とご協力を得て完成したものであることを付記しておきたい。

注

（1）今井康雄「見失われた公共性を求めて」『近代教育フォーラム』第五号、一九九六年など。

（2）山下恒男『反発達論』現代書館、一九七七年。

（3）中内敏夫『中内敏夫著作集Ⅵ　学校改造論争の深層』藤原書店、一九九九年、一七四頁。

（4）例えば、井野川潔「山下徳治と新興教育」『近代日本の教育を育てた人びと　下』東洋館出版社、一九六五年、二二一～二五五頁。

（5）内島貞雄「発達と教育に関する史料紹介」（『民間教育史料研究』第一一号、一九七五年七月）及び「山下徳治の子ども認識と教育研究」（『教育運動研究』創刊号、一九七六年七月）、高橋智・清水寛『城戸幡太郎と日本の障害児教育科学』（多賀出版、一九九八年）、中内敏夫『中内敏夫著作集Ⅵ　学校改造論争の深層』（藤原書店、一九九九年）、大泉溥「近代日本における教育心理学と『輸入科学』問題」（『心理科学』第四巻第一号、一九八〇年九月）、前田晶子「近代日本の発達概念における身体論の検討」（『鹿児島大学教育学部研究紀要』教育科学編、第五九巻、二〇〇八年）など。

（6）寺岡聖豪「山下徳治とペスタロッチー」（浜田栄夫編『ペスタロッチー・フレーベルと日本の近代教育』玉川大学出版部、二〇〇九年）、宮崎俊明「山下徳治にみるドイツ教育学の受容問題」（『鹿児島大学教育学部研究紀要』教育科学編、第五一巻、二〇〇〇年）など。

（7）山根俊喜「戦前における山下徳治の教育方法観」（『京都大学教育学部紀要』第三三号、一九八七年三月）、谷口和也「社会科成立以前にみられる社会科的カリキュラム」（『岩手大学教育学部研究年報』第五七巻第二号、一九九八年二月）など。

(8) 内島貞雄、前掲「山下徳治の子ども認識と教育研究」七四〜七七頁。

(9) 海老原治善「解説　山下徳治とその教育学」『明日の学校』（創業六〇年記念出版世界教育学選集七六）明治図書出版、一九七三年や井野川潔、前掲「山下徳治と新興教育」など。また、宮崎俊明、前掲「山下徳治にみるドイツ教育学の受容問題」にも、その生育史について詳しい情報がある。

(10) 海老原治善、前掲「解説　山下徳治とその教育学」二五九頁。

(11) 「発育論争」という表現はこの論争に対する研究上共有されている名称であるが、論争では「発育」と「発達」が区別されずに用いられており、その意味で「発達論争」といい換えてよいと考えている。

(12) 村上純（山下徳治）「児童学とは何か」『教材と児童学研究』創刊号、一九三四年五月、一一頁。なお、この論争の全体は、大泉溥編『日本の子ども研究——明治・大正・昭和』第六巻（クレス出版、二〇〇九年）に所収されている。

(13) 「『児童学とは何か』の座談会」『教材と児童学研究』第一巻第二号、一九三四年六月、一〇〜一一頁。

(14) 村上純、前掲「児童学とは何か」一三頁。

(15) 前掲「『児童学とは何か』の座談会」一三〜一四頁。

(16) 波多野完治「児童学に就いて」『教材と児童学研究』第一巻第三号、一九三四年七月、七頁。

(17) 留岡清男他「『発育に就いて』の座談会」『教材と児童学研究』第一巻第四号、一九三四年八月、二四頁。

(18) 前掲「『児童学とは何か』の座談会」一三頁。

(19) 西川好夫「『児童学とは何か』に関する討議を読みて」『教材と児童学研究』第一巻第四号、一九三四年八月、四八頁。

(20) 高橋智・清水寛、前掲『城戸幡太郎と日本の障害児教育科学』四七頁。

(21) 内島貞雄、前掲「山下徳治の子ども認識と教育研究」七九頁。ただし、内島は、山下が生活綴方と類似した視点をもっていたにもかかわらず、一九三〇年代後半の生活教育論争において、生活綴方批判を行った教育科学研究会の立場に接近したことにも言及している。
(22) 前掲「『児童学とは何か』の座談会」一五頁。
(23) 井野川潔、前掲「山下徳治と新興教育」二四一頁。
(24) 内島貞雄、前掲「山下徳治の子ども認識と教育研究」六五頁。
(25) 谷口和也、前掲「社会科成立以前にみられる社会科的カリキュラム」七六頁。

第Ⅰ部　山下徳治における発生論の形成

第1章　鹿児島・台湾における訓導時代

山下徳治は、二〇代前半までの時期を鹿児島で過ごしている。一九二〇年に、成城小学校にいた同郷の小原国芳に呼ばれて上京した彼は、戦後の数年間を除いて帰郷はしていない。そのこともあって、これまでの教育史研究では、彼の鹿児島時代についてはさほど語られていない。もっぱら、成城小学校に赴任して機関誌『教育問題研究』の編集を担当したことや、その後、訪ソを経て新興教育研究所や教育科学研究会において中心的な役割を果たすまでの、主として教育運動に関わった時期に光が当てられてきた。

しかし、新教育の息吹が芽生えていた一九一〇年代の鹿児島で教員世界に足を踏み入れたことは、彼の教育への関心を方向づけるうえで少なくない意味を持ったと考えられる。そこで、彼の鹿児島でのライフヒストリーを押さえ、彼の発生論的志向性の芽生えを導き出したい。

1　山下家の家族経営

徳之島での出生

鹿児島時代の山下については、彼自身による回顧録[1]と年譜[2]に頼らざるを得ない。なぜなら、戦火に焼かれた鹿児島市では、今では学校等に残された文書類は多くはなく、山下の在学中の状況を探ることは困難だからである。また、鹿児島県教育会発行の『鹿児島教育』を辿っても、彼につながる情報は僅少に止まっている[3]。限られた史料ではあるが、以下では、巻末に添付した年譜に沿って、鹿児島時代の山下の足跡を追っていきたい。

山下は、父親が砂糖の製造・販売業に従事していた徳之島で一八九二年に出生している。彼は、四男六女の第六子であった。徳之島の製糖業は、一八七三年に自由取引が開始されて以降もなお、行政とつながりのある大島商社の独占販売状況が続いていた。その後、一八八五年に島民主体の阿部組が立ち上がり、他方では一八八七年に鹿児島の商業界が起こした南島興産商社が設立され、両者の間の抗争が展開されるようになる。このような政治的混乱のもとで産業自体にも悪影響が及んでいくのだが、山下が生まれた頃には、再び制度面での安定と、それにともなう生産量、品質の改善がみられたという[4]。

東シナ海に広がる家族戦略

山下家は、もともと下級武士の居住地区であった鹿児島市西田の出身（本籍は「鹿児島市鷹師町」）であり、おそらく西南戦争後に製糖業に就いたと予想される。一家は、一八九五年に徳之島を離れているが、父の徳之島での立場や、西田に戻るに至った経緯などはわかっていない。ただ、ここで考えたいのは、鹿児島から南西諸島に渡る東シナ海に広がって、この一家のような移動は珍しくはなかったという点である。のちに、長兄と次女が台湾に渡っていることなどを併せて考えると、山下家の家族経営は奄美群島から琉球、さらに植民地化された台湾などを含め、海洋を舞台として展開したものであったと考えることができる。この点は、後述するように、のちに鹿児島市の西田小学校を辞し、オーストラリア・メルボルン大学にて海洋学を学ぶ夢をもって鹿児島を離れる際の山下自身の心境にも連なっているものと考えられる。

2　「学び」のスタイル――郷中教育と近代学校の狭間で

山下が小原国芳を介して成城小学校に赴いたことはよく知られている。しかし、彼の鹿児島時代の教育経験が、この土地に固有の前近代からの伝統を引き継ぐ「郷中教育」にあったことは、それほど明確にはなっていないのではないか。彼は、小学校入学と同時に地元の学舎に入り、その後も長期にわたってこの地域性の高い教育機関に関わり続けたようである。

その形跡は多くはないが、一つには、回想録「ころび行く石」のなかに、教師を目指したものの、師範学校が「六歳の幼児期から育てられてきた健児の舎の雰囲気」と合わず、その志が崩れる思いをした、とあるところから、彼の学舎経験の大きさを垣間みることができる。[5] 他にも、「学舎再建資金寄付者名簿」（一九五八年）のなかに「森徳治」の名前があること、[6] 上京者で構成される「西田会」（関東地区自彊学舎出身者の会）のメンバーであったことがわかっており、[7] 彼の舎への関わりが生涯にわたるものであったことは疑いないといえる。

併せて、学舎の年中行事の一つである「招魂祭」（十一月）で用いられる「物故者名簿」にもその名が記されていることを付記しておきたい。

原体験としての郷中教育「自彊学舎」

「自彊学舎」と称するこの健児の舎は、山下の少年期までは「共同塾」と「常磐学舎」という二つの舎として存在していた。前者は西南戦争後に下級武士により起こされたもので、舎は西田に移転するまでは武士小路にあったという[8]。また、後者の常盤学舎は、より身分の高い武士の居住地にあったとされている。山下家が西南戦争後に製糖業に従事したことから考えて、山下自身は、前者の共同塾に属していたと考えられよう。その後は、一九一一年に合併して「自彊学舎」となったのを機に、西田小学校に隣接する場所に移転して、現在に至っている。

当時学舎では、員外生（未就学児）、幼年生（一五歳まで）、青年（二四歳まで）、特別員（二五歳以上）を分けており、午後三時から組に分かれて約二時間の自習を行っていたという。夜間もまた二時間の出塾があり、勉強と運動が行われた。「自顕流」などの運動活動、朗読会、「字競（じげ）」と称する書道の審査会、他にも演説や討論会があった。また、徳育を育む行事として「曽我傘焼」「妙円寺参詣」「赤穂義士輪読会」「加世田竹田神社走り詣」「積善会」などが行われ、舎の規則に反する者には厳しい罰則が課された[9]（写真1－1、写真1－2）。

これらの内容は、郷中の人づくりの特徴を継承しているが、明治半ばには、近代学校制度の整備にともなう性格の変化もあったことが指摘されている。例えば、自彊学舎と学校教育について論じたものとして、『舎史』[10]に収録されている吉田清志の遺稿（一九一四年執筆）がある。吉田は、共同塾時代の明治二一～二二年頃から、学

写真１－１　自彊学舎の妙円寺参り

出典：「舎史（百三十周年記念誌）」財団法人自彊学舎（2009年）40頁，撮影年代不詳。

写真１－２　徳重神社参拝者（1930年11月）

出典：「舎報」第三号，自彊学舎（1931年）。

舎の性質がそれまでとは変わったことを指摘し、近代学校制度の整備とともに学校の補修所として再編されたと論じている。この動きを担った「改正派」は、主に師範学校出身者であったとされ、吉田はこれを批判して「学舎の本領」としての「社会教育」の意義を明らかにすることが自身の問題意識であるとしている。彼の「学校教育の補助機関たらしむる勿れ」という主張は、当時特に極端なものだったわけではなく、学舎の舎長を三度にわたって担った白石幸熊もまた、学校教育は知識偏重であり、就学機会の延長は「有為の青少年に対し、学舎教育に親しむの機会を奪」ったと述べている[11]。ただし、吉田の立場は単なる復古主義的なものではなく、「社会教育」という概念を用いての学舎の再定義であったといえる。その意味では、近代学校（西田小学校、一八八七年創立）と学舎（共同塾、一八七八年創立）は、対立を含んだ棲み分けの関係にあったとみるべきであろう。

いずれにせよ、山下徳治が学舎に所属しながら中学校中退を経て師範学校に進み、教員になったという経緯のなかには、当初から近代学校への批判的観点を内在してのものだったことを想定する必要があるだろう（写真1－3、写真1－4）。そのことは、山下の学校制度論に対する一貫した批判的姿勢を作り出したとも考えられる。戦後の論考ではあるが、近代学校批判がいくつかみられる。その一つを挙げておこう。

> 「学制頒布」による寺子屋教育の廃棄は、日本民族の人間性の形成と文化の創造を、その根本から脅かす重大事件であったのである。この改変は、「外国でのすべての事態は輝かしい」という新しい伝統を、わが国のいわゆる近代的学校教育のうちに、抜き難い現実として創ってきた[12]。

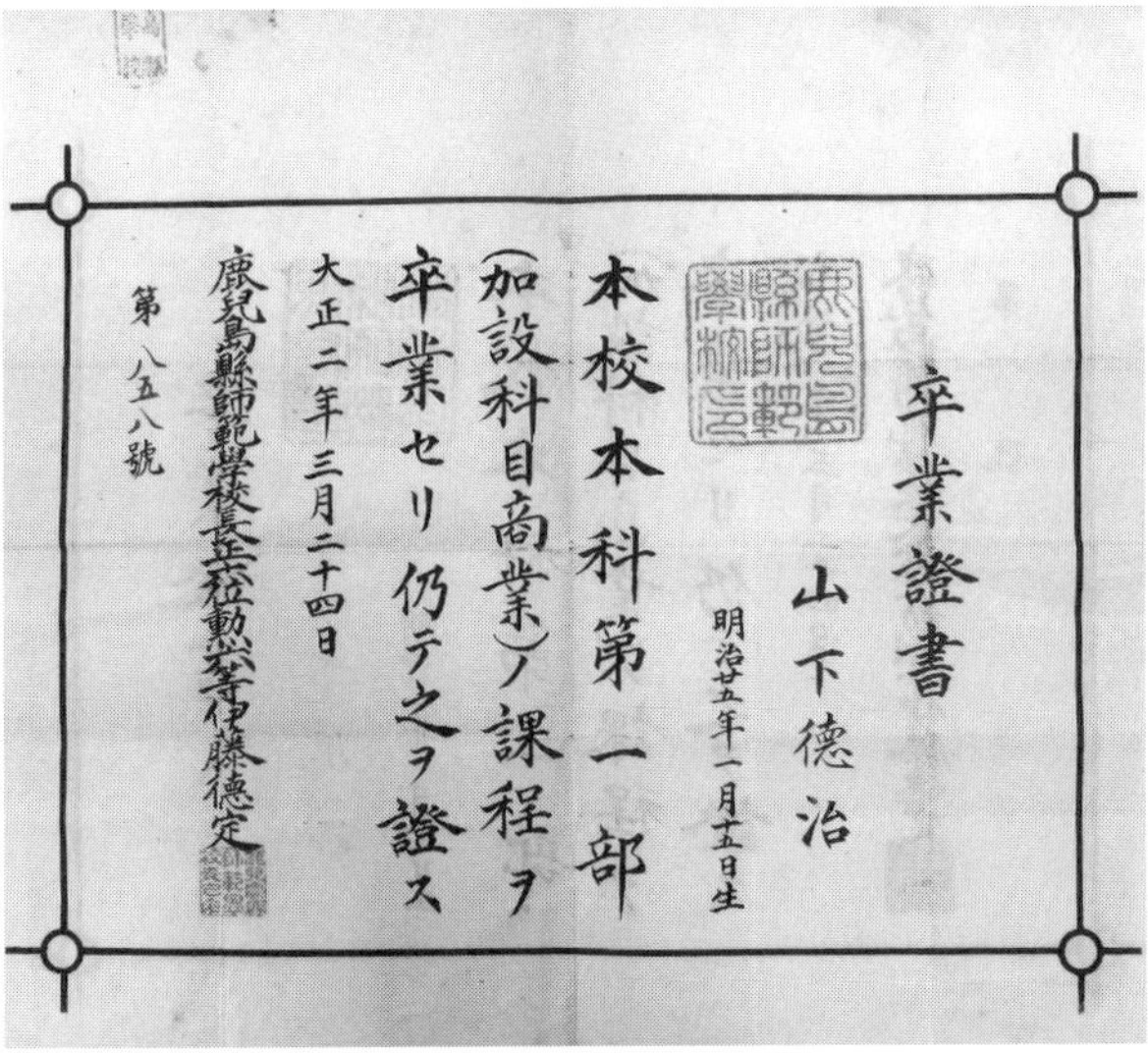

卒業證書

山下德治

明治廿五年一月十五日生

本校本科第一部

（加設科目商業）ノ課程ヲ

卒業セリ仍テ之ヲ證ス

大正二年三月二十四日

鹿兒島縣師範學校長正六位勳六等伊藤德定

第八五八號

写真1－3　鹿児島県師範学校の卒業証書（1913年3月）

出典：鹿児島大学附属図書館所蔵。

写真1－4　鹿児島市立西田小学校（1913年頃）

出典：鹿児島大学附属図書館所蔵。

このように、山下の教育者としての自己形成が単線的なものではなく、一方で教育へのあこがれを語りながら、他方で師範学校の教師を批判し、教職への関心はもともとなかったとさえ明言する彼の語りの複雑さは、学舎における学びの経験に根ざすものなのかもしれない。

三歳で鹿児島市西田町に戻った山下は、六歳から自彊学舎で学ぶようになる。この健児の舎に、山下は親しみを持って通い続けたようである。彼が教員とのトラブルから鹿児島県立第一中学校（現・鹿児島県立鶴丸高校）を二年で中退となり、師範学校への転入を志した際にも、この学舎に戻って勉学に励んだとされている。[13]

鹿児島市立西田小学校での教育実践

その後、師範学校の四年間を経て教師生活をスタートさせた赴任先は、母校西田小学校であった。この学校は、かつて西郷隆盛の屋敷が近くにあり、前身となる「武小学」の札を西郷が揮毫したものが残されている。また、税所敦子や小松帯刀、八田知紀などを輩出しており、市内でも歴史の古い学校の一つである。山下は、この学校で四年間の訓導生活を送っている。

この時期のエピソードとして興味深いのは、教職二年目の年の修学旅行である。山下は、六年生の修学旅行を独自に企画し、生徒には前年度から費用の積み立てを行わせた。その行程は、「鹿児島市から重富まで汽車に乗り、八里の路を入来温泉場へ向かい、川内川の轟滝に到り、そこから川内市まで舟で河下りして、串木野、伊集院を経て帰校する」というもので、過酷な旅程に校長からは中止の要請もあったという。この旅を強行した山下は、当時を振り返って、「子供たちは、自分のからだ、自分の体力について、ほっとしながら自信を得た」[14]と語っている。校長を説得し、担任として当初の計画を実行したことが、結果として子どもの人間形成に大きな影響を与えることとなり、「真実なる幸福」をもたらしたと自信を持って語っている。山下は、当時の彼自身の教育観を「自然に帰れ」、つまり「人間が持つて生れた天賦の能力を、最大限度に発揮」するための思想であると評し、この姿勢は生涯を通して一貫したものであったと自身で振り返っている[15]。

引用したこれらの言葉が自伝的文章であることを考慮しなければならないが、人間形成における身体や体育への関心は、後の戦後の執筆活動において中心的なテーマとなる点が興味深い[16]。この山下の最初の教育実践は、彼のその後の教育的思索をたどるうえで一つの手掛かりとなると思われるのである。

一九一六年、当時京都帝国大学の学生であった小原国芳が帰郷した際に、鹿児島市の清水小学校で「哲学講演会」が開催された。山下はこの講演会に参加し、初めて小原と会うことになる。当時、山下がドゥ・ガンの『ペスタロッチ伝』を沢柳政太郎訳で読んでいたことなどもあり、のちに小原が山下を成城小学校に呼び寄せることにつながっていくのである。

以上、山下の学生時代を中心に見てきたが、彼の学びのスタイルが、仮に近代学校の制度や文化とそぐわない性格を内包していたとすれば、彼が、在野の学者として生涯を送ったことの遠因となっていたのかもしれない。

3　同伴者としての弟・山下兼秀

ジャワ島における兼秀の仕事

山下徳治には九人の兄弟姉妹があったが、弟・山下兼秀は、自彊学舎の理事長を一九六一年から七三年（逝去による退任）の期間にわたって務めた人物である。彼は、一九一八年に鹿児島県師範学校を卒業後、小学校教員を務めながら西田幾多郎、田辺元、紀平正美らから哲学を学んだという。一九二五年には、小原国芳や沢柳政太郎の薦めでインドネシアのジャワ島に渡り、六年間の滞在のなかで日本人小学校をいくつか創設したことを戦後の著作で述べている[17]。したがって、彼は、成城小学校との関わりや海外での教員経験、また哲学への傾倒など、多くの点で兄である徳治と歩みをともにしてきたのではないかと思われる。この弟と徳治は、研究面・実践面においてどのような関係にあったのだろうか。

兼秀は、ジャワ島より帰国後、一九三八年に二つの書物を上梓している。一つは、成美堂より出版された『函数指導　児童数學原論』[18]と題する大著である。

その「自序」には、本書の作成において、「兄徳治が始めから終はりまで校正の労を惜しまなかつた」とあることから、徳治の関わりが大きかったことをうかがうことができる。徳治の方もまた、「僕の小学校建設の願望の過半は君の手で成されたも同然である。真理の前には兄も弟もない」と述べていたことがこの自序で紹介されている。

内容面においても、「高度の抽象的関係概念である函数関係の動的把握は直観の方法以外にはない」と述べ、「直観の体系化の発展系列」（傍点引用者）を明らかにすることを本書の最大の目的としている点は、ドイツ留学中に「直観」研究を進めていた徳治の強い影響をうかがわせる[19]。兼秀が、徳治の人脈を頼って上京し、佐々木秀一、小原国芳、沢柳政太郎らに従事しつつ、兄の歩んできた道を同じように辿ろうとしていたことが想像されるのである。

同様のことは、同年に発行された『エデンの園』[20]にも当てはまるように思われる。本書は、兼秀がジャワ島滞在中に行った児童演劇実践を中心にまとめたものであるが、ここでもやはり「直観的であるのが児童のホントの姿」であり、喜びや悲しみなどさまざまな「人間学的形態の持ち主」である児童の直観に働きかける方法として、児童劇が位置づけられている。そのなかに、徳治が発育論争（一九三四年）で強調した立場を再現する表現がみられる。

> 教育が概念の教育であつたり、論理の遊戯化であつたりしてはならないことは当然すぎる程はつきりした問題である。具体的な児童である人間の生活体験を目指す新しい人間性への努力の行であることは真の教育を目指す真人のモットーであり、理念である[21]。（傍点引用者）

「新しい人間性」という表現こそ、兄弟が思想的探究をともにしていたことの証左であるといえる。

「新しい人間性」という共通項

序章でも触れたように、徳治にとって「児童学」のテーマは「新しい人間性の問題」であり、それはルネサンス期の「自然的な人間又は個人的な人間の解放」という段階に留まらず、「もつと人間の内部をのぞかせるやうな尊厳性とか高貴性とか言つた様なこと」が現代では問題になる、としているくだりである[22]。

兼秀の本のタイトルにもなっている「エデンの園」は、彼の創作演劇であるが、神様と原人の「愛」をめぐる対話で構成されている[23]。エデンの園とジャワの南国の自然を重ね、原人の純心さと創造主の愛を児童に演じさせるものである。ここには、台湾で植物採集のため奥深い山林に入った徳治の、文明批判をともなった原始生活への強い関心と共鳴するものがあると考えられる。奇しくも当書の発刊と同時期に、徳治は雑誌論文でこのアダムとイヴの物語に触れ、「人間の智慧の発生」についての偉大な神話の一つとして位置づけ、「今日の哲学の母体になつてゐる」と述べている。ここにも、兄弟の対話の痕跡を見ることができよう。(24)

　つまり、弟・兼秀の存在は、徳治にとって心強い同伴者であったと思われるのである。鹿児島を離れた徳治は、兼秀を介して郷里との関係を継続することができたと考えられる。ただし、戦後の兼秀の著作のなかには、徳治が戦前に密接な関係を持っていた羽仁五郎に対する批判のくだりがあり、兄弟の思想的立場が完全に一致していたわけではないことを指摘しておかなければならない。(25)少なくとも、戦後一二年にわたって舎長を務めた兼秀を通して、徳治と自彊学舎とのつながりが継続されたことは確かである。この点は一九五〇年代以降に展開される徳治の日本民族論や日本文化論とも無縁ではなく、むしろ思想の源泉であり続けたとも考えられるものである。(26)

4　台湾へ——海洋学への関心

ペスタロッチとの出会い

山下は西田小学校に勤めて五年後、二八歳の時に鹿児島を離れた。彼は、オーストラリアで海洋学を学ぶことを目指したのだが、その理由は、「海国日本の教育を、大洋学研究の礎石の上に建設したい野心からの志望」であったとしている。彼の「海」への関心は一貫しており、六〇代の晩年になっても「海」へのあこがれを語り、「海洋で白帆を操縦しながら青少年たちと生活してみたいという夢」が消えることはないとしている。(27)

一九一八年に西田小学校からひとまず台湾に渡った山下は、阿緱小学校に勤務しながら、熱帯植物の研究家である松田英二とともに、クワルスやカピアンに植物採集に出かけている。その折の情景を次のように綴っている。

> 平地で文明人たちが熱帯の灼熱した陽光に喘いでいるとき、蕃人たちは三千尺の高原で涼風に長髪を靡かせながら、そして歌をうたいながら仕事にいそしんでいる。原始人たちの幸福な生活が、彼らの高い道徳律によつて、一層その真価を発揮している美しい情景に接して、私は、文明とは何ぞやと事毎に問わざるを得なかつた[28]。

のちに登場する山下の「人間的自然」論において、文化的に未発達な民族と子どもは同じところに位置づくと指摘されており[29]、彼の子どもの捉え方の原風景として、台湾での経験が影響を与えたと考えることができよう。また、山下は、松田からペスタロッチの『ゲルトルードは如何にして其の子を教ふるか』（佐武林藏、入沢宗寿共訳、育成会一九一四年初版）を送られて、感激したというエピソードも後年語っていたようである[30]。

東シナ海へのまなざし

海洋学の夢は現実には叶わなかったのであるが、山下は、戦後になって、海洋教育に関する著書を刊行している。それが『東郷元帥』（海洋協会湘南海の友の会、一九五八年）である。この書は、同郷である東郷平八郎の物語風の小伝である。ここには全人教育を提唱した小原国芳も序文を寄せており、山下による本文には「全人東郷」という表現も登場している。

　この書で注目されるのは、「東郷元帥と海洋少年団」について論じられた第一〇章である。山下は、一九二〇年に発足した海洋少年団に対して東郷が深い関心を持っていたといい、「元帥が常にいわれた誠の精神——私心をすてて大義に生きるこころ——は、理論を超越して純粋な少年たちに、もっともよく理解されたものです」[31]と述べている。また、雑誌『海国少年』を発刊した河合秋平にも言及し、「少年たちに海軍思想を普及し、海洋国民たる素質をあたえようとの念願」がこの海洋少年団には期待されていたとしている。

　このような著作が戦後になってなぜ書かれたのか、教育運動期の山下のみを見てもその答えは見えてこない。一見するとプロレタリア科学運動とは対極の、愛国心に満ちた言説が綴られている。しかし、鹿児島と台湾という東シナ海上での彼の自己形成史を重ねてみると、日本の子どもの育ちを考えるうえで海に注目したことは不思議ではないといえるのではないか。先にも述べたように、海の上で生活することへの憧れは、のちのちまで「実にロマンテイック」であり、「切ないノスタルデイー」であったと自身も回想している。[32]

　以上、彼の上京以前の自己形成史を追うことで見えてきたこととして、人間発達への発生論的な探究は、ペスタロッチとの最初の出会いがあったことに加えて、師範学校における閉鎖的で非人道的な雰囲気に対する反発と、自己の自彊学舎での自己形成——彼にとって少年に内在する力強い自然性を引き出す場となった——などが重なって醸成されていたのではないか、という点である。少なくとも、彼自身はそのように自らの人生を語っているのである。

　これらは、山下の回想をもとに整理しているため、その一つひとつの事柄を事実として裏づけることは難しい。しかし、重要なのは、彼の発達思想への発生論的なアプローチが単に哲学的な関心として芽生えたのではなく、故郷鹿児島での経験が戦後まで影響を与え続けたという点である。山下は、戦後の一九五〇年代に「新しい祖国愛の感情を、世界人類的な進化思想の立場から点火しなければならない[33]」と述べて、この時期民族教育論を集中的に論じるのだが、それを戦前の思索と切断して政治的立場の変化として捉えるのではなく、むしろ一貫した彼の発生論的な視点の転回として検討しなければならないだろう。

注

（1）森徳治「ころび行く石」松本浩記編『自伝的教師像』（『人の教育』第一〇号）一九五六年、三〇〜四二頁。

（2）成城学園教育研究所所蔵の「年譜」は、井野川潔や柿沼肇、そして子息森礼治によって作成されたものであると考えられる。年譜に同封されている著作目録は、『明日の学校』（創業六〇年記念出版世界教育学選集七六　明治図書出版、一九七三年）に所収されているものとの対応関係がみられる（本書巻末資料編　成城学園教育研究所所蔵の山下（森）徳治文書、教育運動史関係№21、ノート類№40）。また、鹿児島大学附属図書館所蔵の年譜関係は、「山下（森）徳治年表（R・MORI版）Ve1999」と記されており、森礼治による改訂版であると考えられる（本書巻末資料編　鹿児島大学附属図書館所蔵の山下（森）徳治文書、個人資料、その他№27〜35）。

（3）例えば、一九一〇年から一七年まで鹿児島県女子師範学校と鹿児島県立第二高等女学校の校長を兼任し、山下にも新教育の影響を与えたと思われる木下竹次の論考や彼の県教育会での活動がうかがえるほか、のちに成城小学校で出会う沢柳政太郎の「時局と教育」（『鹿児島教育』第二五四号、一九一四年一一月）などがある程度である。

（4）『徳之島町誌』一九七〇年、三一五〜三三四頁。

（5）森徳治、前掲「ころび行く石」三二頁。

（6）財団法人自彊学舎「昭和三三年四月　舎報　第五號」一九五八年、二七頁。

（7）財団法人自彊学舎『大西郷を偲びつつ　舎史（百三十周年記念誌）』二〇〇九年、三一〜三二頁。

(8) 財団法人自彊学舎『舎史』一九七〇年、一頁。
(9) 財団法人自彊学舎、前掲『舎史』一七～一八頁。
(10) 財団法人自彊学舎、前掲『舎史』二一～二六頁。
(11) 白石幸熊「健児教育について」昭和六年の執筆。前掲『舎史』三六頁。
(12) 森徳治「職業・家庭科　教科書論とその批判」『職業教育』第三巻第三号、一九五二年三月、五頁。
(13) 森徳治、前掲「ころび行く石」三二頁。
(14) 森徳治、前掲「ころび行く石」三七頁。
(15) 森徳治、前掲「ころび行く石」三七頁。
(16) ちなみに、木下竹次も鹿児島県立第二高等女学校・女子師範学校において、鍛錬を目的とした長距離遠足を実施している。現在も続くこの伝統が、新教育の系譜から生まれてきていることが特筆される。鹿児島県女子師範学校・鹿児島県立第二高等女学校・鹿児島県女師附属小学校『創立二十周年記念誌』一九三〇年。
(17) 山下兼秀『このままでは日本は滅びる』時局問題刊行会、一九七〇年。この時局問題刊行会の所在は、兼秀が居住していた「鹿児島市清水町」となっているが、組織や活動の具体についてはわかっていない。
(18) 山下兼秀『函数指導　児童数學原論』成美堂、一九三八年。
(19) 山下兼秀、前掲『函数指導　児童数學原論』四頁。
(20) 山下兼秀『エデンの園』新教育出版社、一九三八年。
(21) 山下兼秀、前掲『エデンの園』五頁。
(22) 「『児童学とは何か』の座談会」『教材と児童学研究』第一巻第二号、一九三四年六月、一〇頁。
(23) ただし、自彊学舎に確認したところ、兼秀がクリスチャンであったという確証は得られていない。この点は、宗教に沈思した徳治とは異なっている。
(24) 山下徳治「何が人間の叡知を教育したか」『技術と教育』一九三九年一二月、八九頁。

(25) 山下兼秀、前掲『このままでは日本は滅びる』。

(26) 森徳治「日本文化のオリジナリティー」『教育美術』（一九五一年一二月）、同「日本民族と独特の文化」『指導計画』（一九五二年一〇～一二月）、同「ヒューマニズムと日本民族」『波紋』（一九五二年一二月～五三年六月）、同「民族の運命とその危機」『人間形成』（一九六四年六月）などである。最後に挙げた論考では、経済発展に比して遅れが目立つ日本民族の精神的発展のために、「日本スポーツ少年団」の全国組織運動を計画したとある。本書第10章を参照。

(27) 森徳治、前掲「ころび行く石」三九頁。

(28) 森徳治、前掲「ころび行く石」四〇頁。

(29) 内島貞雄「発達と教育に関する史料紹介」『民間教育史料研究』第一一号、一九七五年七月、七頁。

(30) 成城学園教育研究所所蔵の山下（森）徳治文書、前掲「年譜」を参照。

(31) 森徳治『東郷元帥』海洋協会湘南海の友の会、一九五八年、一四五頁。

(32) 森徳治、前掲「ころび行く石」三九頁。

(33) 森徳治「社会科改造の根本課題」『中学教育技術』第四巻第六号、一九五一年八月、七五頁。

第2章　成城小学校での教育の具体的展開

1　初期の論考における子どもの原始的生活への着目

機関誌『教育問題研究』の編集

結局のところ、山下の豪州行きは、当地の排日運動の影響で断念しなければならなかったようである。その後、一九二〇年に小原国芳の誘いで東京・成城小学校に赴任することになる。

成城小学校は、元文部官僚の沢柳政太郎（一八六五～一九二七）が職を辞して設立した新学校の一つであり、そこでの自由主義教育は、大正・昭和期の新教育ムーブメントを主導する役割を果たしたものである。成城教育に関する研究は多いが、小原（当時は旧姓「鰺坂」を名乗っていた）を筆頭に、山下徳治の他にも数名の九州出身者が加わっていることをここでは指摘しておきたい。というのも、明治から大正に移る頃の鹿児島には、新教育への関心が宿っており、その流れを担ったのが鹿児島県女子師範学校・鹿児島県立第二高等女学校の校長を務めた木下竹次だったのである。木下竹次（一八七二～一九四六）は、奈良女子高等師範学校附属小学校の主事として知られるが、彼の学習原論は、それに先立つ鹿児島時代に醸成されていた(1)。木下の鹿児島での滞在は一九〇四年から一七年であり、その間に山下をはじめ影響を受けた教師は少なくなかったと思われる(2)。

さて、山下は、成城小学校での訓導としての仕事の他に、学校の機関誌『教育問題研究』の編集を任されることになった。実験学校であった成城小学校の教育には、「全国からの参観人が、殆ど連日、五、六十名から百名ほど(3)」あったとされ、教師には積極的に研究し発表することが求められていた。

子どもと原始人のアナロジー

この時期に山下が論文として発表したものは、主として『教育問題研究』に掲載されているが、初期の論考としていくつかの特徴を指摘することができる。

ドイツ留学（一九二三年）以前の論考で目をひくのは、山下が「人間性」を純粋な形で追求しようとしていた点である。例えば、「行為の本質的理解から生まれる行為は無意識の状態である(4)」という指摘や、「子供の柔和にして純真なる無邪気さ(5)」といった表現にみられるように、知識や哲学以前の状況への着目がみられる。このように、人間の本質を純化して捉えようとする志向性は、この時期の彼のどの論文にも顕著に読み取ることができる。

同時に、複数の論文に共通しているのが、子どもと原始人のアナロジー的把握である。山下は、「原始人の生活それが子供の生活である」と位置づけ、「児童研究を発生的に又実験的に研究せんとするものにとつて人類の文化発達史の研究は同時にそれがなされなければならぬ(6)」と述べている。また、人間の諸器官のうちもっとも最初に発達する「聴覚」を扱う領域として、成城小学校の国語科に「聴方科」を特設したことは、この原理に即するものであると指摘している。このように、彼の議論には、人類史的、進化論的な子ども観が発見できるのである。

2　子どもの原始性に根ざした教育論の展開

尋常科一年生の実践

以下では、山下が子どものなかに見た純粋な人間性について、その具体的表現を見てみよう。子どもの詩をあつかった文章では、彼は「詩は哲学以前のもの、道徳以前のもの、宗教以前のもの」であり、さらに「人類は総て詩人として生れた」という表現さえしている[7]。また、「子供の自然的発育に於いては隣人や人類への友愛が最も美しい方法で表現されるのが当然の行路である[8]」として、子どもの作品を掲載している。そのなかの一つを引用してみよう。

　天国
青い野原に／きれいな花が咲いて／鳥がいい声で／歌つてる／エルゼン《ママ》達が／面白く／遊んでゐる／僕も一緒に遊びたい。／天国に行くには／つよくえらく／ならねばならぬ。／行く道には／死のかげの谷や／大きな川があるのだもの[9]。

ここに表現されている子どもの喜びや希望について、山下は、「純粋にして永遠の実在なる人間の魂」の発展につながるものとして紹介している。

また、師範学校卒業後一〇年目にして初めて担当をした尋常科一年生について論じたもののなかには、上記で述べてきた諸点がより具体的に現れている。

> 原始人的自然的生活、ロビンソンクルソーの生活、手と足　頭とを一致せしめて自由に使へる生活、体育と知育と徳育とのバランスを失はない生活、それが尋一の教育に於て深く心しなければならぬことであると思った。[10]

このように、もっとも幼小の尋常小学校一年生に大きな期待を抱いていたことがうかがわれるが、興味深いのは、入学前に保護者に彼が送った通知文の一節である。

> 個人的家庭的生活から学校生活に移るからと言つて何も特別な作法上の準備などは不必要だと思います。唯純にさへ育つて居ればそれが何よりの重大な、無くてならぬ最大の準備かと思つてゐます。子供のあるがまゝの作法が、躾が一番望ましいことです。たゞ自分の名前が「カナ」で読めること。
>
> ボタン掛の練習
>
> 便所行の練習等が少しあれば十分です。[11]（傍点引用者）

山下の理想論は、特別な作法上の準備はいらないとし、「子供のあるがまゝの作法」が望ましいとしている。

「あるがまま」を「作法」として伸ばすという最も困難にみえる要求は、教育熱心な成城小学校の保護者にはどのように届いただろうか。子どもの自然性への開眼をみた台湾時代を経て、ここにきて山下はそれを「作法」として摑ませる教育論を求めて自身の思考を深めていく入り口に立っていたと考えられる。

直観による数学教育

その最初の試みとして山下は数学教育に力を入れるのであるが、それは「数学こそは完全なる思想の表現」であり、「其処に全人格の世界があり必然と自由の世界が発見される」[12]からであるとしている。そして、抽象的な数学の世界と子どもの自然性をどのようにつなげるかが主要な論点となっていく。

> 永遠の法則を離れ、信仰を離れては5＋4＝9も独断である。或は習慣的伝統的模倣的、の機械的産出に過ぎない。其処には創造もなければ産出もない。子供にとつては5＋4＝9の発見は独創であり。信仰であり。法悦である。恐らく子供の知識の中でそれ程確実なものが他にあらうか。[13]

しかし、従来の数学教育では、人材育成といった「功利的立場」から計算への習熟に主眼が置かれていると山下は批判する。そして、子どもをして純粋数学としての「永遠の法則」を得させるためには、「直観」によって数概念を捉えさせること以外にはないとするのである。このように、数概念の発生過程を直観によって子どもに辿らせることを提起するところは、先に触れた鹿児島・台湾時代に抱いていた人類発生のプロセスを重視する発想に裏づけられたものであるといえる。

ところで、成城小学校時代の山下は、仕事以外では内村鑑三の聖書講義を聴き、ドイツ語専門学校にも通っている。当時の山下はキリスト教の影響下にあり、この頃の文章には神や宗教への言及が頻繁にみられる。数学教育についても同様で、直感的把握の背後には、神的な存在が想定されていることは先の引用からも読み取れるだろう。「信仰」「法悦」という言葉は必ずしも特定の宗派を想定したものではないと考えられるが、操作主義的な数の獲得には止まらない、啓示を与えるようなものとして数学教育を構想していたといえよう。

3　子どもの詩に対する固有のスタンス

直観と反省

ここで注目したいのは、山下が「直観」という人間の純粋な自然性をただ絶対化しているのではなく、むしろ「反省」という概念につなげて論じている点である。いいかえると、自然性をそのままで是とするのではなく、反省のうえに純化されることを要求する、という迂回した論理である。彼は、反省をメタ概念（論文では「高次的立場」と表している）として導入するのであるが、それは現在よく用いられる教育計画上の反省のプロセスという場合とは異なり、子どもを理解するうえでの普遍的視点を求めるものであるところに特徴がある。彼は「反省の世界は、同じ星を仰いで三千年相思ふことのできる世界でなければならぬ[14]」と述べており、さらにそれを「宗教的立場」であると論じていく。例えば次のようなものである。

哲学的思索と道徳的行為とを内面的に結合する宗教的立場が反省の頂点を示すものである。[15]

> 知識が知識を反省するのである。直観が直観を反省するのである。そこには知識以上のものを要する。私は再び哲学から宗教へ帰らねばならぬ。(16)

山下がこのような「反省」についての考察を行ったのは、彼が台湾時代に深めた子どもの原始的生活への関心を教育論として展開するうえで必然の過程であったと考えられる。彼自身、次のように述べている。

> 児童の訓育上、子供の心理的自由より来れる行為を如何にして義務と責任の感と共に拡充して行く倫理的行為にまで所謂意志の格率《ママ》が普遍に妥当するが如き高次元の価値系列にまで即ち主観自律の立場まで導くことができようか。是等幾多の切実なる疑問に対しての解答は予の心の中に更生した反省の意識であつた。(17)

以上から、山下は子どもの成長を人類史に位置づけつつ、「直観」に働きかける教育を反省によって純化し、その迂回路を通って人間固有の自然性として発展させていくこと、そしてその道標として宗教が位置づけられるという構図として見えてきたといえよう。

子どもの詩についても、「ファンタシカルな子供」という表現を用いて単なる無邪気さを賛美しているのではなく、「分化を含んだ総合的、多様を含んだ統一的、個性を含んだ全人的立場［中略］即ちそれはアプリオリのアプリオリの立場であり又宗教的立場(18)」であるという方法論を有していたのである。

詩の研究

彼が成城小学校に赴任して三年目に書いた論文「ふたゝび子供の詩について」は、本章第2節でも引用したものであるが、上記の立場に立って子どもの詩を考察している。この考察は、いわゆる生活綴方にいう生活に取材したものを評価する立場ではなく、むしろ哲学以前の直観力が探究されていて特徴的である。以下は、尋常小学校一年生の詩である。

田舎

たくさんならんだ／田のなかに／青々といねが／芽を出してゐる／百姓が草とつてゐる／牛が土ほつてゐる／せまい道を／馬やじてんしやが／通つてゐた。／田舎のけしきは／きれいだなあ。／僕は木馬にのつた／くるくるまはり出した／たづなを／しつかりつかまへて／まはるまはる／いつまでもまはれ／ほんとの馬なら／もつとうれしいなあ。[19]

この詩に書かれた田舎の生き生きとした情景は、逆に都会に住むこの子どもの生活の自然との関わりの少なさを反映していると山下は指摘する。そのうえで、木馬について書いた最後の二句は「余分であるかも知れぬ」とする。山下は、この児童が「直観的ではあるが幾分歳に不似合ひな程国語力が進み過ぎている。知慧のために説明や駄足を附けたがる嫌はある」と評していて、人工物としての木馬と生物としての馬への認識を深めていくような道筋については否定的である。そして、同じ児童が書いた次の詩を逆に高く評価するのである。

　　川の流

　川の水は／遠い昔から今まで／朝も晩も／休まず流れている／きつと／いつまでも／流れて／行くのだらう。[20]

　山下のこの詩に対する評は、「空間に於ける無際限と時間に於ける無限とをよく感得し得る子供こそ実に大詩人と共に時空の限界に溺れつゝあると思はれる」というものである。彼は、「作詩の指導は火花的の暗示以外は却つて禍である」[21]としているが、子どもの表現に対する山下の解釈は「アプリオリのアプリオリ」と表現する以外にはないとしており、その点で観念論的な表現が残っているといえる。

　以上から、彼が成城小学校で目指した子どもの「直観」とそれを発展させるための「反省」的志向性について取り上げてきた。また、それは宗教的な超越論的視点によって方向づけられるものであったことを確認してきた。そのことは、彼の次のような一文に集約して論じられているといえる。

　　現代には体操学校や綴方学校や算術学校や手工学校は多い。斯かる偏見によつて人の子は教育することによつて却つて害はれつゝある我々は人間学校の設立を切望して止まない。[22]（傍点原文のまま）

　初期の山下の論考においては、宗教的表現を通しての発生論への志向がみてとれるといえる。つまり、それは、歴史を乗り越え、人類の未来を子どもの教育を通して志すものであったといってよいだろう。しかし、この立場は、子どもの詩についての先の論考を書いたのと同年の一九二三年から始まるドイツ留学中に、山下自身によってその土台から吟味されていくことになるのである。

注

（1）深谷圭助「明治末期における鹿児島県師範学校附属小学校の自習法研究」『教育方法学研究』第三一巻、二〇〇五年、九七～一〇八頁。

（2）鹿児島県女子師範学校・鹿児島県立第二高等女学校・鹿児島県立女師附属小学校『創立二十周年記念誌』一九三〇年。

（3）森徳治「ころび行く石」松本浩記編『自伝的教師像』（『人の教育』、第一〇号）一九五六年、四〇頁。

（4）山下徳治「反省の概念について」『教育問題研究』第一七号、一九二一年八月、二五頁。

（5）山下徳治「子供の理解」『教育問題研究』第一三号、一九二一年四月、一五頁。

（6）山下徳治「藤井君の聴方実地授業」『教育問題研究』第二九号、一九二二年八月、九二頁。

（7）山下徳治「ふたゝび子供の詩について」『教育問題研究』第三四号、一九二三年一月、四五～四六頁。

（8）山下徳治、前掲「子供の理解」一七頁。

（9）山下徳治、前掲「ふたゝび子供の詩について」五九頁。

（10）山下徳治「尋一経営の九ケ月（一）」『教育問題研究』第三五号、一九二三年二月、六頁。

（11）山下徳治、前掲「尋一経営の九ケ月（一）」八頁。

（12）山下徳治「低学年の数学教授に於ける諸問題」『教育問題研究』第二四号、一九二二年三月、五八～五九頁。

（13）山下徳治、前掲「低学年の数学教授に於ける諸問題」五八頁。

（14）山下徳治、前掲「反省の概念について」二五頁。

（15）山下徳治、前掲「反省の概念について」三〇頁。

(16)　山下徳治、前掲「低学年の数学教授に於ける諸問題」六三頁。
(17)　山下徳治、前掲「反省の概念について」二九頁。
(18)　山下徳治、前掲「子供の理解」一八頁。
(19)　山下徳治、前掲「ふたゝび子供の詩について」四九～五〇頁。
(20)　山下徳治、前掲「ふたゝび子供の詩について」五四頁。
(21)　山下徳治、前掲「ふたゝび子供の詩について」五〇～五一頁。
(22)　山下徳治、前掲「子供の理解」一八頁。

第3章　ドイツ・マールブルク大学における思索

1　マールブルク大学の聴講生

P・ナトルプとの短い交流

山下は、成城小学校に赴任して二年後、一九二三年四月から二六年一〇月まで海外留学生として渡独し、マールブルクに滞在した。彼は、ペスタロッチ研究者であるナトルプに従事することを決め、マールブルク大学の留学生となったのである。成城小学校を創設した元文部官僚の沢柳政太郎や、京都帝国大学の教育学者で同校の顧問となった小西重直らがナトルプとの交流をもっており、山下の留学を助けた。よく知られるように、P・ナトルプ（一八五四～一九二四）は、マールブルク学派を形成した哲学者の一人であり、ペスタロッチ研究者として当時の日本でも著名であった。主著に『社会的教育学』（一八九九年）がある。不運にも、彼は、山下の渡独後の一九二四年八月に逝去してしまうが、山下はナトルプの蔵書を成城学園が購入するうえで一役買うことになる。それらは、現在、成城大学図書館ナトルプ文書として、四四五四点が収蔵されているものである。

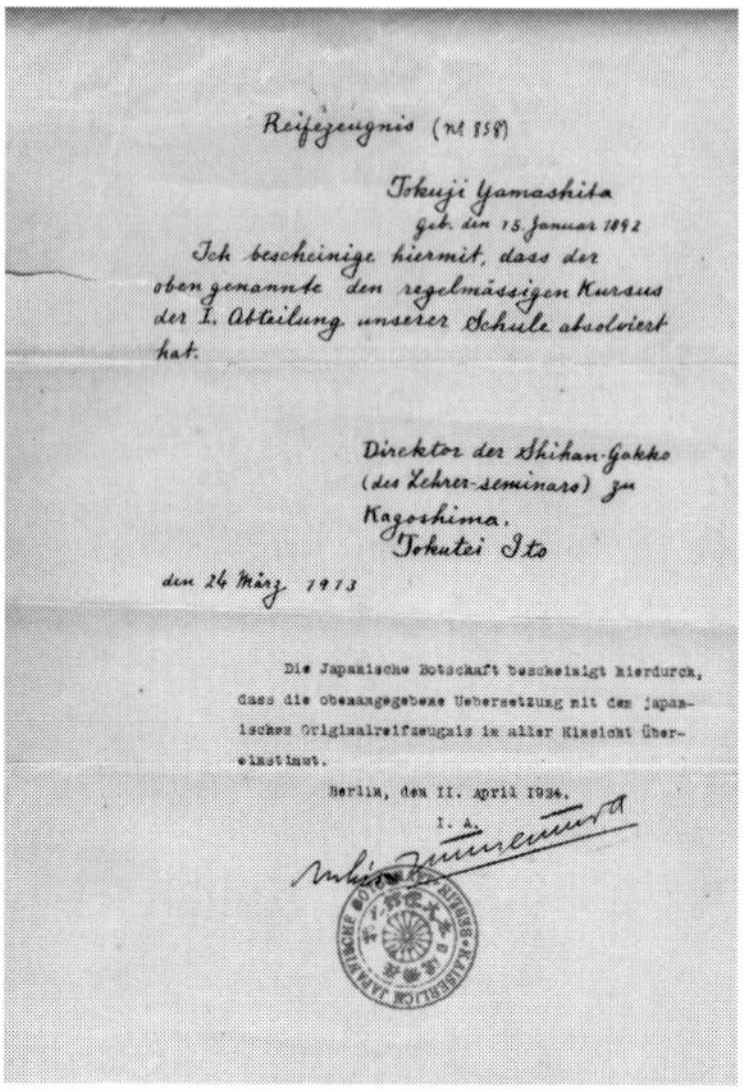

Reifezeugnis (Nr. 858)

Tokuji Yamashita
geb. den 15. Januar 1892

Ich bescheinige hiermit, dass der obengenannte den regelmässigen Kursus der I. Abteilung unserer Schule absolviert hat.

Direktor der Shihan-Gakko
(des Lehrer-seminars) zu
Kagoshima,
Tokutei Ito

den 24 März 1913

Die Japanische Botschaft bescheinigt hierdurch, dass die obenangegebene Uebersetzung mit dem japanisches Originalreifzeugnis in aller Hinsicht übereinstimmt.

Berlin, den 11. April 1924.
I. A.

写真３－１　留学に際して発行されたドイツ語での鹿児島県師範学校卒業証明書（1924年４月［個人資料，その他 No. ３］）

出典：鹿児島大学附属図書館所蔵。

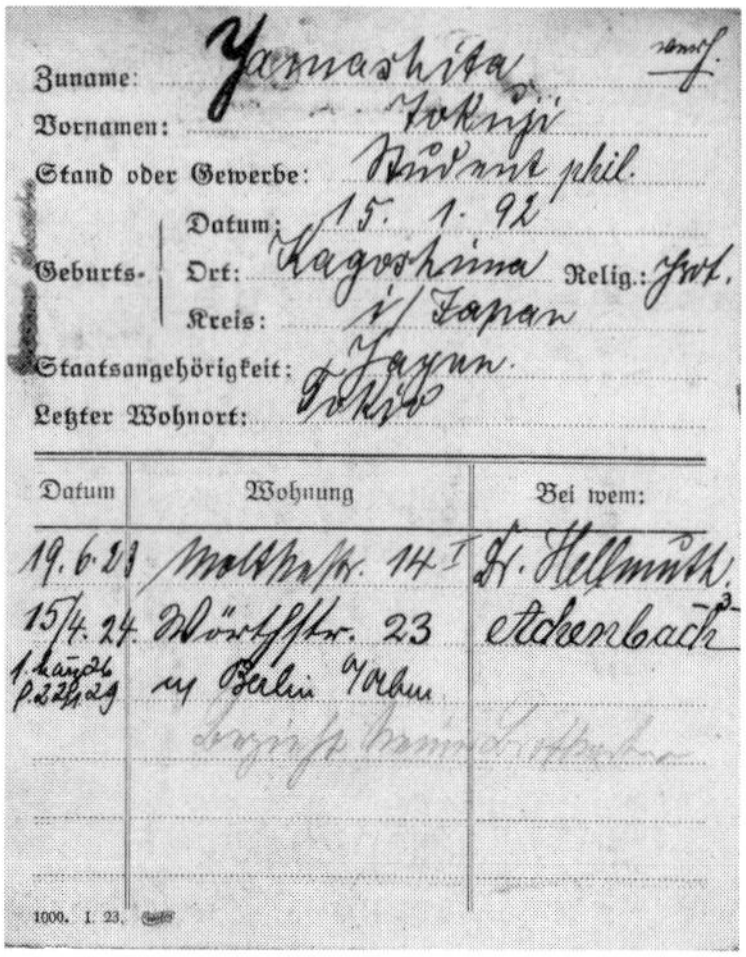

Zuname: Yamashita

Vornamen: Tokuji

Stand oder Gewerbe: Student phil.

Geburts- Datum: 15. 1. 92

Ort: Kagoshima　Relig.: Prot.

Kreis: i/ Japan

Staatsangehörigkeit: Japan.

Letzter Wohnort: Tokio

Datum	Wohnung	Bei wem:
19.6.23	Moltkestr. 14 I	Fr. Hellmuth
15/4.24	Wörthstr. 23	

1000. 1. 23.

写真３－２　マールブルク市住民登録局に残された入居の書類

出典：マールブルク市住民登録局所蔵。

その留学期間は予定（一九二六年三月）よりも半年延長されたのだが、彼の目的は成城小学校における実践の理論的基盤の模索が中心ではあったものの、同時に彼自身の修養的意味合いも大きかったのではないかと思われる。

　というのも、前章でも触れたように、上京後の山下は、内村鑑三の聖書講義を受け、プロテスタントに入信していたものと予想されるからである。留学先のマールブルクは、ヨーロッパ屈指のプロテスタントの町であり、山下は滞在中にこの町にある大学教会に関わっていたものと思われる[1]。マールブルク市の住民登録局（Stadtbüro）所蔵の文書には、山下がマールブルク市移入時に書いたと思われるファイルの宗教欄にプロテスタントの記入がみられる（写真３－２）。なお、彼の留学中の生活は苦悩をともなうものだったといわれており[2]、それは学問を人格修養の中心に位置づけながら進めた山下の学習スタイルによるものだったことが予想される。しかし、山下の宗教的思索の具体については、わからないことが多い。

ドイツ留学中の受講傾向

山下の留学中の軌跡は、鹿児島大学附属図書館と成城学園教育研究所に所蔵されている山下（森）徳治文書（以下「山下文書」と記載）に残されたノート類からたどることができる（本書巻末資料編参照）。山下は、まず一年間の語学研修期間を過ごし、一九二四年夏から哲学部の聴講生として正式に登録された。山下文書にある講義の受講ノートとしては、イエンシュ（E. R. Jaensch）、ハイデガー（M. Heidegger）、オットー（R. Otto）、フォン・ゾーデン（Freiherr von Soden）、ブルトマン（R. Bultmann）などのものが残されている。他にも、この時期の山下自身のメモやギリシャ語の語学ノートがある。ただし、年代が確定できるものは少ない[3]。

そこで、山下が聴講生としてマールブルク大学で受講した講義について、マールブルク大学古文書館に所蔵されている学生の受講票を手がかりとして、その学習の具体を見ていきたい。この受講票については、本書巻末付図表に表3-1として示している。

これらの資料では、一九二四年夏学期から一九二六年夏学期までの山下の受講登録が、私費講義と公費講義とに分けて記載されている。一九二四年夏学期のハイラーを除き、山下はすべて私費講義を受けていて、平均して各学期六〇マルクを納入している。

表3-2は、山下の在学期間中の受講傾向を整理したものであるが、神学部については各教授の講義の受講が、R・オットーを除いて各々一コマにとどまっていることがわかる。他方で、哲学部の講義については、イ

表3－2　山下の講義受講状況

神学部	哲学部
R. オットー（②1924夏，26夏）	ゲルドナー（①1925冬）
フォン・ゾーデン（①1925冬）	イエンシュ（⑨1924冬，25夏冬，26夏）
ブルトマン（①1925夏）	ハイデガー（⑦1924夏，25夏冬，26夏）
ラーデ（①1925冬）	レムケ（①1925夏）
ニーバーガール（①1925冬）	E. オットー（②1925夏）
ハイラー（①1924夏）	ハルトマン（③1924冬，25夏）

注：丸数字は受講コマ数，続いて受講年と学期を示した。
出典：筆者作成。

エンシュとハイデガーを集中的に受講していることが注目される。また、全体として、一九二五年の受講数が多く、在独三年目を充実して送っていたことが想像されるのである。

M・ハイデガーの現象学への接近

山下のドイツ留学中のノートを基に、その思索の過程を追った宮崎の研究では、ハイデガーの講義ノートは七〇頁にわたるが、正確な記録というよりは山下による解釈の過程を記したものであり、当時の最新の現象学に学びながらもそれを自身の教育学研究に十分展開することができなかったのではないかという点が指摘されている。[4] この時期、ハイデガーは『存在と時間』（一九二七年）を準備しており、山下のノートにもその内容が記録されている。[5] 山下自身がハイデガーについて論考を書くことがなかったため、マールブルク滞在中に熱心に受講していたことは意外ではある。しかし、本書序章で見た「発育論争」における彼の発言（現象学的方法への言及）は、前期ハイデガーの解釈学的現象学を想起してのものだったとも考えられよう。また、背景に同じく留学生であった三木清の存在も大きいものであったと思われる。

また、後述するように、山下はナトルプの死後はイエンシュに従事し、そのうち一九二四年冬学期の講義ノートが残されていること、イエンシュの理論を実践する新学校の視察を行っていることがわかっている。[6]

なお、教育学に関しては、E・オットーの講義、具体的には一九二五年夏学期に「一般的教育学」と「シュプランガーに関する演習」の二コマを受講しているのみである。オットーについては一九二八年に「一般的教育学」と同名の著書を出版しており、おそらく講義の内容も本書と重なるものだったと思われる。[7]

また、山下は、滞在中の一九二六年八月にオランダで開催された第八回国際心理学会議に参加している。イエンシュの講演が第一の目的であったようだが、他に、ビューラー、シュテルン、シュプランガー、ヴェルトハイマーの講演を聴き、またフランス心理学者のジャネ、ピエロン、スイスのクレパラードらにも感銘を受けたようである。[8]

2　E・R・イエンシュとの出会い

アイデティーク研究への期待

さて、ドイツに発つ前に成城小学校の訓導として山下が追究していたことは、子どものなかに人間性の本質的な問題を探り、教授における「直観」への働きかけの方法を解明することであった。彼は、その具体的で、科学的な方法を心理学者イエンシュの直観像（Eidetik：アイデティーク）研究に見いだそうとした。イエンシュ（一八八三～一九四〇）は、知覚研究の領域で知られる心理学者であり、直観像は日本の心理学にも受容されたが、類型論的性格学や民族心理学として展開し、帝国日本における民族性をめぐる議論に影響を与えたと指摘

写真3－3　山下が滞在したと思われる住居

出典：マールブルク市にて筆者撮影，2011年。

されている。[9]

では、山下によるイエンシュの位置づけを、彼がマールブルクから成城に書き送った論考から検討しよう。彼がイエンシュから受けた影響は、ペスタロッチやデューイと比較すると短期的なものにとどまった感があるが、その出会いの衝撃は大きいものであったことがうかがわれる。

山下は、ペスタロッチの追究した「子どもの身体的生長と精神的発展との欠損なきひとつの系列及び階段を心理的に確かな結果に導く」仕事を、イエンシュの研究が方法的に明らかにしうるということを「思ひ設けぬこと」[10]であったとしている。そして、一九二四年冬学期から講義を受け始め、先の表に見たように、結果として留学中に彼が最も親しんだ学説となったのである。

『全人』にイエンシュを紹介した論考で山下は、彼の心理学の基礎概念であるアイデティークを次のように説明している。

> 今私は私の机を見てゐます。吾々はそれを感覚Wahrnehmungと名づけてゐます。今私は又原町の成城学校の古い校舎を思ひ出す（考へる）ことが出来ます。それを表象（Vorstellung）と呼んでゐます。感覚作用と表象作用との間には大きい差があると考へられます。Anschauungsbilder［直観像——引用者］は此の感覚と表象との中間に位するものであります。[11]

それは、さらに下記のような構図で示されている。

思惟の層
- 抽象的思惟　abstraktes Denken.
- 直観と結合された思惟　Anschauungsgebundenes Denken.
- 感情と結合された思惟　Gefühlsgebundenes Denken.[12]

イエンシュは、子どもの精神生活は抽象的であるよりも直観的であり、哲学的であるよりも芸術的であるといい、大人においては分離された感覚と思考が子どもにおいては未分離であることを直観像の存在を通して証明した、と山下は説明する[13]。

実験の一例としては、子どもに絵を見せた後にそれを隠し、子どもに見たものを説明させる方法で行われている。山下の説明によれば、児童の語りは次のような性格をもつ。

> 被実験児童は前に見て絵を想起し又は記憶してゐて答へてゐるのではありません。彼は文字通りの意味で知覚に於けるが如く見てゐるのであります。然し知覚に於けるとは異つて対象なしに彼は文字通りの意味で見てゐるのであります[14]。

つまり、児童は絵について回想しながら語っているのではなく、絵が目の前にまだ置かれているかのごとくに机上を見つめながら語るというのである。この感覚と思考のいずれとも異なる次元の思惟、むしろその両者を橋渡す位置にある思惟として、「直観」が特徴づけられているのである。

直観的思惟の心理学研究

イエンシュのいう直観的思惟は、山下によれば、「素朴な民族」の生活様式や優れた「芸術家」の作品にも見いだすことができ、それは文明社会における「感覚と表象との鋭い分離」以前の「共同的根源的世界」から連なるものである。ここに、渡独以前に追究していた人間の自然性を原理とする子どもへの働きかけの科学的方法を、山下は改めてイエンシュの直観像に見いだしたといえる。そして、子どもをしてどのように感情と結合された思惟から抽象的思惟へと渡らせていくか、この方向を実現する重要な中継点として「直観」を位置づけているのである。

さらに、直観の発露は、「天才的」な性格をもつとして、次のように述べている。

> 教育を主知主義的に解しないで自らの中に自らの目的、方向と、それを実現して行く活力とを生得的に所有してゐる一つの魂の発展を生命自体の世界に於いて即ち有機的に観察して、其自然合法性と必然性とを重んじて裏からビルヅングを促して行くとき、人間の世界はもつともつと天才的に豊かな而も深刻なものであらねばならぬ。[15]（傍点引用者）

ここに登場する「天才」という表現は、ある意味で山下の志向性を端的に表している。素朴な子どもの性質に根ざしつつ、人類の進化へと発展していくさまをこの言葉は表現しているのである。

以上から、山下が成城小学校で子どものなかに捉えようとした「人間の自然性」、その発生論的アプローチは、ドイツにおいて直観的思惟の心理学的研究に照準を定めて追究されていったと考えることができよう。そして、本書序章で取り上げた「発育論争」において、「新しい人間性」のなかに天才的存在としての児童像が位置づけられていたことは、このようにイエンシュに直観像を学んだことが反映されていると考えられる[16]。日本におけるイエンシュ研究は、その後、教育心理学領域では正木正や依田新によって継承されていく。しかし、正木の場合とは対照的に、山下にとって直観像研究は、子ども研究の端緒を拓くものではあったが、心理学による人間学の構築において中心的な役割を果したわけではなかった[17]。ドイツにおいても、イエンシュ自身のナチへの協力が、この研究の遅滞を招いたことが指摘されている[18]。また、このような山下の動向を、成城小学校、とりわけ小原がどのように見ていたか、ということも検討する必要がある[19]。

3　「発達」と「発展」をめぐる理論問題

意識構造の二層

以上から、ドイツでの山下は、新しい人間性としての「天才」的性格の追求というテーマに確信をもっていたといえる。しかし、彼の思索は「教育問題を歴史的、社会的にではなく、哲学的、世界観的、信仰的に問う」たがゆえに、「かれは苦悩の場面に追いやられている」とも指摘されている[20]。

その一つの手がかりは、山下が残したノートのなかにある[21]。このノートは、前半にドイツ語文法の学習メモが綴られているが、後半にはプラトン、アリストテレス、スピノザ、カント、ヘーゲル、ケルシェンシュタイナーなどの哲学史の整理がメモとして残されている。さて、ここで取り上げるページは、このノートの裏表紙の内側に書かれた部分である。山下の場合、講義ノートなどでも裏側にアイディアを綴ることが多く、志向を深めるためのメモであったと考えることができる。

彼は「意識」とは何かを問うために、写真3－4に挙げる図を描いているのだが、この図について宮崎は次のように説明している。

> この二元化され二層化されたふたつの域では、次のような特質がかなり任意に書き込まれている。一方の「此岸」の学問営為は、「時代的、可視的、測定と比較可能」なところで進められ、その対象や立場には、「自然に対する実験、技術、物理」や、「歴史主義、心理学主義、論理主義」の立場があり、これらは「理論的、合理的、意識的」である。他方の「彼岸」の学問と人間把握は、「神、カオス、原精神《ウルガイスト》、理念、永遠」にかかわり、「超時間的、非合理的」であり、それは「無意識的、下意識的」である。[22]

山下のこの図の試みは、宮崎が指摘するように意識と無意識、科学と精神などの対照性をもって描かれているが、それでもなお全体を「意識」の範疇に位置づけている点に特徴があるといえる。このメモのなかで、特に「発育論争」と関わる問題として、ここで用いられている①Wachstum（成長）と②Entwicklung（発展）の概念の対照性に注目したい。

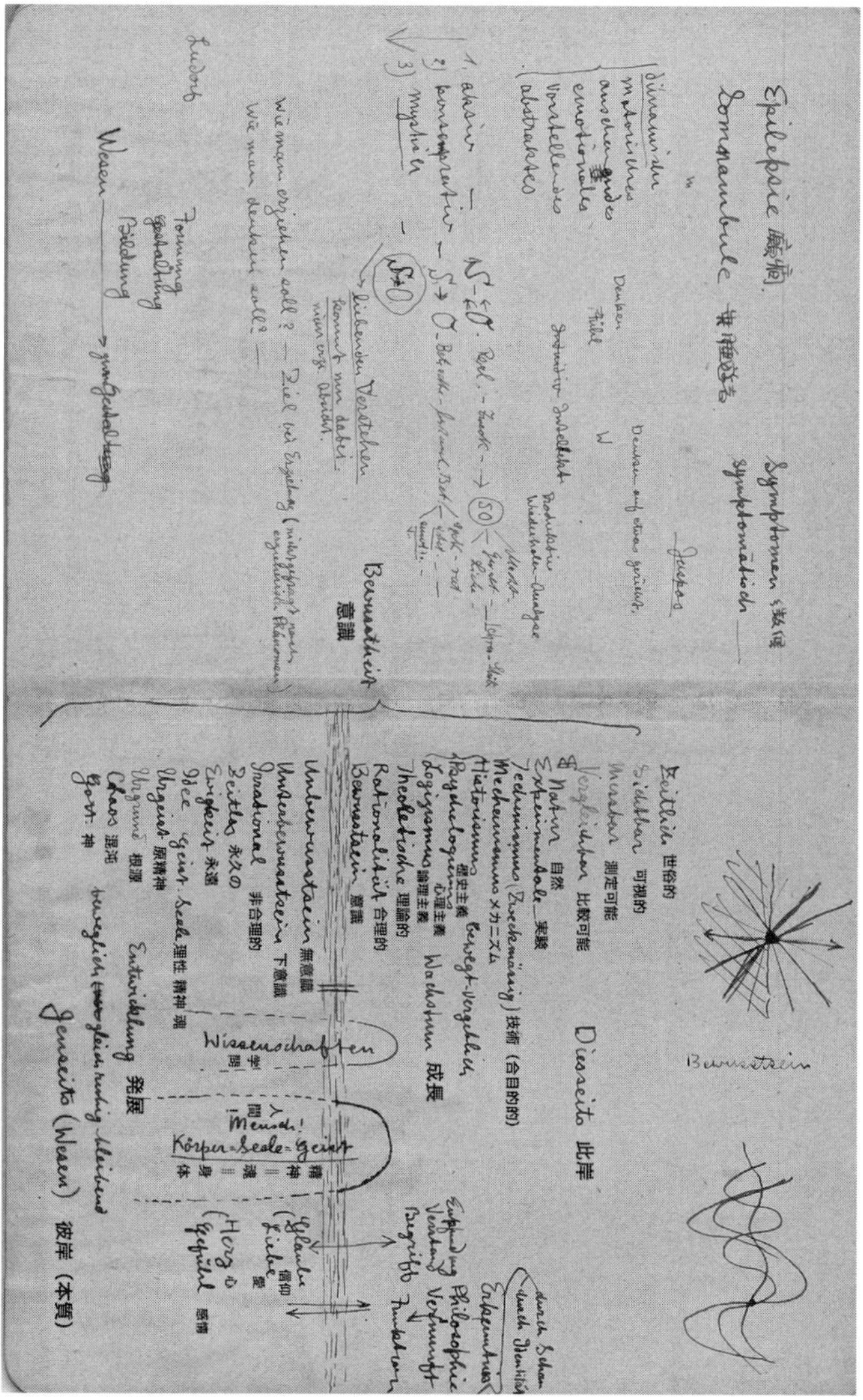

写真3-4　山下が留学中に残したノート（ノート類 No. 16）の裏表紙に記したメモ

注：一部付した日本語訳は引用者による。
出典：鹿児島大学附属図書館所蔵。

発展心理学の構想

Entwicklung（development）は、対象としての子どもの捉え方をめぐる中心概念であるが、本書序章でも見たように、山下は「発育しつつある」存在として即自の立場を占めたのであった。写真3－4では、Entwicklung は合理性や操作性の世界の対極に位置づけられていて、むしろ神的領域の問題とされている。ここに Wachstum との対照性で理解されていることが見て取れる。山下にとって、「発育しつつある児童」という命題が、Wachstum と Entwicklung の対照的な構図の全体を指していたことは、次のように理解される。

彼が Entwicklung に「発展」の語を当て翻訳していることは、彼の論考によくみられる傾向である。ドイツからの帰国直後に『全人』に数回に渡って連載された彼のペスタロッチ論の一説を見てみよう。

> 児童心理学が一般に身体的生長と精神的発展との調和的発展心理学 Entwickelungs - psychologie の基礎の上に立つて偉大なる進歩を遂げ、他の科学に比ぶれば今日尚極めて若い科学であるに拘はらず、嘗て心理主義の陥つた非難や実験科学としての哲学からの鋭い侮蔑の遥か向ふに、他の科学の尊敬と期待との中に彼の若き日を楽しみつゝある現状は、又吾々の教育にとつても徹底的意義と基礎づけとを与へた。[23]
>
> （傍点引用者）

山下が身体と精神の調和を目指す「発展心理学」を提起した真意はどこにあったのだろうか。文中にあるように、心理主義という批判を越えた新しい研究の動向として、「発展」の語を当てたのであろうか。とすれば、山下の発達観は、人間性の深層の領域に発するもので、子どもにおいてはしばしば純粋な形で発露される直観的思惟を、人類史の発展の原動力としてどのように天才的に活動させていくか、という図式で捉えられていたと考えられよう。一九三四年の発育論争においても、基本的には山下の立場に変化はなかったと考えられる。この点は次章のドイツ帰国後の山下における論考のなかで、もう一度考えたい。

山下のドイツ留学は、一方でイエンシュの直観像研究に示唆を受けて、自然的存在としての子どもから出発する教育実践の具体的方法を得ようとしたと同時に、他方では彼自身の宗教的思索も含んで、人間存在を全体としてどう摑むかが問題となっていたことがわかる。そして、図のなかで示された不可視の領域（彼岸）をどう深めていくかが彼の教育学の課題として意識されたと考えられるのである。

注

（1）大学教会（Universitätskirche Marburg）に関しては、手掛かりとなる資料がマールブルク大学古文書館にはなく、また大学教会内にも収蔵されておらず、山下の教会での活動については現時点ではほとんどわかっていない。

（2）宮崎俊明「山下徳治にみるドイツ教育学の受容問題」『鹿児島大学教育学部研究紀要』教育科学編、第五一巻、二〇〇〇年。

（3）鹿児島大学附属図書館所蔵及び成城学園教育研究所所蔵の山下（森）徳治文書において「ノート類」の前半に分類しているものが該当する。

（4）宮崎俊明、前掲「山下徳治にみるドイツ教育学の受容問題」六四頁。

（5）宮崎俊明、前掲「山下徳治にみるドイツ教育学の受容問題」六五頁。

（6）宮崎俊明、前掲「山下徳治にみるドイツ教育学の受容問題」七二～七三頁。この宮崎論文は、マールブルク学派の日本人による受容の具体的過程として山下の滞在中の取り組みを具体的に追っており、重要である。しかし、筆者が行った大学公文書館の史料調査は、宮崎の研究と多少異なるところがある。例えば、受講録ではブルトマンの「コリント人への手紙解釈」、フォン・ゾーデンの「ガラテヤ人への手紙、ローマ人への手紙解釈」となっているが、宮崎論文ではどちらもブルトマンによるものとされている。

（7）山下自身によるこの講義ノートについては、宮崎俊明、前掲「山下徳治にみるドイツ教育学の受容問題」六七頁。オットーの著書『一般教育学』では、まずナトルプの社会教育学が取り上げられ、フィーアカントやテニエスなどに触れながら、教育と社会の問題について展開している。E. Otto, *Allgemeine Erziehungslehre*, Verlag von Quelle & Meyer in Leipzig, 1928.

（8）宮崎俊明、前掲「山下徳治にみるドイツ教育学の受容問題」七五～七六頁。

（9）小谷野邦子「『満州』における心理学——建国大学とその周辺」『茨城キリスト教大学紀要』Ⅱ社会・自然科学、第三六号、二〇〇二年、一七三頁。

（10）山下徳治「イエンシュ教授の心理学とその教育との関係について」『全人』一九二六年一〇月号、二一頁。

（11）山下徳治、前掲「イエンシュ教授の心理学とその教育との関係について」三〇頁。

（12）山下徳治、前掲「イエンシュ教授の心理学とその教育との関係について」三三頁。

（13）山下徳治、前掲「イエンシュ教授の心理学とその教育との関係について」三三頁。

（14）山下徳治、前掲「イエンシュ教授の心理学とその教育との関係について」三四頁。

（15）山下徳治、前掲「イエンシュ教授の心理学とその教育との関係について」三六～三七頁。

（16）「『児童学とは何か』の座談会」『教材と児童学研究』第一巻第二号、一九三四年六月、一一頁。

（17）前田晶子「正木正集　解説」大泉溥他『文献選集　教育と保護の心理学　昭和戦後初期　別冊解題』クレス出版、二〇〇一年九月、八四～九三頁。また別の要因として、山下の論考では一つの学校で九割に上る直観像所有者Eidetikerがいたことが報告されているが、戦後の研究では小学生で六～八％という限られた現象とされたことが考えられる。『心理学辞典』有斐閣、一九九九年、五九五頁。

(18) 前掲『心理学辞典』二三頁。
(19) 山下徳治「マールブルヒの思索」『全人』一九二六年八月、七〇～七四頁。この小論は、山下が小原に向けた書簡の形式で記されており、ドイツで成果を上げることができていない旨の詫びが綴られている。
(20) 宮崎俊明、前掲「山下徳治にみるドイツ教育学の受容問題」七九頁。
(21) 鹿児島大学附属図書館所蔵の山下（森）徳治文書、ノート類No.16。
(22) 宮崎俊明、前掲「山下徳治にみるドイツ教育学の受容問題」八三頁。
(23) 山下徳治「教育の本質より見たるペスタロッチの教育思想」『全人』第六号、一九二七年一月、二九頁。

第4章　ドイツからの帰国とソヴィエト訪問

1　ドイツ留学からの帰国

後退するイエンシュ

第3章では、山下徳治のドイツ留学中の学習傾向、とりわけ彼が傾倒したE・R・イエンシュによって彼の教育研究がどのように展開したかを検討した。彼はペスタロッチが提起した「直観」を教育の場で実践する際の心理学的基礎を、イエンシュの実験的方法によって得られると考えたのであった。のちに書かれた文章のなかにも、師範学校時代から続く自身の哲学的傾向に対して、「私の足は一向大地についていない」(1)として教育実践との乖離を自問し、ナトルプやイエンシュに従事しての研究は、その脱却を図ることが目的であったとされている。

しかし、帰国後、山下が引き続きイエンシュの研究に依拠したかというと決してそうではない。むしろ、イエンシュについて正面から論じたのは留学中の一論文(2)のみに留まり、マールブルク大学在学中の山下を知らなければ、イエンシュの直観像研究への没頭ぶりを想像することも難しいだろう。このことは、改めて山下のドイツ留学の意味を整理し、イエンシュ研究が後景に退いた経緯について明らかにすることが求められる。[3]

一九三〇年代への助走

山下のマールブルク大学での経験を振り返るうえで、かつ一九三〇年代以降の彼の研究と運動に連なるものとして注目されるのは、以下の三点である。

①帰国直後のペスタロッチ論
②訪ソの経験
③留学中の「デューイの発見」

本章では、ドイツ留学中及びその後に書かれたノートを手掛かりとして、特に①と②について検討したい。またこの検討においても、前章までと同様に、山下の発展（Entwicklung）概念の内実を捉えるための作業として進めていく。

成城学園教育研究所には、森家によって寄贈されたものとして、山下徳治と妻である森瑤子が所有していた刊行図書類の他に、四箱分の文書類が保存されている（本書巻末資料編参照）。文書は、留学中に収集したと思われる洋書類、ノート類、山下が寄稿している雑誌類、書簡、新聞の切り抜き、手書き原稿などが含まれ、その数は四〇〇点を超えるものである。[4]

そのなかで、山下自身が留学中に書いたと思われるノートが約二〇点ある。その一部を一覧として示したのが本章末尾の表4－1である。このなかには、語学の学習ノートであると考えられるものが含まれており、そのうち年代が判明しているものはすべて一九二五年前後のものであった（留学期間は一九二三年四月から二六年一〇月）。他に、講義ノート、ペスタロッチやルソーに関するノート、心理学や児童学についての草稿があるが、一部には留学後に書かれた可能性が高いものもある。

これらをもとに、山下の発達研究――発生論的な人間学の追究――の展開を内在的に検討していきたい。

2　帰国直後のペスタロッチ論

山下は、ドイツから帰国後、『教育問題研究』とその後継誌となった『全人』に立て続けに数本のペスタロッチ論を書いている。最も早い一九二七年一月の二論文には、ドイツより戻り荷を解く暇もなく執筆した旨が付記されている(5)。

帰国直後に執筆しなければならなかった背景には、折しもペスタロッチの没後百年祭を迎えた一九二七年を目前として、雑誌の特集に執筆を要請されたことがあったと考えられる。また、彼の渡独の第一の目的がペスタロッチ研究であったため、その成果を沢柳政太郎や小原国芳に対して示す必要があったことも容易に想像される。しかし、これらの論考では、彼がドイツで最も長い期間従事したイエンシュについては児童心理学の一人として紹介されるに留まり、次いで多く講義を受けたハイデガーなどはその名前すら登場していない。したがって、彼のドイツでの思索は、直ちに成城での教育に接続することができなかったのかもしれないと考えられる。しかし、前章の最後で触れた「発展心理学」への期待は、これらペスタロッチ論の主要なモチーフとなっていることがわかる。

魂《プシュケ》の教育と功利主義批判

これらの論文の中心課題は、ペスタロッチの思想を論じたものではあるが、いいかえれば「人間存在」にとっての教育の意義であるといえる。山下は、これまでの教育学において、教育とはいかなるものかWie、教育の方向性Wohinについて問われてきたが、そもそも教育とは何かWasについての研究が欠けていたとする。教育の内容が広範囲に及ぶために、形式的な問いを立てることができても、形式と不可分に存在する内容についての問いが追求されなかったのではないかと述べている[6]。

山下は、教育は、現実に多様な課題をもつプシュケPsyche（魂）を科学的、実験的、文化・歴史的、哲学的に研究し、その「余りに豊か」な統一である魂に対する視野を持たなければならないとする。特に、プシュケのもつ自然性に働きかけて理性化を行う教育は、世俗的で可視的な領域——理性、認識、機能などといった合理性の方向のみに向かうのではなく、「無意識や、非合理の世界」「自然の中に於ける愛や信仰」といった精神（GeistまたはSeele）の問題を視野に入れる必要があるとしているのである。それを次のように集約して述べている。

> 教育の本質は所与としてのプシュヘーが、身体的成長の直接作用に於ける精神発展の過程に於ける芸術的創造に由る内面化であり、精神化である。〔中略〕教育は自然の理性化とも解せられる。そのことは理

性が自然に対して内容や形式が豊富であることを意味してはゐない。寧ろそこには自然を唯一の基礎として理性化が行はれるのである。[7]（傍点原文のまま）

しかし、現在の教育は、この無意識で非合理の世界の助けを借りずに、いわば「無材料でビルヅゥングしようとしてゐる」ために、「人間のプシュへーの教育でなく、安価な功利的立場から立身出世の職業教授や技術教育に堕してゐる」と指摘するのである。[8] この立場は、のちの一九三四年の「発育論争」においても強く主張されたところである。

成長（Wachstum）と発展（Entwicklung）の架橋

さて、山下は、ペスタロッチに即しても上述の問題を展開する。とりわけ、ペスタロッチの「自然（Natur）」概念が、ルソーの思想を引き継ぎつつも、「未開」のものという意味を越えて、「神の高き理性を含んだ豊かな発展の路行きと調和」するものとして展開したという点に注目している。[9]

山下の論考は、カントにとっては対立概念とされた「自然衝動」と「道徳的法則性」の双方を、ペスタロッチがいかに「現実に於ける高き統一」としてつかんだのかを明らかにすることに主眼が置かれている。コメニウスなど主知主義派の立場は後者に子どもを近づけることにあり、逆にルソーは未開のままの自然のみを問題にしたのに対して、ペスタロッチの自然概念は「自然の理性化」「此方から彼岸への橋かけ」といったように、両者を結びつける志向性をもっていたという。

そこに最も鋭く暗示してゐるのは此方から彼岸への橋かけである。決して彼岸から此方への架橋ではない。此の大地から天上への橋渡しであつて天上から大地めがけての橋渡しではない。自然の理性化であつて理性の自然化ではない。主知主義的教育は常に此の矛盾を冒して人類を個人主義的機械文明に導いて終つたのである。単なる技術的文明に陥りしは必然の結果である。(10)（傍点引用者）

このように、先の引用と同様に、「自然」を土台として、その自発性によって理性化を図ることがペスタロッチから学ぶべき点であるとしている。以上に挙げた引用は、前章の最後に取り上げた山下の留学中のノートと重ねて読むと、より明確な論点が見えてくる。ペスタロッチの自然概念が、「此方から彼岸への橋かけ」であるというのは、世俗的な世界における魂の「成長（Wachstum）」と信仰の世界における精神の「発展（Entwicklung）」の架橋を指しており、教育はこの二つの世界を視野に入れなければならない、という論に展開されているのである。そして、さらに、ペスタロッチのこの架橋の試みが現代では実験心理学において何より追究されているという。

彼「ペスタロッチ」が彼の基礎教育に対する此の心理的基礎づけの渇望は年と共に濃厚となつて、殊に彼の晩年に於いてそれは著しくなつて来たやうである。然し彼の欲した「心理的」は決して今日までの物理的実験心理学の如きものでも、又純悟性的心理学の如きものでもなく。それは倦くまで有機体のプシュヘーの発生と発展の過程に於いて考へられたものであつた。かゝる心理的基礎づけのみが実に吾々の要求する教育に決定的助力と暗示とを与へてくれるであらう。ステルンやブユーラーやイエンシユ教授等

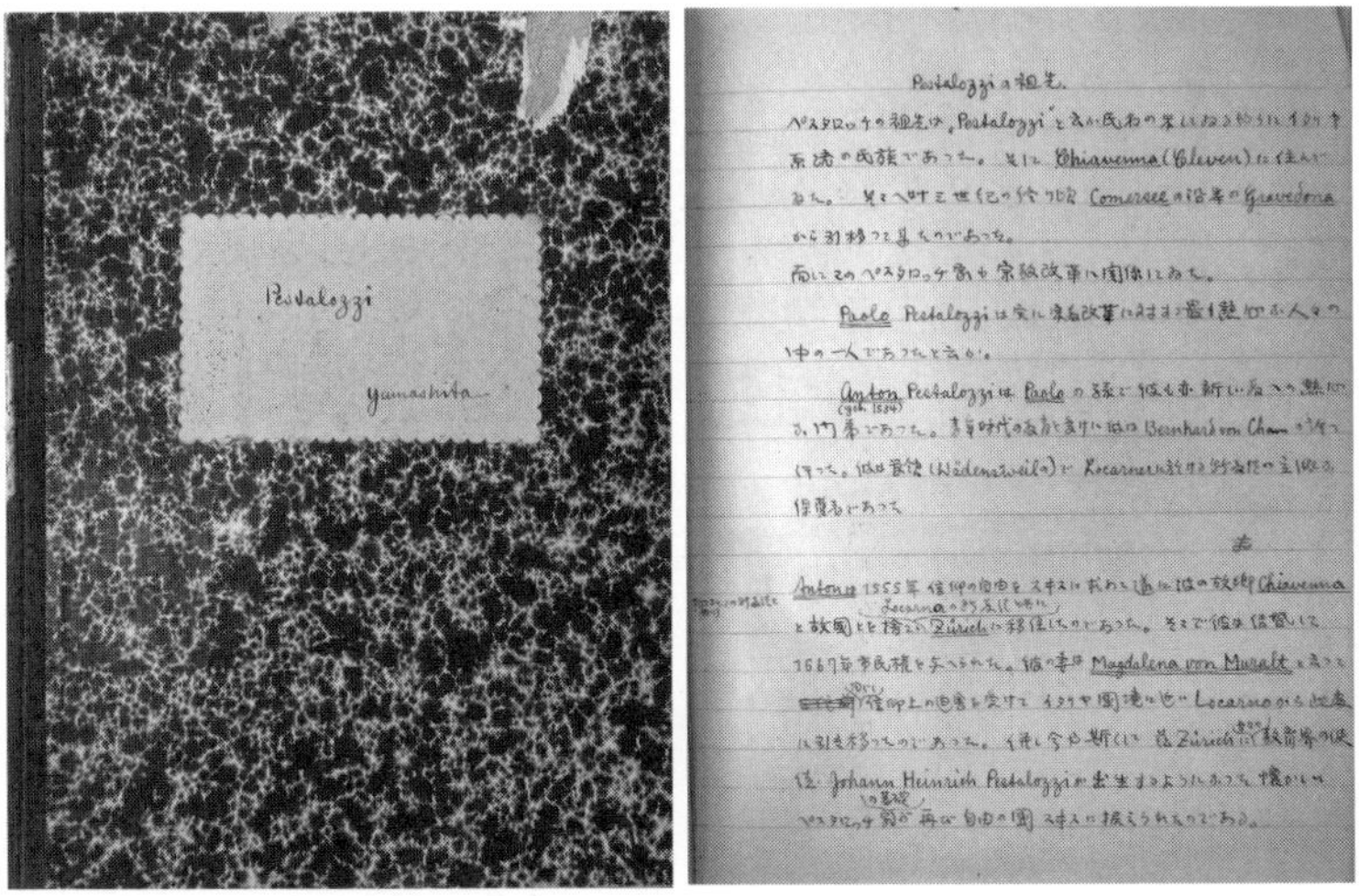

写真4-1　ペスタロッチ論のノート（No. 8）の一部

出典：成城学園教育研究所所蔵。

の最近の児童心理学はかゝる意味に於いて全然新しい道を歩いてゐるやうに思はれる。フエヒナーの精神物理学は今後愈重大なものになり大きい発展を遂げるであらう。[11]

山下は、フェヒナー（Fechner）に代表させて実験心理学への期待を語っており、この引用のなかのイエンシュの存在は控えめであるといえる。ただし、山下は一九二八年の二度目の訪ソの際に、ヴィゴツキーのもとで直観像実験を行っていることから、必ずしも心理学への関心を失ったわけではなかったと考えられる。いずれにせよ、ペスタロッチの自然概念こそが、子ども研究並びに人間研究を追究する際の要であることが強調されているのである。

未完のペスタロッチ論

さて、写真4-1は、日本語で書かれたペスタロッチ論の草稿である。山下はナトルプのペスタロッチ論を手掛かりとして、ザイファルト（L・W・Seyfarth）の全集を中心に研究計画を立てていたほか、当時手に入りにくかったモルフのペスタロッチ伝を取り寄せて読んでいたという。また山下（森）徳治文書には、*J. H. Pestalozzi's Ausgewählte Werke*[12]が残されている。No.8はこれらを基に作成された草稿ではないかと思われる。山下は、ペスタロッチの家系をさかのぼり、祖父や父母の影響について、推敲を繰り返しながら執筆を行っている。また彼は、ナトルプの『ペスタロッチの理想主義』を翻訳したり、ペスタロッチの翻訳にも着手していたようである。しかし、いずれも出版されるには至っていない。

　なぜ、山下のペスタロッチ研究は、戦後に至るまで世に送り出されなかったのだろうか。当時の教育研究では、とりわけ一九二七年の没後百年祭を期にペスタロッチへの関心が高まっていたという[13]。その意味では、山下も数編の論考に留める必要はなかったのではないかと思われる。しかし、結局のところ、ペスタロッチについては、ここで取り上げた帰国直後の論考群のあとは、戦後の著作『ペスタロッチからデューイへ』（刀江書院、一九五〇年）にようやく結実するまで、タイトルにその名が上がることはなかったのである。

発展心理学（Entwickelungspsychologie）の構想

　最後に、山下の「発展（Entwicklung）」概念に戻って彼の戦前のペスタロッチ論をまとめたい。ここで注目されるのは、山下の心理学評価の内実である。前章の終わりで彼が「身体的生長と精神的発展との調和的発展心理学"Entwickelungspsychologie"」と述べて、発達概念を「発展」と訳出していたことを指摘したが、ペスタロッチ論においても、「発展」概念が中心に位置づいている。そして、さらに、非合理の世界であるプシュヘーに形式を与える理性や美を「内包的なもの」、プシュヘーを事実として客観化しうる側面を「外延的なもの」として、次のように説明する。

> プシュヘーの発展の各々の階段は此の内包的 intensiv な作用と、外延的 extensiv な作用との直接的交錯に由つて生れて来るもので、決して一面的のものではない、此の意味に於いて教育は理性の哲学的透視性に由る人間学を必要とする。それは確に悟性的である。而かも教育を内面的に考へれば考へるほどプシュヘーの個性の自律性を認めなければならぬ。〔中略〕而かも子供からである。教育は、子供を知らなければならぬと同じように、人間を知らなければならぬ。[14]（傍点引用者）

ここから、山下の発展論は、子どもの成長の源泉としての非合理性（彼岸の世界、ペスタロッチの言葉としては「聖なる暗黒」）を十全に捉えながら、心理学の対象となる外的事実と、さらに混沌とした自然に内在する理性や芸術の契機を、人類史における前進をもたらす教育の目的として位置づけていたといえる。そして、ここでの「人間学」への言及は、本書序章で取り上げた発育論争の段階になると「児童学」に求められるものとなっていく。彼が「現代の教育は子供を余りに知つてゐない[15]」という点は論争でも繰り返し主張されたことであるが、つまり無意識的で非合理的な世界における発展の問題が明らかにされていないという意味であったといえる。この点を、城戸幡太郎らにロマンティークであると批判されたのであるが、そもそも「発達」の概念におけるずれが存在していたのではないかと考えられるのである。論者らはそのことに無自覚であったとはいえないまでも、山下の問題提起を正面から受け止めることを回避したのではないかと思われる。発達概念における合理―非合理をどのようにつなぐかという山下の問題提起は、山下自身も十分展開することなく一九三〇年代の教育研究運動の時代に突入していったといえよう。

以上から、子どもの個体と人類の幸福を高次において統一する志向性をペスタロッチから引き出した山下にとって、もはや教育は学校教育にとどまるものではなく、広く社会に開かれていくこととなる。しかし、このことは、即学校廃止論に向かうわけではなく、社会の一大事業として学校の役割を再定義する方向に進んだものと考えられる。次に取り上げるように、山下がその手がかりをソヴィエトに生起していた新興の教育に求めたのも、そのような文脈から理解されよう。

3　二度目の訪ソの意味

ナトルプから新興教育へ

山下は、二度にわたって旧ソ連を訪れている。一度目は、ドイツ留学中の訪問（一九二六年）であり、二度目は帰国後の一九二八〜二九年にかけての冬の約一カ月半のことである。この二回目の訪ソでは、山下は、当時の文相ルナチャルスキーや、ヴィゴツキー、バッソフ、ボルンスキーなど心理学者や児童学者を訪ねた。また、「単一労働学校」にも訪問し、教育や制度の在り方をめぐって議論を行っている。ちなみにこの際の費用は後藤新平の後ろ盾で工面され、帰国後に「労働大学」を設立する目的のもとにあったが、後藤の死により実現しなかったとされている[16]。

この二回にわたる訪ソの間には、山下の帰国、沢柳政太郎の逝去（一九二七年一二月）、成城小学校から自由学園への転任など、彼の足場を揺るがす展開が続いた。そして、訪ソを経て、一九二九年には、プロレタリア科学研究所教育問題研究会の責任者になるなど、大きく新興教育に向けて走り出す時期を迎えていたのである。

この時期については、これまでも、いくつかの山下論においてその経緯が示され、また教育運動史研究についても取り上げられてきた。しかし、その間の山下の教育研究の展開――ナトルプから新興教育へ――はこれまで「断絶」として理解されてきた傾向が強い。例えば、井野川潔はリベラリストとしての山下がソヴィエト教育学に向かった経緯を明らかにしており、まさにこの点に迫ろうとしている研究である[17]。しかし、ここでは、なぜ山下が新興教育研究所の設立に向かったのかについての内在的な言及は行われておらず、プロレタリア教育研究所の所員であった旧友三木清と羽仁五郎の直接の申し出により教育の啓蒙運動を担う研究所と教育労働者組合の結成を打診され、周りから押し上げられて新興教育研究所所長になったという山下自身の回想[18]を引用するに止まっており、その後の山下論も基本的にこの捉え方を踏襲しているといえる。

それらの先行研究に対して、本章では、山下がソヴィエト教育学やデューイの教育論などとの出会いを通して、ある種の制度的・組織的な教育構想を有していたのではないか、しかしそれは新興教育研究所の設立とは必ずしも同一の動きではなかったのではないか、という仮説を立ててみたいと考える。以下では、この見通しのもとに、山下のソ連に対するスタンスを検討していきたい。

ロシア滞在の足跡

さて、これまでの山下研究においても指摘されてきたことではあるが、彼は当初社会主義に対して懐疑的であった。それは、先に検討したペスタロッチ論のなかに次のような下りがあることにも明瞭に現れている。

> 社会主義的教育は環境の影響のみを教育と認めてゐる。その事はプシュヘーのエンテレヒー［魂の実現化――引用者］を認むまいと努力してゐることである。ロシア革命は実にかゝる一面のみを強く見た結果からの好き標本である。[19]

この文章から、ソ連への第一回目の訪問は、革命とそのもとでの教育に対する批判的印象を残していたことがうかがわれる。

その後、山下が最初にロシアについて書いたのは、マールブルクで一緒だった長屋喜一（倫理学）への書簡という体裁をとった「海外通信　若きロシアとその道徳生活[20]」という論考においてである。この長文の通信は、二回目のソ連訪問を伝えるものである。彼は、体操の研究を名目として半年間にわたり欧州にとどまったが、そのなかで一カ月半をソ連で過ごし、後藤の紹介で多くの人物と会席している。またヴィゴツキーの心理学研究室の協力を得てイエンシュの考案した直観像実験も学校で行ったという。[21]

このなかで山下は、革命後の過渡期にあるロシアが、旧い伝統を排し、混沌とした状況のなかから新しい道徳を作りだそうとしていることに強く感銘を受けたことを綴っている。そのなかでも、労働する婦人の真剣さや献身性と、その背後にある宗教性に大きな印象を受けたという。このように、一回目と二回目の訪ソでは、その印象を大きく変えていることがわかる。

さらに山下は、モスクワでヴィゴツキー宅にも足を運んだことに触れているが、そこでなされた若い学生との対話のなかに、「発育論争」と同形の議論をみることができる。

それは、山下が人間研究における即自（der Mensch an sich）と対自（der Mensch für sich）に関する問いを提示した際に、その学生が専ら環境的要因のみを重視し、前者については関心を持っていないと答えたことに対して、「責任の転嫁と回避に由る道徳の堕落」という危険性を孕んでいると述べているところである。そして、「人間の生長発展の原質的形態」を追究することは重要であり、むしろそれがロシアで追究されつつある道徳生活の新しい形なのではないかとも指摘している。[22]

その後の発育論争においては、山下が前者の「発育するもの」（即自）の立場を主張したのに対して、他の心理学者らが山下をしてロマン主義的発達観の持ち主であり、環境的規定を見ていないという批判を「発育されるもの」（対自）の立場から展開したことはこれまでも述べてきた通りである。山下が同形の議論をすでにソヴィエトで行っていたとなれば、ドイツ帰国から新興教育研究所創設を挟んでの一九三四年まで、彼の立場は一貫したものであったということになる。

この点について、山下の残したノートを基に、より詳しく検討したい。

4　新興ロシアへの共感と警戒

自筆ノートに見る唯物論の検討過程

山下は、ロシア訪問において、新しいソヴィエトの社会と教育にどのようなインパクトを受けたのか。それを、成城学園教育研究所所蔵の自筆ノートに探ってみたい。というのも、一九三〇年の新教・教労運動の最中で、山下自身は「孤立の状態で、ひとり苦悩した[23]」と振り返っており、ソヴィエトに対する評価は単純ではなかったと思われるからである。

巻末付図表に示した図4－1は、表4－1No.18のノートのうち、先の「海外通信」の内容と重なる部分のメモ四ページ分である。ここには、先に見た「海外通信」ではわかりにくい山下の新興ロシアに対する二つの態度を読み取ることができる。このノートの左横に筆者が付した丸数字の順に、山下の思考を追っていきたい。

①新興ロシアへの警戒

山下は、まず、自然と乖離した理論は、唯物論であれマルキシズムであれ、魔術的で恐ろしいと述べる。「ソビエット露西亜の名を聞くさへ厭はしいこと。恐るべきことのやうに思ふ」として、マルクス主義をイデオロギーとして受容することを強く否定する態度が見て取れる。武者小路実篤やハクスレーの例を挙げながら、事実や自然の前に謙虚になることを促している。

②救済としてのペスタロッチ

続いて、日本における新教育、ドイツにおける実験学校（Versuchsschule）の没落について、そこに同一の原理が働いていることを考察している。このノートで、人間の即自と対自（Mensch an und für sich）問題が整理されているところが注目される。特に興味深いのは、先のペスタロッチ論で論じた精神の外延と内包の枠組みを問題にしているところである。ここでは、外延（extensiv）を対自《フュールジッヒ》として位置づけ、その構造を「子、母、人類、神」の順に示している。他方で、即自《アンジッヒ》の方は、内包（intensiv）に対応し、「子、神、人類、母」として対自に対置している。どちらも子どもから出発することに変わりはないが、たどる道は反対に示され、それぞれが「Möglichkeit（可能性）として在るもの」と「Dasein（現存在）として在るもの」として説明されている。

これは、ハイデガーを参照しながらペスタロッチ論を展開しようとしたものと位置づけてよいだろう。と同時に、山下にとっては、対象としての子どもの即自／対自をめぐる議論は、二者択一ではなく、道筋の違いとして構想されていたといえる。そして、子は最も近い存在としての母から出発し、高貴なるものとしての神へと至るようにみえるが、存在論的には子は神に最も近しいものとして位置づけられているのである。

他にも、アリストテレスのテオリアとプラクシス、認識と方法（技術）、自然的関係とその崩壊などの対比を取り上げながら、これらの二項対立が新教育の没落の基底に横たわっているとしている。そして、この問題に対する救済としてペスタロッチの「自然」概念の発見があり、またペスタロッチの道を歩もうとしている研究が列挙されているのである。ノートのこの部分は、山下の新教育に対する診断がロジカルに整理されているところである。

③唯物論の可能性

ノートの次のページでは、今度は唯物的弁証法に対する高い評価が綴られている。「人間とその社会生活の研究に於て唯物的弁証法程忠実に教へてくれたものはないと思ふ」と述べ、さらに「要するに私は神の人ペスタロッチの教育精神とその実際とを無神論的唯物史観の立場からの新興ロシヤに於て現象的に（既にその計画は部分的には実現し又将来に）実現せんとするのを見た」とまで述べている。おそらく、先の「海外通信」に記されたように、混沌から秩序が生起してくる状況を婦人労働のなかに見ていた山下の感銘と重なるものであろう。

④教育と社会組織

しかし、と山下は警告する。唯物史観のもつ可能性は、教育の社会組織上の定位の問題に直面しているとする。すなわち、「教育が政治の宣伝機関になっているのではないか」という問題であり、日本の学校教育も共有する課題であるとしている。

この課題、すなわちノートの端に小さな文字で「社会的必然性」と「個人的自由」といい換えられた問題は、これまでの山下の論考ではあまり取り扱われていなかった教育制度構想に関わるものであると思われる。公立の学校教員を辞した山下ではあるが、成城小学校という特殊な私立の実験学校において教育を追究していた彼に、いつの時点で「教育と社会組織」というテーマが生まれたのだろうか。ドイツから帰国した彼を取り巻いた状況（沢柳の死や成城事件）と、二度目の訪ソがその契機となったのであろうか。しかし、明らかに、この点が訪ソの彼に与えた最も大きなインパクトであったことは間違いないだろう。

⑤唯物論と an sich／für sich

さて、次のページは、唯物論をペスタロッチ論に引き戻して、山下なりの方向性を示そうとする内容をもつメモとなっている。

まず第一点目は、唯物論といった場合の現実的根拠を、マルクスによる「感性」の位置づけと、心理学における類型学（typologie［シュプランガーの価値類型論やクレッチマーの体型性格論］）に求めようという方向性が示されている。後者については、イエンシュの類型学の重要性も強調されている。さらに、ペスタロッチ論の外延（extensiv）をつなげて示されており、山下は、マルクス―ドイツ心理学―ペスタロッチを串刺す形で唯物論の問題を捉えようとしたと考えられる。

第二点目は、人間とその社会生活を意識や論理の面においてのみ見るのではなく、「自然生長性」という全体のなかで捉える必要性を述べている。そして、その際の構造（Struktur）や組織性（methodisch）が取り上げられている。ここに、一九二七年末からソ連に渡った中條（宮本）百合子の名前が挙げられていることも注目されるが、面会の事実があったかどうかはわからない。

最後は、先に挙げた「社会的必然性」と「個人的自由」の関係の問題である。山下は、ここで明確に、即自としての可能性は、対自としての環境（Umgebung）において問題とされる必要があると述べている。

リベラリストとしての立ち位置

ここで注意しなければならないのは、決して単純に即自《アンジッヒ》は環境によってのみ規定されているとしているわけではないという点である。彼の理解は、対自《フュールジッヒ》によって即自の自由が発揮される、というものである。「氏より育ち」という最後のページのメモにおいても、「海外通信」の該当箇所を辿れば、「可能的なるものは環境との交渉に於て初めて運動となり生長発展するのである」と述べ、さらに次のように環境や経験においてこそ自由が生まれることを述べていることでその真意が理解されよう。

環境とのかゝる関係に於ける因果法則は生命の発展過程に於ける現実的地盤を獲得して、更に未来の発展への生きた方法を準備する。換言すれば経験が現実を動かしてゐる法則を発見するのである。法則は自ら必然性を有つてゐる。かゝる必然性を予想しない如何なる自由もないだらうと思ひます。(24)（傍点引用者）

ここには、発育論争における山下の立場の原型が示されており、即自／対自は二元論ではなく、対自を想定した即自の問題として展開されていることがわかる。むしろ、発育論争では、二項対立的な論争があえて計画され展開されたとみることもできるかもしれない(25)。

最後に、二度目の訪ソについて、戦後に書かれた文章を取り上げよう。

彼［シャツキー――引用者］は、ほとんどコンムニストのいなかった教員層を進歩的なものに支えてきた人々はすべて自由主義者であったと彼らの功績を高く評価したあと、最後の言葉として、「リベラリストがいちばん強かった」と結んだ。私は沢柳先生を想い出し、深い感懐をもって彼の語るのに聞き入ったのであるが、今は党員である彼こそ、最も進歩的で強靱なリベラリストであったのである。(26)

これは回想として書かれたものであるため、必ずしも当時の認識として受け取ることはできないかもしれないが、リベラリストとコミュニストの問題として山下は明らかに前者を評価していることがわかる。つまり、当時の山下は、彼のペスタロッチ研究の展開として教育の組織化の問題を考える際に、新興ロシアに期待と警戒の両側面からアプローチしていたことがわかる。自身がリベラルであった彼は、当地の、何よりもリベラリストに寄り添おうとしたのではないだろうか。この点は、彼が後藤新平から期待されていた「労働大学」構想の問題とともに、山下の教育計画論として第Ⅱ部で再論したい。

5　デューイ研究の開始

ペスタロッチの先を歩くデューイ

成城学園教育研究所所蔵の山下文書には、彼の経歴を示したいくつかの断片が残っている。その内訳は、山下自身が書いたと思われるものと、聞き取りによって調査者が記録したもの各二編となっている。(27)

前者の山下が記したと思われるメモのうちの一つでは、ドイツ留学について次のように記述されている。

大正十一年　ドイツ留学

マールブルク大学で、ナトルプ教授の指導をうける
ペスタロッチ研究のため
~~同時にハイデッガー・ヤスパース・ルドルフ・オットー~~
また心理学のエーリッヒ・エンシユ教授から心理学の講義をうける
ドイツ留学中にソ連の教育を見学
（ペスタロッチ研究の途上ペスタロッチの道のさきをデューイが歩いているのを発見する）[28]

この記述は、第三章で見たようなマールブルク大学での受講状況がそのまま反映しているというよりは、むしろペスタロッチの道の先をデューイが歩いていることを「発見」したという箇所に強い印象を受ける。ハイデガーやR・オットーの名前が消されていることからもそのことがうかがわれよう。

教育研究運動への誘い

事実、山下は、留学中に、当時ドイツの本屋にはなかなか置いていなかったデューイの『学校と社会』（*The school and society*）と『民主主義と教育』（*Democracy and Education*）を米国から取り寄せて読んでいたという[29]。つまり、イエンシュやハイデガーに学ぶ傍ら、彼の教育学研究にデューイが少なからず影響を与えていたと考えられるのである。

ドイツ留学中に開始されたデューイ研究は、第Ⅲ部で取り上げるように、戦後に至るまで彼の哲学研究の主

表４-１　山下徳治文書（ドイツ留学中のノート類）

所蔵一覧	日本語		ドイツ語		他の言語		紙　片	備　考
No.	頁　数	内　容	頁　数	内　容	頁　数	内　容		
1			31	Deva= Bodhisattva（Aryadeva）				
2					8	（ギリシャ語）Für das Griechische（ギリシャ語）の題あり，ギリシャ語の学習帳		
3			6	Vokabulare（語彙集）				
4			19	ナトルプ婦人宛の手紙の下書き				ノートのタイトルに「Brief」（書簡）とある
5			1	時間割，メモ	7	（ギリシャ語）フォン・ゾーデンの講義のノートだと思われる		ノートのタイトルに「An die Galater」（ガラテヤ人へ）とある 山下がフォン・ゾーデンの講義を受講したのは1925年冬である
6	3	心理学に関するメモ	13	Deutsche Grammatik formen und satzlehre（ドイツ語文法の形式と文）の題あり	6	（英語）子どもの学習ノートと思われる	２枚（小野島右左雄「現代の心理学」についてのノート）	
7					13	（ギリシャ語）Griechisch II		
8	11	ペスタロッチに関する草稿						ノートのタイトルに「Pestalozzi」とある

9	3	講演「児童心理学」目次	70	Philosophische Anthropologie（哲学的人類学）	1	（フランス語）P. Janet, Dumas, 等の名前あり	1枚（日・目次下書き）	山下がイエンシュの哲学的人間学を受講したのは1926年夏である
10			21	サンスクリット語の学習帳				山下が初級サンスクリット文法を受講したのは1925年冬である
11			5	マールブルク大学における時間割			1枚（独・メモ）	
12	2	大蔵経華厳部の写しと書き下し文	67	J. J. Rousseau「学問芸術論」のドイツ語訳の写し				
13			28	統語論他				
14	1	自作の川柳	19	書簡の下書き			1枚（独・書簡）	
15			9	書簡の下書き（ナトルプ，イエンシュ他宛）				
16	1	表紙裏に自作の詩	32	神学ノート，手紙の下書き				
18	6	教育思想に関するメモ	2	Zur Arbeit（詩）				訪ソの道中に書かれたものと思われる
19	60	翻訳（The school and society by John Dewey）					3枚（メモ1枚，原稿用紙2枚）	ノートの著者はHaruko Hatanoで，朱書きで訂正が入っている
20	22	児童学に関する草稿						

注：ここに記す「所蔵一覧No.」は，本書巻末資料編「山下（森）徳治文書」（成城学園教育研究所所蔵）の「ノート類」のNo.と対応している。
出典：成城学園教育研究所所蔵。

要なテーマとなったものである。また、後述するように二度目の訪ソがデューイを追いかけてのものであったことが注目される。ここから、デューイ哲学の志向する実験主義の教育改革論が山下を教育研究運動へと導いたのではないかと想像されるのである。彼の後年の回想によるものとはいえ、デューイ研究の開始は彼の後年の研究を方向づけるものであったといえよう。

そこで、第Ⅱ部で取り上げる一九三〇年代の教育研究運動の展開について検討する際にも、デューイの存在に注目して論じていきたい。

注

（1）山下徳治『明日の学校』厚生閣、一九三九年、四六頁。

（2）山下徳治「イエンシュ教授の心理学とその教育との関係について」『全人』第一巻第三号、一九二六年一〇月号、二一〜四二頁。

（3）このことは、イエンシュ自身の一九三〇年代以降の研究が直観像からより広く人格の類型論や民族心理学へとシフトし、そのことがしばしば人種的な偏見やナチのユダヤ人排斥に根拠を与えることにつながったこととも無関係ではないだろう。高橋和年『性格学概論』非凡閣、一九五一年、九〇頁。しかし、山下自身が戦時中及び戦後に民族論を展開するようになることを考えれば、事柄はより複雑である。

（4）これらの資料については、二〇一二年二月に、筆者は金智恩氏（お茶の水女子大学）とともに調査を行い、四箱分の目録を作成した。本書巻末資料編にその一覧を示している。

（5）山下徳治「ペスタロッチの『自然』Naturについて」『教育問題研究』第八二号、成城小学校教育問題研究会、一九二七年一月、同「教育の本質より見たるペスタロッチの教育思想」『全人』第六号、一九二七年一月、四五頁。

（6）山下徳治、前掲「教育の本質より見たるペスタロッチの教育思想」二六頁。
（7）山下徳治、前掲「教育の本質より見たるペスタロッチの教育思想」二九〜三〇頁。
（8）山下徳治、前掲「教育の本質より見たるペスタロッチの教育思想」三三頁。
（9）山下徳治、前掲「教育の本質より見たるペスタロッチの教育思想」三六頁。
（10）山下徳治、前掲「ペスタロッチの『自然』Natur について」四七頁。
（11）山下徳治、前掲「ペスタロッチの『自然』Natur について」四八頁。
（12）Friedrich Mann, *J. H. Pestalozzi's Ausgewählte Werke*, Langensalza: Hermann Beyer & Söhne, 1906.（初版は一八七八年）。成城学園教育研究所所蔵の山下（森）徳治文書。
（13）寺岡聖豪「一九二〇年代日本におけるペスタロッチの影響」『福岡教育大学紀要　第四分冊　教職科編』第五五号、二〇〇六年、同「山下徳治とペスタロッチ」『福岡教育大学紀要　第四分冊　教職科編』第五三号、二〇〇四年。
（14）山下徳治、前掲「教育の本質より見たるペスタロッチの教育思想」三一頁。
（15）山下徳治、前掲「ペスタロッチの『自然』Natur について」四八頁。
（16）本書巻末の山下（森）徳治略年譜を参照。
（17）井野川潔「山下徳治と新興教育」『近代日本の教育を育てた人びと　下』東洋館出版社、一九六五年、二三二〜二五五頁。
（18）森徳治「新興教育研究所創立当時の回想」『日本教育運動史』第二巻、三一書房、一一一頁。
（19）山下徳治、前掲「教育の本質より見たるペスタロッチの教育思想」三三頁。
（20）山下徳治「海外通信　若きロシアとその道徳生活」『倫理研究』一九二九年六月号、九四〜一一一頁。
（21）森徳治「【記録】新興教育研究所創立当初の回想」黒滝チカラ編『日本教育運動史　第二巻　昭和初期の教育運動』三一書房、一九六〇年、一〇九頁。
（22）山下徳治、前掲「海外通信　若きロシアとその道徳生活」一〇九頁。

（23）山下徳治、前掲「【記録】新興教育研究所創立当初の回想」一一二頁。

（24）山下徳治、前掲「海外通信　若きロシアとその道徳生活」一一一頁。

（25）後年、波多野完治も、「八百長の論争をしたといったほうがいいかもしれません」と、論争が劇場的な興味を引くものとして企画された面があると述べている。「連載〈第六回〉一心理学者のあゆみ――波多野完治の生涯の仕事」『波多野完治全集⑨月報〈6〉』、一九九〇年、一三頁。

（26）山下徳治、前掲「【記録】新興教育研究所創立当初の回想」一一〇頁。

（27）本書第1章注（2）でも触れたが、井野川が前掲「山下徳治と新興教育」を執筆するに際して作成した調査メモではないかと考えられる。

（28）成城学園教育研究所所蔵の山下（森）徳治文書、教育運動史関係No.36。なお、留学は一九二三年であるが、初期の研究では、このメモに従ったのか、一九二二年とされてきた。

（29）森徳治「ころび行く石」松本浩記編『自伝的教師像』（『人の教育』、第一〇号）一九五六年。

第Ⅱ部　一九三〇年代の教育研究運動と教育計画

第5章　山下の新興教育構想

第Ⅰ部では、山下徳治の教育への初発の関心が郷中教育と近代学校の緊張関係のなかで模索され、彼自身の自己形成において学校教育への批判的スタンスがあったこと、そして海洋学という生態学的《エコロジカル》な視野のうえにおいて人間存在を追求しようとしていたことを見てきた[1]。彼の関心は、台湾・東京・ドイツ・ソヴィエトという地理的移動の中で、ペスタロッチの思想に導かれて「人間学」としての広がりを模索すると同時に、そのためのより具体的な教育方法についての研究に着手するようになる。

その端緒は第Ⅰ部で見た成城小学校での教育実践にみられるが、その後、ドイツでイエンシュの直観像研究に触れたことや、デューイの実験学校の取り組みに共感するなかで、具体的に「学校と社会」の未来像について考えるようになったのではないかと考えられる。また、沢柳政太郎の死後に成城小学校を離れ、民間の一教育学者となったことは、山下のプロレタリア教育運動や教育科学運動への参入を後押ししたと思われるが、彼はさらに自身の研究を展開して、教育運動を通して教育制度改革を進めるという方向へと向かうことになるのである。

また同時に注目されるのは、ドイツから帰国するまでの間、彼は「人間発達とは何か」という問いに対して、彼自身の宗教的生活を通して向き合っていたことである。マールブルクでの苦悩の日々[2]をくぐり抜けてこそ、彼は合理的で現世的な発達観に対する批判的まなざしを醸成し、混沌とした人間精神のプリミティブな源泉（Urgeist）への関心を高めたのではないかと思われる。このことが、山下独自の発生論——彼の用語法では「発展（Entwicklung）」と表される——へと向かわせたのではないかと考えられる（本書第3章、図3－1参照）。

特に、彼が内村鑑三の聖書講義に学んできたことの意味は小さくないと考えられる。よく知られる内村の『代表的日本人』（一八九四年）では、西郷隆盛が筆頭に取り上げられ、「西郷の偉大さはクロムウェルに似ていて、［中略］純粋の意志力との関係が深く、道徳的な偉大さがあります[3]」と論じられているが、ここからも少なからず同郷の山下の共感を呼んだことが想像される。また、それだけでなく、山下の三歳年上で戦後の教育基本法の策定を導いた南原繁など内村の育てた無教会派知識人による教育への貢献の系譜のうえに重ねてみたとき、山下の思索は決して特異なものではなかったと考えられるのである。

これらの経緯を経て、彼は昭和初期のプロレタリア科学運動に参加し、新興教育研究所と日本教員労働者組合の結成にも関わるようになる。本書第7章では、教育運動に邁進した時期の山下が、どのような教育制度改革論を構想したのかを検討する予定であるが、まず本章では、教育運動史研究の蓄積を踏まえつつも、早期に運動との距離を取るようになった山下の固有の課題意識を取り上げることとする。その際にも、第Ⅰ部で取り上げた人間に対する発生論的関心のありように着目して考察を進めていきたい。

1　訪ソ後の山下の教育運動に果たした役割

転機としての一九三〇年

山下が、成城小学校を離れて以降、大学などに専任ポストを持たず、その意味で官学アカデミズムの対極にある民間在野から生まれた教育学研究者であった[4]という点は、これまでも「異色の教育家」（池田種生）として受け止められてきた。その山下が二度目のソヴィエト訪問からの帰国後、直ちに『新興ロシアの教育』（一九二九年）を発表し、その翌年には戦前期の教育運動の象徴的存在であった新興教育研究所所長に就任したのである。この事実は、これまでの教育史研究において山下が注目されてきた最も大きな理由となっている。

知られるように、新興教育研究所は一九三〇年八月に創設され、非合法組織である日本教育労働者組合の準備会の発足と不可分の関係にあり、「新教・教労運動」と呼ばれて教育運動史研究の関心を集めてきたものである。この運動は、一九二七年頃の青年教師を中心とする文芸研究サークル（『義足』同人）が出発点となっており、「文学愛好教師の社会的自覚による教育運動[5]」としての性格を当初はもっていた。しかし、高等警察による干渉を経験する中で、次第に教員組合結成への機運が高まるようになり、その後、一九二九年一〇月のプロレタリア科学研究所の設立を経て、新興教育研究所と日本教育労働者組合（三〇年五月全日本教員組合準備会を経て、三〇年一一月発足）が同時に誕生したのである。

このようにして出発した新教・教労運動は、より大きな文脈でみるならば、一方では大正期の新教育運動の一部を源泉とし、他方では自由民権運動における人民による教育要求、またその後の労働組合の教育権の要求を引き継ぐ形で、教育運動の全国組織化という画期的な一歩を踏み出すことを意味していた。その組織化の実態は、新教支部二七カ所、教労支部二六カ所、読者会員のみ二五カ所（植民地を含む）といわれ、全国を網羅する形で展開されていったのである(6)。

このような運動の拡大の過程では、その組織のあり方が重視されたのであるが、とりわけ、「教育闘争の組織論」は政治的・経済的闘争の組織論とは容易に統一できるものではないという問題が当時の課題意識の中心的なものとして存していたとされている(7)。この動向の背景には、世界恐慌などによる労働争議や労働組合活動の活発化、マルクス主義運動の興隆、それに対する当局側の弾圧政策の激化などがあり、そのなかで、「教育労働者」としての教員の階級的立場を明確にし、同時にブルジョア教育に対する批判と人民のための教育の組織化の要求が立ち上がったのである(8)。この新しい段階の教育運動は、教育の改革に止まらず、「教育的社会改造運動」（下中弥三郎）――つまり「教育による社会改造」を目指すものとして立ち現れてきたという点が重要である。

そのような社会・経済・政治的文脈に加えて注目されるのは、一九三〇年代という時代が、これまでの教育史研究で指摘されてきたように、義務教育である尋常小学校の就学率が九割を超える(9)だけでなく、農村から都市へと向かう若年層が積極的に高等小学校への進学要求を高める時期でもあったということである(10)。ここから、公教育制度が日本社会に実質的に定着したといっていいこの時期において、中央集権的教育政策に対する異議申し立てが大正期の新教育運動を総括しながら社会主義運動として表面化し、やがて一九三〇年代後半の「生活教育論争(11)」へと発展するその分岐点に現れた運動であったと整理される。したがって、新教・教労運動は、民間発の公教育の再編成の試みの一つとして押さえることが必要である。新興教育研究所「創立宣言」では、その趣旨について次のように述べられている。

> 教育が将来の社会を建設すべき未来の成員の養成をその本来の任務とする限り、明日の教育は新興階級のための、また其自体の新興教育以外には存しない。かくして社会の歴史的発展の新しき可能性としての教育は、それ自らの自覚に於て国際的プロレタリア科学の鎖の一環としての新興教育の科学的建設を翹望してゐる。[12]

こうして、山下は、「明日の学校[13]」を展望して、教育運動史のこの転換点に代表者として実名で登場することとなったのである。

教育運動史研究のなかの山下

しかし、新教・教労運動に対する一九三三年末からの当局による弾圧は他の民間教育運動と比べてとりわけ厳しいものであったため、約四年という短命に終わっている。[14]この各地での弾圧は、三四年二月までに四四回に上るものであったという。[15]実は、弾圧による史料の消失・散逸の問題は、戦後になって取り組まれた教育運動史研究にとって最大の障壁となる。そのため、史料の収集や復刻などの作業がまずは研究上優先され、『新興教育』全九巻の復刻（一九六五～六七年）が教育運動史研究の最初の代表的な仕事となったのである。[16]

柿沼の整理によれば、これまでに、資料の収集・復刻に加え、個人の証言を基に編まれた通史（これを運動史研究の固有の方法論としての「『証言』の組織化[17]」という）の仕事が蓄積されており、生きた教師の軌跡を束ねることで運動の全体史を描く方法の検討も行われてきた。ただ、そこでの証言の多くは、運動を最後まで貫徹した人物のものが中心となっており、山下のように解散前に途中で運動から離脱した人物についてのモノグラフ研究は少ない。この点については、教育運動史研究が何よりも「運動の組織的な実践」を問題とするものであり、運動史の「個人への解消」を回避し、あくまでも組織を研究の対象としてきたという背景もあると考えられる[18]。また、新教・教労時代において組織内部での排除の論理があったことは戦後の研究にも影響を与え、運動の周辺部への注目がなされてこなかった遠因となっているともいえる[19]。この点については、再度第7章で取り上げる。

本章では、教育運動史研究の蓄積に学びつつも、山下徳治の発生論の模索という課題において、第Ⅰ部で見た彼の初期の思想形成が新教・教労運動への関わりでどのような深化をみたのか、また彼自身の運動に対する葛藤がどのような質のものだったのかについて考えていきたい。

2　プロレタリア科学運動・新興教育運動への参加

初代所長への就任

新教・教労運動は約四年という短命に終わったことは先にも触れたが、山下の場合、それに先んじて、一九三二年には早くもこの運動から距離をとるようになったといわれている[20]。自らその立ち上げに関わり、初代所長を務めた彼が、なぜそのような転回を遂げたのか。この点については、これまでの山下研究でも言及されてきた。弾圧のなかで活動が思うように進まず、生活の糧を求めて雑誌『教育』の編集部員になっていったのではないか、彼の研究の志向性が教育課程論や教材・教具論に傾斜したことで結果的に教育に対する社会認識を鈍らせることになったとするものなど、多くは山下自身の挫折とする見解が多い[21]。

例えば、内島は、山下が書いたとされる新興教育研究所の「創立宣言書」を分析して、彼の認識上の問題として、次の点を指摘している。

> 後に彼が教材・教具の研究において極めて重要な理論的到達点をしめすのにたいして、現実の社会（山下に即しては階級社会における）のなかでの子どもの主体形成のあり方についての認識は、深化されなかったことにつながっている[22]。

ここには、山下の一九三〇年代後半の『児童教育基礎理論』（一九三八年）や『明日の学校』（一九三九年）に代表される教育学的《ペダゴギカル》な研究に対する一定の評価がなされている一方で、それに反比例するかのように、新興教育の目指す「教育を通じた社会革命」論は十分に展開されなかったという整理がなされていることがわかる。

では、そもそも山下がなぜ新興教育に関わるようになったのか。内島は、この点について、山下が訪ソを機に「『社会主義的教育』にたいする否定的な見解の百八十度の転換[23]」をみたとする一種の転向論を展開している。ソ連への両義的態度については、第4章でも触れたところである。しかし、山下のスタンスが仮に転向であったとするならば、早期に研究所を離れた山下の新興教育運動への関与は一過性のものに過ぎないという位置づけになってしまうだろう。

運動からの離脱の意味

他方で、新興教育運動の準備過程を論じた研究のなかでは、山下のような離脱のケースは「リベラリスト」にとっては当然の帰結であったとするものがある。すなわち、新興教育研究所の成立をもたらしたいくつかの教育改革運動の潮流のうち、成城・教育問題研究会の左派（山下他）と、同じく新学校の一つであった児童の村小学校・教育の世紀社の左派（上田庄三郎他）といったリベラル派は、当初から「必ずしも革命政党の動向につながろうとするものではなかった」[24]とされているのである。

「成城左派」については、一九二九年、成城学園高等部に社会科学研究会が結成されており、それが主として外部からの入学者によって担われたこともあって、当時の小原国芳主事はこの動向に「まっこうから反対の態度をとった」[25]ようである。ただし、後述するように、成城学園における高校イズム（旧制高校にみられたいわゆる「白線文化」）の形態は、当時の政治運動の動向とは異なる質を有していたと考えられる。

すでに成城を離れていた山下を成城学園左派とするかどうかは単純ではないが、以上の観点から、山下に限らず、「新教育から新興教育へ」という流れのなかで教育研究運動史を記述し、山下のようなケースに即して内在的に整理することは重要であると考える。前章の終わりでも触れたように、後年になって、山下自身がソ連のリベラリストを何よりも評価していたことは重要な手がかりであるといえる。前章でも触れたように、彼はソ連で会った教育学者シャッキーの言葉を借りて「殆どコンムニストのいなかった教員層を進歩的なものに支えてきた人々はすべて自由主義者であった」し、「リベラリストがいちばん強かった」と述べて、自身がリベラリストに寄り添う立ち場であることを表明していたのである。[26]

もう一つの系譜となる上田庄三郎の場合はどうかといえば、教育の世紀社の実験学校であった「児童の村小学校」の左派がいくつかの流れに分かれていくなかで、彼は日本最初の教員組合である「啓明会」に接近し、そこから新興教育研究所に合流した。しかし、合法組織である新興教育研究所が、同時に非合法の日本教育労働者組合の「謙虚なる後衛的任務[27]」を担っており、次第にその役割に徹するようになるなかで、上田もやはり政治組織化の流れから距離を取るようになり、結局除名されることとなるのである。

加えて、このような新興教育の盛衰の背景には、蔵原惟人を中心とするプロレタリア文化運動の動向があることに注意が必要である。小林多喜二、徳永直らに代表される『戦旗』（全日本無産者芸術連盟［ＮＡＰＦ］の機関誌）が、『文芸戦線』との対立を経て一九三一年の日本プロレタリア文化連盟［ＫＯＰＦ］に展開する過程では、「本来ならば、政党ないし組合がおこなうべき政治カンパニア、宣伝活動を文化団体が代行する」（傍点引用者）という特殊状況を生み出し、その結果「文化運動一般を『在来の小ブルジョア的文芸運動の内部に自らを執拗に固執するもの』として否定する傾向をうんだ[28]」と指摘されている。このような動きは教員の間にもみられ、教育実践においても、文化的側面よりも階級闘争とその相剋という政治的課題が直接的に位置づいていったのである。

以上から考えて、山下の新興教育運動からの「離脱」は、ある種予想された結果であったともいえる。そこで、次節では、山下における新興教育構想の独自性を明らかにするために、彼の一九三〇年代初期の論考を通して、この点を検討したいと考える。

先にも述べた通り、これまでの山下研究では、新興教育研究所の初代所長として、新教・教労運動史における山下の位置を論じるものが主流であった。他方で、山下のライフヒストリー研究においても、ペスタロッチ、デューイの影響について詳しく論じられていても、それが新興教育運動とどのように関連するのかという点については、十分に明らかにされてきたとはいえない(29)。しかし、前章までに検討してきたところでは、山下のソヴィエトロシアへの接近が何よりもデューイを介してのものであったこと(30)、また後藤新平との間に「労働大学」構想があったことなどが注目されるであろう。そこで、本章ではこれらの課題について検討していく。

3　『プロレタリア科学』誌への執筆

新興教育研究所（新教）は、一九二九年に創立されたプロレタリア科学研究所の教育部会にいた山下が、同じく所員であった三木清や羽仁五郎らとともに新たに教育研究運動を進めるために設立したものである。この準備作業は、一九三〇年の夏の前に、日本教育労働者組合（教労）の結成準備と歩みをともにしながら進められ、八月に山下が所長に就任し、九月には創立総会が開かれたのである。

まずここで取り上げるのは、プロレタリア科学研究所において、山下がどのような仕事を行ったかということである。当研究所所長の秋田雨雀との出会いや関わりについては後述するが、ここでは機関誌に投稿された論考を取り上げる。

この間に山下が『プロレタリア科学』誌に発表したのは、次の五つの論考である。

①「シャツキー　ソヴエート初等学校の理論と実際」（翻訳）第一年第二号、一九二九年一二月

②「社会教育批判」第二年第七号、一九三〇年七月

③「新刊批評　ヘルンレ著『プロレタリア教育の根本問題』」第二年第七号、一九三〇年七月

④「社会時評　高校ストライキを中心に」第二年第九号、一九三〇年九月
⑤「プロレタリア教育の本質——教育目的の批判」第二年第一〇号、一九三〇年一〇月

これらの論考の論旨は、以下の点に集約される。

ナトルプ批判

ここでの山下は、ドイツ留学中に従事したマールブルク大学の新カント学派を批判的に乗り越えようとする志向性を前面に打ち出していることが特徴的である。彼は、ナトルプの社会教育学は「社会活動」を経済活動、政治活動、教育活動の三区分を設けているが、実際にはそれらの内実を示さなかったために、結果として「非歴史的」「内的経験としてのみ」の社会教育論となってしまったと批判する。[31]

> ナトルプの社会活動の三分類にしても、それの交互作用に依つて説明せんとする。社会の発展に際して経済活動、政治活動、教育活動の中、何れが根源的であるかを示さないばかりでなく、交互作用の導入に依つて却つてそれを抽象的普遍に解消して終つた。[32]

山下は、ナトルプの観念論的な社会有機体説に対して、現代における教育の歴史的位置を原理的に示さなければならないとして以下のように述べている。

> 転換期に於ける社会情勢の発展は寸刻の中に危期《ママ》を孕んでゐる。其の際吾々にとつて重大なことは、かゝる社会情勢の進展を観想的態度を以て傍観することではなく、実践的にその運動に参加することに依つてのみ世界が大洋の潮流の如く不可避的に前進しつゝあるある《ママ》ことを、誰が否定出来よう。(33)

このようなナトルプ批判を通して、「社会教育は、その本質に於て、大衆的に、闘争的に、夫等の発展過程に於ける活動の渦中に於て建設さるべき」であり、必然的に「プロレタリアートが政治的××××《権力を獲得》せる後に於てこそ、資本主義的組織の中に隠されたる教育の社会性は初めて明るみに持ち出されるであらう」(ルビ引用者)と展開していく。(34)

山下の社会認識における危機意識は、論文②ではある意味で緊迫感をもって展開されているが、論文⑤になると、やや整理された形でのナトルプ批判が示されている。その概要は、ブルジョア教育学者が知識や習慣の伝達を個人主義の枠組みで構想していること、革命的契機を否定して社会改良主義的見地に立って文化の伝達を行ってきたこと、公民の形成という目的は社会民主主義者における教育万能主義の観念論であること、そして人間性の発達という実践的具体性を持たない抽象主義であることを批判し、そのうえでこれらを評して次のように述べている。

> ベルゲマン、ナトルフ《ママ》等の社会教育が遂に基本的社会教育たり得なかつたのに反して、プロレタリア教育のみが真の社会教育たり得る根本契機は、前者が個人主義教育と、社会主義教育との歴史的、経済的根拠を明確に把握し得なかつたからである。[中略] 労資の階級対立の激化せる今日、プロレタリア教育は、

> その階級的機能を余すところなく発揮しなければならない。[35]

彼のブルジョア教育批判は、マルクスの唯物弁証法に立つ歴史認識のもとに明確に示されていく。と同時に、山下独自の強調点として、プロレタリア教育が「工芸学的」観点から組織されると指摘されているところが注目される。

> 労働を通じて自然と交渉し、自然に親しみ、自然を愛し、自然を研究し、その生産への利用を効果的ならしめる［中略］従つて自然発生的に動物の飼育、植物の栽培より労働に導かれ、更に進んで現在の重工業の労働にまで発展する。労働を中心として、自然科学の研究、社会科学の研究がなされると共に道徳的に訓練されるばかりでなく、各科の研究がそれぞれの原理的関連に於て研究されるのである。そしてその労働が工芸学的であるところにプロレタリア教育の特質を有つてゐる。従つて芸術科目の重視がそこでは重要事となつてゐる。[36]（傍点引用者）

人間の労働の固有性を発生的・歴史的に捉えたときに、工芸（art, craft）という枠組みをもって現代の教育を再構成するという視点は、この時期に練り上げられてくる彼の教育思想を特徴づける課題意識であったといっていいだろう。結論を先取りしていえば、第Ⅲ部で見るように、芸術教育論やスポーツ教育論として戦後までの議論につながる「セルフデザイニング（造形）」概念の原型がプロレタリア教育のなかで登場していたと考えられるのである。

以上から、山下のここでの論考群は、彼自身にとってはドイツ留学時代には十分になし得なかったナトルプからの離陸の試みであったと位置づけられる。また、後述するように、ここには「成城からの」という意味が重なる。その際のてことなったのが、次に取り上げるデューイの存在である。

デューイへの言及と「発展」概念における歴史性の強調

山下は、ブルジョア教育批判を行う際には、その論拠としてデューイを引用している。デューイの『学校と社会』には「学校を個人的見地から観察して、例へば教師と生徒、又は教師と両親との関係の如く考察することは、吾々の一般常識である」との指摘があるが、このような「完全に個人主義的教育」は「社会進化と生物進化」を無批判に重ねるがゆえに観念論に陥らざるを得ず、したがって「個人主義的教育と抽象的観念論とのつながりは、資本主義組織下に於ては不可避的」であったとして、その点がまさにデューイの指摘するところであるとする[37]。

理念論はその精神の側に於ける強調にも拘はらず、人間存在の生物学的解釈をそのまゝ受け入れて終つた。それは果して正鵠を得てゐたであらうか。人間の心理、人間の精神、人間の意識は、古代ギリシア人と近代人の生物的存在としての相違点と同一程度のものであり得るであらうか。〔中略〕自然研究に依る客観的法則の発見は、多くの生産機械を発明した。機械の発明は生産の過剰、生産過剰は巨大な失業群を都市に横溢せしめた。斯くも絶間なく発展する現実の社会生活に於て、人間の心理は、人間の意識は、生起するそれらの社会的諸事実に依つて影響されないであらうか。人間の本質は観念論者の考へる生物学的

解釈の如く、「目的の内在」の発展でなく、それは社会的関係に於て絶えず変化発展させられるのである。(38)

（傍点原文のまま）

長い引用となったが、ここにみられる「人間存在の生物学的解釈」への批判的観点をマルクス主義の「社会的諸関係の総体」（『フォイエルバッハに関するテーゼ』）から得たという点が重要である。第4章で見たように、彼はペスタロッチのNatur論に学んで「自然を唯一の基礎として理性化が行はれる」と教育を定義づけていたが、そのことを否定するのではないけれども、デューイを介して社会建造的な視点を強めていったのではないかと考えられるのである。

では、山下の発達理解は、ドイツ留学時代の「発展（Entwicklung）」概念からどのように深められていったのだろうか。

先にも触れたように、山下は個人主義―社会改良主義―教育万能主義をブルジョア教育学の観念論として批判したのであるが、さらにそれらの前提にある「有機体説」の誤謬を指摘している。そして、社会有機体説における発達概念は「生物進化に於ける自然に起る発展法則としては重要であるが、それは人間社会の歴史的発展法則を説明することは出来ない(39)」ものとして、次のように述べている。

社会の歴史的発展は［中略］保存よりもその重心は矛盾におかれる非連続的即ち連続に於ける飛躍として革命的である。そこに吾々は有機的発展と弁証法的発展の本質的相異を発見する。(40)

デューイもまた「有機体なる観念は、社会組織に於て、階級的相違を正当と認める哲学的根拠を与へる」[41]と指摘している、と山下は強調する。ここでも、本書第3章に示したノート（図3－1）の論理化のプロセスがデューイを通して行われたことを見て取ることができる。特に、ここでは、マールブルクにおいて彼を捉えていた宗教問題からの転回をもたらしている点が注目される。「発展」は、図3－1では人間の宗教的精神の深化の方向性をもつ概念であったのが、次の引用にみられるように、人類史における実践の反宗教的立場が新たに指摘されていくのである。

　プロレタリアート運動が同じく資本主義発展自らの内的矛盾として出現した限り、プロレタリア運動と反宗教運動との結合は必然である。それは宗教存続についての理論的思索や信仰の問題でなく、それは実践に於ける歴史的理解の問題である。〔中略〕かくの如く全く新しき人類の歴史が始まらうとする未来への展望に於て、宗教はその存在の根本理由を歴史的に消失する。[42]（傍点引用者）

このように、「発展」概念は、宗教的な理解から変化して、人間の実践の積み重ねによる内的矛盾の止揚であるとして歴史的な説明がなされるようになっていることを指摘することができる。

　エンゲルスがマルクスの墓畔に於て「ダーウィンが生物界に於ける発達の法則を発見した如く、マルクスは人間社会に於ける発展法則を発見した」と演説の中に語った言葉を、吾々は正当に理解すべきである。[43]（傍点原点のまま）

以上の引用からもわかるように、「発展」を人間に固有の思索として捉え、生物学的な成長としての「発達」とは区別して論じている。これは留学時代の彼の認識枠組みを根本において引き継いだものであり、しかし、同時に歴史的視座から論じ直されたと考えることができる。一見、新教育からの「百八十度の転換」にみえる彼の議論であるが、デューイを介してのナトルプ批判を通して、人類発生論的発想の枠組みはむしろ宗教的視座から社会的視座へと組み替えられたと理解されよう。

以上のことに加えて、さらに、山下が「プロレタリア教育は労働教育である」とするところにこの時期の新たな着眼があったと思われる。そこで、続いて労働と学校の関係について見てみよう。

「労働」と「学校」の連結

S・T・シャッキーの翻訳（論文①）は、彼がモスクワとオブニンスコエ（Обнинское）に有している十数校の実験学校において取り組まれた労働学校論を取り上げたものであり、山下によれば新興教育建設のための研究として注目されるものであるという。一九二八年にパリとライプチヒで発表されたこの論文では、ソヴィエト民衆を養成するうえで有効な「ソヴエート単一労働学校の形態」は、学校教育と生活や労作が関連づけられているものであると論じられている。そこでは、「児童は単に一生徒であるばかりでなく、彼の力や才能に依つて、ソヴエート社会主義的教化の大なる社会的目的に向つて前進する一小市民であると云ふ意識を自覚せしめねばならない[44]」として、教育が教化（edification）と一致するものであるとされる。そして、「社会主義の下に於てのみ公共的善のため異つた個人、或は団体の力を利用することが出来るといふ事又この組織の下に於てのみ相互の搾取の余地は発見されないであらう[45]」として、プロレタリア教育の具体像が示されているのである。

この訳出は、山下が後藤新平と実業家熊本利平の後ろ盾で訪ソを果たし、その目的が日本での「労働大学」の建設にあったことと関係しているのではないかと考えられる。労働大学構想の基底には、日本における明治維新期のブルジョア革命の不徹底と封建的帝国主義への傾斜、さらに工業化と分業の進行という資本主義経済に対する危機感が横たわっていたと思われるのである。

この問題は、「社会時評　高校ストライキを中心に」（論文④）においても、実際生活を基準とした学問再編の要求の問題として具体的に展開されている。都市の工場や農村におけるストライキは、学生運動にも火をつけ、いまや大衆的運動として歴史的課題の遂行に取り組んでいる。それは、「近代的社会生活と没交渉な学問は就職に役立たない」にもかかわらず、学生にはそれが詰め込まれてきたというブルジョア教育への反動であるとされる。その背景には、「先進資本主義諸国が数世紀間に亘つて建設したブルジョア文化を〔日本は――引用者〕僅々半世紀に模倣せざるを得なかつたゝめ日本のブルジョア文化が根を下してゐない、ほんとの学問でない」という事情があることが指摘されている[46]。

このように、明治政府による文教政策への批判と、労働を軸とした学校改革論が、山下のなかに明確化されていたことがわかる。この学校制度改革論は、新教育を志した留学段階ではほとんど触れられていない山下にとって新しい問題であったといえる。

4　新興教育運動における山下の立場

次に、プロレタリア科学研究所教育部門から新興教育研究所に場を移した後、山下はどのようにブルジョア教育批判と学校改革論を展開していったのだろうか。次に、『新興教育』誌上の山下の論考を整理しよう。対象となるのは、以下の七つの論考である。

①「新興教育の建設へ――教育者の政治的疎外」第一年第一号（創刊号）、一九三〇年九月
②「ブルジョア教育学の非現実性」第一年第二号、一九三〇年一〇月
③「新刊批評　ブレハノフ著『マルクス主義宗教論』」第一年第二号、一九三〇年一〇月
④「質疑応答欄」第一年第二号、一九三〇年一〇月
⑤「××と教育」第一年第三号、一九三〇年一一月
⑥「社会時評　大島プロレタリア小学校の解散に直面して」第一年第三号、一九三〇年一一月
⑦「教育界の経済的破綻」第一年第四号、一九三〇年一二月

教育者の政治的疎外への警鐘

『新興教育』誌における山下の論考は、全体としてより運動論的であることが指摘できる。特に、これらの論考では教師論が展開されている点が注目される。山下は、「修養とか人格とか道徳とか言ふ美しい、併し幻想にしか過ぎない言辞」しか与えられてこなかった教師は、自身の政治的無知・政治的疎外を認識し、またそれが「人間的自己疎外」をもたらしたことを自覚する必要があるとして、以下のように最初の論考で展開している[47]。

> 政治的疎外、真理に対する朦昧、人間的自己疎外の伝統生活の中に、教員自らが「教育に階級性はない」と公言してゐる。高等の教育機関が資本家支配階級の独占に任せられてあることは事実である。激化し、頻発する高校や大学に於ける学校騒動を見よ。〔中略〕政治的社会的イデオロギーに規定されてゐることは、大学も小学校も同じであるが、心理的に見て学生が社会生活に対して自覚的であるのに比して児童は未だ自然的規定を多く受けてゐるために、小学教師が「教育に階級性はない」と即断して、そこに隠蔽された××《支配》階級の×《欺》瞞的意図を看破し得ないからである。[48]（ルビ引用者）

この『新興教育』創刊号の巻頭論文において、山下は、「大衆の人間的解放の実践」を政治的に目指し、「新興教育建設への過渡期的任務は資本主義組織のなかに隠された教育の社会性を明るみに出すための政治的闘争である」という新興教育運動の目的を明確に提示して、「新興教育の旗の下に集れ！」と呼びかけたのである。[49]

教育の現代的課題は教員と教員社会の自己変革である、という山下のこの提起は、新興教育研究所が日本教育労働者組合の「後衛的任務」を背負っていたという本章冒頭にも触れたことがらを裏づけているといえる。

山下は、教員組織が保守的な性質を持つという点を十月革命に際してボルシェビキ政府に反対した全露教員同盟を例に指摘したうえで、教師は自らがプロレタリア出身であり、プロレタリアの児童と接しているという点を自覚し、「吾々は吾々の運命を克服しなければならない。現代の社会科学はそれへの×《武》器を吾々に供してくれる」（ルビ引用者）として、教員社会の自己変革を促すことを企図していたと理解できる。[50]

自然法則を「転釈」するブルジョア教育学への批判

次に、山下がその必要性を繰り返し述べるところの歴史の発展法則について取り上げる。彼は日本の近代化を論じて、「後れて発達した日本の若き資本主義国は、従つて資本の自由なる発展期を有たず、封建的生産様式を基本的に揚棄する暇もなかつた」ことから、それが教育や文化の領域においても「自然及び社会発展の客観的法則性を研究すべき学問の自由」が一切認められないという問題を生んだとしている[51]。しかし、新しい教育は、学問研究がなされてこそ実践しうるとして次のように述べている。

社会的諸関係の体系の発展に於ける客観的法則性を、大衆的行為の中に把握することこそ、吾々にとつての不可避的なる問題となつたのである。社会科学の発達と、それのコペルニクス的転回がまさにそれである。人間の存在が自然と社会との歴史に制約されてゐる限り、一切の科学はそれに依つて初めて科学的に説明されるのであるから、今日ブルジョア文化に対する新興科学は更に明日の科学である[52]。

では、ここでいう「新興科学」はどのように想定されたのであろうか。論文②は、この問題に取り組んでいる。山下は、ブルジョア教育学の非現実性や観念論を「自己の立場より批判することは、また一つの重要なる任務である」と述べているが、それはかつて自らが重視した「自然」概念を批判的に検証することでもあった。彼は、ペスタロッチの自然（Natur）について論じた際とは反対に、自然のなかに内在する非合理や愛、信仰の問題は観念論に導くものであったと自己批判していく。

> 観念論が自らの精神の内奥に向つて、無限の背進を続けるとき、そこに発見されたものが「人間性」、「人格」、「絶対精神」「第一原理」「神」等の抽象的概念の長き一系列である。無限の背進は遂に何ものをも説明しない。〔中略〕自らを高貴にすることに依つて、実践を賤しめ、現実を束縛するものとなつた。[53]

このように、ドイツ時代の自身の発展概念に対する厳しい批判がなされるようになったことを見て取ることができる。特に、その根本的な批判として、自然進化の法則が「直ちに社会的人間の心理界に適用し、転釈してゐる」[54]点に向けられているところが特徴的である（傍点原文のまま）。そして、社会科学として歴史の発展法則を求め、実践に足場をおいた唯物弁証法が追求されなければならないことを強調するのである[55]。

潜在化するデューイ

山下は、このようにして唯物論的弁証法による歴史認識のもとに教育学の再構築を目指していくことになるのではあるが、その論調には揺らぎもみられた。例えば、教育学における自然法則の位置づけをめぐっては、先の引用とは反対に、「自己形成への数世紀に亘るブルジョアジーの努力は、決して一朝一夕に成つたものではなかつた」[56]という記述にもみられるように、新教育の遺産を単純に否定できないという認識も示しているのである。

つまり、新興教育研究所における山下は、ブルジョア教育学からの離陸と、日本の教育領域における資本主義の乗り越えを論じてはいるが、「社会科学としての教育学」とは何かという問題についてはいまだ明確に論じられてはいなかったのではないかと考えられる。それは、山下が執筆したとされる「新興教育研究所創立宣言」において、「将来の社会を建設すべき未来の成員の養成」とそれを支える「新興教育の科学的建設」が目的として掲げられ、今後の課題として実践的課題が押し出されていることとも符合している。

最後に指摘しておきたいのは、『プロレタリア科学』と『新興教育』における山下の論考の決定的な相異として、後者にデューイが登場しない点である。本章第2節でも触れたように、『プロレタリア科学』ではデューイに言及しない論考はむしろ珍しい状況であったが、逆に『新興教育』ではほとんど触れられることはなく、デューイ批判とも取れる次のような記述もみられるようになる。

> アメリカ流の「プロジエクトメソッド」とソヴエート教育方法として前述の第一科に通用されてゐる「コンプレックスシステム」を混同してはならない。〔中略〕人は又ブルジョア民本主義の中に育ったアメリカの実用主義とソヴエートデモクラシーの中に育つ「社会に有用なる労働」とを混同してはならない。[57]

このように、教育研究運動のなかで展開された山下の問題意識は、教育を根拠づける歴史の発展法則を明らかにすることに焦点化されていくものの、その論述のなかには新教育への正負の評価や、デューイに単純には依拠しなくなったことなどがあり、試行錯誤のなかで深められていったといえる。[58] それは、次章で見るように、山下が新興教育研究所を去り、一九三三年から雑誌『教育』の編集に携わるようになるなかで、さらに歴史的発展の「段階性」の問題として検討されることとなっていくのである。

注

（1）内島は、山下が彼の青年期における観念論哲学の影響から内面的な自我を考えるようになったのではないかと指摘しているが、むしろエコロジカルに人間存在を追求したと考えられる点を指摘しておきたい。内島貞雄「山下徳治の子ども認識と教育研究」『教育運動研究』創刊号、一九七六年七月、六三頁。

（2）宮崎俊明「山下徳治にみるドイツ教育学の受容問題」『鹿児島大学教育学部研究紀要』教育科学編、第五一巻、二〇〇〇年、七八〜七九頁。

（3）内村鑑三『代表的日本人』岩波書店（ワイド版岩波文庫一六四）一九九七年、四九頁。

（4）海老原治善「解説　山下徳治とその教育学」『明日の学校』（創業六〇年記念出版世界教育学選集七六）明治図書出版、一九七三年、二三九頁。

（5）柿沼肇『新興教育運動の研究』一九八一年、ミネルヴァ書房、一九頁。

（6）柿沼肇、前掲『新興教育運動の研究』七〇頁。

（7）岡本洋三『教育労働運動史論〈新樹選書1〉』新樹出版、一九七三年、一二七〜一三三頁。

（8）柿沼肇、前掲『新興教育運動の研究』六七〜七五頁。教員による階級運動については、一九二八年秋に発足した教育文芸家協会が「教育労働者インターナショナル（エドキンテルン Educ-Intern）に一九二九年に加盟しているが、その橋渡しの役割を果たしたのが当時フランスに留学中であった浅野研真である。

（9）土方苑子『近代日本の学校と地域社会』東京大学出版会、一九九四年、二三五頁。

（10）木村元編著『日本の学校受容』勁草書房、二〇一二年、二七〜五二頁。

（11）一九三〇年代後半に広く教員や教育学者を巻き込んで展開したもので、教育の前提となる子どもの生活についての認識をめぐる論争である。中内敏夫『中内敏夫著作集Ⅵ　学校改造論争の深層』藤原書店、一九九九年、八六〜八八頁。なお、中内による「学校改造論争」研究は、これまでの教育運動史研究に対して、この時期の運動組織論の深部に展開していた日本の社会と人づくりの変動に着目したものである。

(12)「新興教育研究所創立宣言」『新興教育』創刊号、一九三〇年九月、二〜三頁。
(13) 山下徳治『明日の学校』厚生閣、一九三九年。この書は、戦後『世界教育学選集』七六（一九七三年、明治図書出版）山下の代表的著作である。
(14) 一九三三年一一月にプロレタリア科学同盟として発展的に解消されている。本書の第7章を参照のこと。
(15) 柿沼肇、前掲『新興教育運動の研究』七〇頁。
(16) 柿沼肇「教育運動史研究の歩み（中）新教懇話会の研究活動」『日本福祉大学研究紀要――現代と文化』第一三一号、二〇一五年三月、三三〜四一頁。
(17) 柿沼肇「教育運動史研究の歩み（下の2）教育運動史研究会の研究活動」『日本福祉大学研究紀要――現代と文化』第一三三号、二〇一六年、八頁。
(18) 岡本洋三、前掲『教育労働運動史論〈新樹選書1〉』二七一頁。
(19) 波多野完治は、「排除する仕方が、たとえば、浅野研眞の場合だと、『あれはスパイだ』と、こう言うんですね。あのころ、そういう形での排除の仕方がとても多かったですね」と述べ、山下についても運動に加わったことで「学識も才能もほとんど活かすことがなかった」ので、「惜しい」と述べている。『波多野完治全集⑪月報〈3〉』一九九〇年七月、一四〜一五頁。
(20) 海老原治善、前掲「解説　山下徳治とその教育学」二五二頁。
(21) 海老原治善、前掲「解説　山下徳治とその教育学」二五六頁。ここでは山下を転向者と位置づけている。
(22) 内島貞雄、前掲「山下徳治の子ども認識と教育研究」七〇頁。
(23) 内島貞雄、前掲「山下徳治の子ども認識と教育研究」六九頁。
(24) 中内敏夫「第一章　大衆団体の急進化と『新教育』各派の分裂」黒滝チカラ・伊藤忠彦編『日本教育運動史　第二巻　昭和初期の教育運動』三一書房、一九六〇年、三四〜三五頁。
(25) 中内敏夫、前掲「第一章　大衆団体の急進化と『新教育』各派の分裂」一二三頁。

(26) 森徳治「新興教育研究所創立当時の回想」前掲『日本教育運動史　第二巻　昭和初期の教育運動』一一〇頁。
(27) 中内敏夫「序章　組織の誕生」前掲『日本教育運動史　第二巻　昭和初期の教育運動』一二頁。
(28) 中内敏夫、前掲「第一章　大衆団体の急進化と『新教育』各派の分裂」二五頁。
(29) 井野川潔「山下徳治と新興教育」『近代日本の教育を育てた人びと　下』東洋館出版社、一九六五年。
(30) のちに山下はデューイ『ソヴエートロシア印象記』（自由社、一九三〇年）を翻訳しており、デューイの目を通してソヴィエトの変化を捉えていたことがわかる。
(31) 山下徳治「社会教育批判」『プロレタリア科学』第二年第七号、一九三〇年七月、九八頁。
(32) 山下徳治、前掲「社会教育批判」九七頁。
(33) 山下徳治、前掲「社会教育批判」九四頁。
(34) 山下徳治、前掲「社会教育批判」九六～九八頁。
(35) 山下徳治「プロレタリア教育の本質——教育目的の批判」『プロレタリア科学』第二年第一〇号、一九三〇年一〇月、七九頁。
(36) 山下徳治、前掲「プロレタリア教育の本質——教育目的の批判」八〇～八一頁。
(37) 山下徳治、前掲「プロレタリア教育の本質——教育目的の批判」七二頁。
(38) 山下徳治、前掲「プロレタリア教育の本質——教育目的の批判」七五～七六頁。
(39) 山下徳治、前掲「社会教育批判」九五頁。
(40) 山下徳治、前掲「社会教育批判」九五頁。
(41) 山下徳治、前掲「社会教育批判」九六頁。
(42) 山下徳治、前掲「プロレタリア教育の本質——教育目的の批判」八一頁。
(43) 山下徳治、前掲「社会教育批判」一〇七～一〇八頁。
(44) シャツキー／山下徳治訳「ソヴエート初等学校の理論と実際」『プロレタリア科学』第一年第二号、一九二九年一二月。

（45）シャツキー、前掲「ソヴエート初等学校の理論と実際」八五頁。

（46）山下徳治「社会時評　高校ストライキを中心に」『プロレタリア科学』第二年第九号、一九三〇年九月、四九〜五一頁。

（47）山下徳治「新興教育の建設へ——教育者の政治的疎外」『新興教育』第一年第一号（創刊号）、一九三〇年九月、一〇〜一一頁。

（48）山下徳治、前掲「新興教育の建設へ——教育者の政治的疎外」一四頁。

（49）山下徳治、前掲「新興教育の建設へ——教育者の政治的疎外」一一〜一五頁。

（50）山下徳治「××と教育」『新興教育』第一巻第三号、一九三〇年一一月、六頁。

（51）山下徳治、前掲「新興教育の建設へ——教育者の政治的疎外」八〜九頁。

（52）山下徳治、前掲「新興教育の建設へ——教育者の政治的疎外」九頁。

（53）山下徳治「ブルジョア教育学の非現実性」『新興教育』第一巻第二号、一九三〇年一〇月、一二頁。

（54）山下徳治、前掲「ブルジョア教育学の非現実性」一三頁。

（55）山下徳治、前掲「ブルジョア教育学の非現実性」一六頁。

（56）山下徳治、前掲「ブルジョア教育学の非現実性」一五頁。

（57）山下徳治、前掲「××と教育」九頁。

（58）例えば、山下徳治「新教育学説の種々相」（『理想』一九三三年一一月号）にその端緒を見ることができる。ここで山下は、デューイを格別のものとして位置づけながらも、現在のアメリカにおける哲学研究は、新教育の依拠してきた社会有機体説を十分に批判し得ておらず、教育においていまだ社会・歴史的事実を抽象的にしか位置づけていないという点を批判している。

第6章　山下はなぜ「教化史」を書いたのか

本章では、新興教育運動時代の山下が、自身がそれまで依拠してきたナトルプらの教育研究をブルジョア教育学として批判し、社会や歴史への視座を深め、新たにプロレタリア教育学の必然性を論じるようになるなかで上梓した「教化史」を取り上げる。

すでに前章で取り上げた『プロレタリア科学』と『新興教育』の二つの雑誌の諸論考にみられたように、山下は、ナトルプの「社会的教育学」に対する批判を経て「真の社会教育」としてのプロレタリア教育についての提起を行っていった。しかし、これらの論考では、「観念論か、唯物史観か」というある意味で図式的な整理が目立つ論考群でもあったといえる。

他方で、新興教育研究所を去るなかで一九三二年に書かれた「教化史」は、日本の近代教育の通史への取り組みとして注目されるものである。本章では、この時期に上梓された三著書を取り上げ、そのなかで「教化史」が書かれたことの意味を考察し、教育の歴史の記述における発生論的関心のありようを考察していく。

1　ソヴィエト・ロシア論

最初の著作『新興ロシアの教育』

第5章で検討した諸論考と同時期に発表されたのが、『新興ロシアの教育』（鐵塔書院、一九二九年一二月）と『ソヴエートロシア印象記』（デューイ／山下徳治訳、自由社、一九三〇年一〇月）の二著である。前者は、自身がロシアで見聞してきたばかりの最新の知見を記し、唯物史観に基づく新興教育の樹立の必要を論じたものである。プロレタリア科学運動の勃興と時期を同じくしていたこともあって、たちまち本書は耳目を集めるものとなった。

一方で、山下個人にとってこの書は、ナトルプの社会的教育学への批判を展開したうえで、「新興教育は、その本質に於て、真の社会教育である[1]」という立場を表明するという意味で重要なものであったといえる。本書は、やがてはプロレタリア教育の文脈から日本の近代学校教育を批判する「教化史」を導くものに展開していくのである。

デューイの『ソヴエートロシア印象記』の訳出

後者『ソヴエートロシア印象記[2]』は、デューイの書の翻訳であるが、その序で、山下の二度目の訪ソがデューイのロシア行きを知って計画を早めたものであったことが記されている。しかし、山下がモスクワに着いた時にはデューイはすでに次の土地に出発しており、対面は叶わなかった。

本書の序では、デューイの『学校と社会』はマルクス主義の知識なしには正当に理解し得ないだろうとし、また彼こそが「政治的革命の有つ文化史的意義を明瞭ならしめた」と論じられている。しかし、他方では、「典型的ブルジョア民主々義的のアメリカのシカゴ、コロンビア等の大学教授」であったデューイがどこまでソヴィエト・ロシアについて叙述できたのかについては批判的検討が必要であるともしている。このようなデューイへの慎重な態度は、前章でも触れたところである。

デューイが描いた印象記には、革命の成果としての「文化革命」（とりわけ学校や校外教育組織、教授科目などの教育分野）に対する高い評価とは反対に、「経済的、政治的革命に対する反対」が散見されるのだが、山下はこの点をデューイの「個人的偏見即ち人間の直観以上のものでなく、それを人間の歴史的社会的運動として理解してゐない」と指摘する。[3] そして、デューイのボルシェヴィズム革命に反対する立場の表明は、結局はナトルプと同様に、「社会」というものを、経済的・政治的革命と文化革命の交互作用として相対的に捉える観念論に導くものであるとするのである。

> デューイは革命の未来の運命に対しては全く不可知論者の態度に終始してゐる。〔中略〕理論の歴史的機能、即ち社会発展の客観的法則がマルクスに依つて発見されし限り、史的唯物論は、一切の観念論的不可知論より峻別されなければならない。[4]

このように、デューイを介して、アメリカ産プラグマティズムとソヴィエト・ロシアの新興教育を対置し、後者を決定づけるものとして、社会発展の客観的法則としての「唯物史観」への視座が強調されてくることがわかる。このことは、世界恐慌と戦争への危機による社会不安が日本にも押し寄せるなかで、山下にとって切実な問題となっていたといえる。人類史の発生に遡って教育を捉えようとするこれまでの彼の指向は、この時期において、歴史から未来を展望する方向へと逆向きに動き出していたといえよう。それが、次に取り上げる「教化史」の執筆につながってくると考えられるのである。

2 「教化史」の執筆

『日本資本主義発達史講座』第四回配本

この時期の歴史への関心を結実させた研究が、一九三二年に上梓された「教化史」である。山下は、『日本資本主義発達史講座』（岩波書店）において、教育を主題とする唯一の巻の執筆を担当したのである。

『日本資本主義発達史講座』は、よく知られるように、野呂栄太郎（一九〇〇～三四）が中心となり、労農派との論争過程において、日本における資本主義の歴史的解明とブルジョア民主主義革命からプロレタリア革命への強行的転化といういわゆる「三二年テーゼ」を理論的に基礎づけるものとして、一九三二年五月から三三年八月にかけて岩波書店から刊行されたものである。それは、第一部「明治維新史」、第二部「資本主義発達史」、第三部「帝国主義日本の現状」、第四部「日本資本主義発達史資料解説」で構成され、そのうち山下は第二部に参加している。

第二部は、資本主義経済の発達史とそこでの労働者運動史、政治史、文化史が論じられた巻である。このうち、文化史は、文化運動史、経済思想史、社会思想史、教化史、自然科学史という五節構成となっており、そのなかで山下は「教化史」を執筆した。すでに『新興ロシアの教育』と『ソヴエートロシア印象記』を上梓していた山下は、マルクス主義の観点から明治教化政策を分析し、プロレタリア教育運動が生起する必然性を論じることのできる教育学者としてこのプロジェクトに加わったと考えられる。

ところが、『日本資本主義発達史講座』の第四回配本（「教化史」もここに含まれる）は、当初の予定から遅れての発行となった。それは、月報によると、「優秀なる研究家は多く自由を拘束されてしまつて」おり、「山下徳治氏は執筆中再三東京より朝鮮の法廷へ召喚され、朝鮮上陸の際に本講座の原稿を没収され、原稿を再執筆して完成すると間もなく保釈取消に会《ママ》つて京城刑務所に収容された」というのである[5]。そのことに加え、第四回配本は突如すべてが発禁処分を受けるという事態も発生した。検閲は、発禁書の引用や、階級闘争を高揚したり、絶対主義を批判しているとされた箇所に及んでいたという[6]。幸い、「教化史」を含む第四回配本は未削除版がすでに一部で配本されていたことにより、戦後に復刻された際には伏字箇所が復元されている。

以上のように、難産の末に上梓された「教化史」は、山下にとってどのような意味をもったのだろうか。一九三二年には新興教育運動を離れることになり、その後、雑誌『教育』編集部に入り、教育科学研究会の結成（一九三七年）に加わったことを踏まえて、本書に対してどのような解釈が可能なのか。つまり、この著作は、二度目の訪ソから新興教育運動に至る数年間のめざましい変化の時を経て、運動から去っていく転換点をなす論考であると考えることができるのではないか、ということである。

教育のもつ階級性の提起

内容を見てみよう。「教化史」は、大枠において、明治以降の近代教育制度史を俯瞰して論じたものである。

ここでは、第一期「明治維新から教育令期」、第二期「学校令（一八八六年）から小学校令の改正（一九〇七年頃まで）」、第三期「新大学令（一九一八年以降）」の三区分を採用している。

本書の冒頭では、「教化史の政治的意義即ち教化政策史の分析的叙述を中心に、教育制度及び教育思想の変遷を跡づけ」ることを目的とすると記されている。(7) そして、ナトルプにみられるような経済、教育、文化の「交互作用」をここでも批判し、マルクスに依拠した階層性（経済規定性）と歴史の発展段階性に基づいて、文化史の中核に位置づく教化史を論ずることが目指されているのである。

叙述の具体を挙げれば、後進国として性急に近代化を求められた日本資本主義の不徹底や、封建制の残存するなかで都市化・工業化のしわ寄せが資本主義の発達を抑制したことなどを押さえつつ、日本の学校制度がいかに封建主義社会を引きずらざるを得なかったか、自由民権運動の影響力の弱さ、教員の政治的疎外、プロレタリア教育運動の勃興、高等教育における学生問題などが論じられており、最後に「未完成の教育科学」という項で締めくくられている。

結語には、教育改造論争として大正自由主義教育の動きがあったものの、制度改革に至る成果を上げることができずに終わったことに触れつつ、次のように指摘している。

> 児童に対する注意の成長は科学的でなく、そのため児童学の研究は著しく未発達である。そのことは児童教育の自然生長性を無視して、教授内容とその方法は高圧的となり、個性の独創性、個性の自由なる発展は拒まれている。教育学は中途半端で、［中略］明日の社会、明日の教育への展望を有つてゐない。(8)

ここに、山下が新興教育を通して教育の歴史観を摑みながら、教育制度や社会運動を理論的に支えるための「教育科学」や「児童学」への志向性をもつに至った過程をたどることができる。その意味で、「教化史」の執筆は、新興教育運動においては十分に展開されなかった「人間発達」の科学の必要を、歴史的・文化的にたどる道筋として明らかにする試みであったとみることができる。

ところで、「教化史」は、六年後の一九三八年に、英語版「*Education in Japan*」[9]として再版されている。時期区分などに変更はないが、「教化史」において重視されていたブルジョア教育の問題点やプロレタリア教育運動の可能性についてはほとんど割愛され、ここでは民衆生活に即した教育制度の確立と拡大についての客観的な歴史叙述となっている。このことをどう見るかについては、史的唯物論へのスタンスの問題だけでなく、その後の発育論争や教育科学運動に連なる山下の問題認識の展開として検討する必要がある。しかし、少なくとも、山下が新興教育運動から距離を取り、人間発達を科学的に探究する固有の方法を模索し始めたことを跡づけるものであるといえる。

それは、ある意味では、ナトルプ批判などの新教育に対する立場を、新興教育という運動論としてではなく、山下自身の自己総括のなかから改めて発生論として模索していくことを必要としていたと考えられる。そこで、本章の最後に、教育運動期を経た段階での「成城教育」に対する山下の立場を取り上げ、新教育から新興教育へという彼の一九三〇年代前半期を締めくくりたい。

3　成城時代の総括

教育の社会的規定への問い

ドイツ留学中の山下にとって、人間発達の思想はその発生を問うものではあったが、社会・歴史的な視座をもって展開されていたわけではなかった。むしろ、台湾時代に出会った原住民の原始的生活への憧れや、自然的存在から道徳的存在への陶冶についてペスタロッチに学びながら、人間の発生についての哲学的思索をめぐらせていたのである。訪ソと新興教育運動を通して、教育の社会的規定の問題を歴史叙述としてまとめた「教化史」は、その意味において、山下自身にとって歴史的視座を得る一つの画期を成した論考といえる。

一方で、冒頭でも触れたように、彼は一九三〇年代において教育内容論を深める方向に進んでいくようになる。この点について、海老原治善は次のように述べている。

> この頃の山下は、社会現象としての教育、あるいは社会発展・変革における教育の役割といった課題を意識的には避け、教科・教材・教具・教授法の問題に焦点をあわせて、それを、唯物論の立場から追求していったといえる[10]。

海老原は、この社会変革論から教育内容論へという山下の傾斜をもって、彼の新興教育からの「転向」であったと分析している。確かに、新興教育研究所からの離脱や、「教化史」が英訳されるに際してプロレタリア教育に関する叙述が後景に退いたことは先に触れたところである。しかし、これまでに見たように、新教育の理論的・実践的探究としてドイツへ渡り、ソヴィエト訪問を通して新興教育へと展開し、デューイ評価や発育論争に取り組んでいた山下の一九三〇年代は単純ではなく、彼が各所で格闘していたことがうかがわれる。特に、新教育の「社会的根拠」についての探究は、山下にとって避けては通れない課題であった。

成城における学生運動

この点に関わって、一九三六年に出された学校の記念誌[11]を取り上げてみたい。山下は、このとき成城を去って八年を数えていたが、『成城文化史』に故沢柳政太郎校長についての論考を寄せている。そこで、この冊子を素材として、創立二〇周年を迎えようとするこの学校の、またこの時期の山下自身の、新教育に対する総括を検討したい。

まず、この冊子は、高等科発足一〇年を記念して作られたもので、前半は高等科史に割かれている。第5章第2節で見たように、成城も高校紛擾の影響を受けて、学生による左翼的活動が起こっていたことが記されている。特に、「昭和四年春」は、多数の外部からの入学者による「高校イズム」運動が展開された年であり、弁論大会や教室での遊説、校友会委員会選挙法の改革運動、そして自治寮の建設運動などが行われた[12]。

このような学生による運動は、平和な自由主義的雰囲気をもつ「成城イズム」との対立を生んで、ある意味で学校に活気をもたらしたとされている。ちなみに、主事の「小原〔国芳〕先生によびつけられて、君たちの気持は成城にはふさはしくないといつて、頭からしかられた」という記述があることから、小原がこれらの動向に批判的だったことがうかがわれる[13]。

しかし、その対立は、成城において独自の高校文化の形をもたらしたとされているところが興味深い。例えば、その年に作られた「社会科学研究会」は、「一般社会上の左翼とは多少異なり、学校に於ては彼等の表面的な闘争は自治と自由との獲得といふごとき、徹底した自由主義の程度の形態をとるのであつて、この点左翼以外の人々の参加が非常に可能なのであつた」というのである。[14] 一九三一年には高等科生徒の四分の一を包含し、非合法ニュース「新興成城」を発行するまでになった社会科学研究会ではあったが、そのなかにも「成城文化の特質」が息づいていたとされている。[15]

この学園史では、以上のような性格を象徴的に次のように表現している。

> 底辺に地上的を置きそのうへに全人的が横たはり合理的自由主義をその頂点とするところの一つのピラミッド！[16]（傍点原文のまま）

このように、小原国芳の全人教育の理想主義が、一九三〇年代の左翼的な高校文化と重なりながら「成城文化」を形成したというのが、この学園史の一九三六年時点の総括である。

デモクラシーの思想

さて、山下の沢柳評価[17]に移ろう。山下は、沢柳の逝去の三カ月後に成城を去り、自由学園から新興教育研究所を経て雑誌『教育』（教育科学研究会、岩波書店発行）の編集の任に就いていた。この論考では、デューイと沢柳を重ね、両者はともに徹底したデモクラシーの思想に貫かれていると力説し、逆に成城学園の現状を次のように批判的に検証している。

最も決定的な要因は教師達がデモクラシーの本質的理解を欠いてゐたため、教育改造の社会的、政策的意義と任務とを十分に発揮し得なかつたことである。ここでは個人的研究や個人的興味に止まつてゐることができず、未来社会の成員養成上必要にして十分なる社会的基礎教育としての希望と計画とに於いて、全国の教育改造と常に密接に連関した成城教育の建設が実験的に遂行さるべきであつた。[18]

このような成城に対する山下の批判は、同郷の小原国芳主事に最も厳しく向けられたと考えられる。とりわけ、沢柳の目指した「教育方法の新しい建設」を小原が遂行し得なかった点に根本的課題があるとして、単なる「個性の無限なる発展の理想」論の弱点を批判するのである。

成城の教育事業に於ける経費、学級数、一学級の児童数、カリキュラムの構成法、教材の選択と配列、教育方法、児童の訓育等はすべて、当時の国情に即して、そこから一段の努力と組織の改編によつて容易に達し得られる程度のものであつて、ひとりの富者の子弟の教育を、その親達の利己的要求に満足を与へるやうなものでもなく、また空中楼閣的な教育の理想を夢想した要素は微塵も、〔沢柳――引用者〕博士のプログラムの中には発見されなかつた。そして何よりも重要な思想は、日々の教育活動を教育研究の対象とする実験学校であつたといふことである。[19]（傍点原文のまま）

このように、沢柳の科学的な実験学校計画が成城教育では十分に展開されてこなかったという批判的総括は、小原に対して向けられていた(20)としても、おそらく自身にも向けられるものだったのではないか。何よりも、沢柳教育学の実験的志向性は、日々の授業、教育方法や教育課程を反省的に研究し、そこから日本の学校制度を構想するものであった。ここに、山下が成城時代を批判的に総括し、一九三〇年代後半の自身の研究課題とするものの原点があると考えられる。このことは次章で検討を行うが、山下の沢柳校長に対する評価は、戦後に至るまでぶれることはなかったといえる(21)。それは次の引用からもうかがうことができよう。

> 博士の観念の中には、新教育の育成は、先ず学校の職員組織の民主化から出発すべきであるという意味が含まれていた(22)。

注

（1）山下徳治『新興ロシアの教育』鐵塔書院、一九二九年、『新興教育基本文献集成1　新興ロシアの教育』白石書店、一九八〇年、四七頁。

（2）原文は、J. Dewey, *Impressions of Soviet Russia and the revolutionary world, Mexico-China-Turkey*, New Republic, 1929で、本書はその第二版「ソヴエート・ロシア」のみの全訳である。

（3）デューイ／山下徳治訳『ソヴエートロシア印象記』自由社、一九三〇年、三〜四頁。

（4）デューイ、前掲『ソヴエートロシア印象記』九〜一〇頁。

（5）「日本資本主義発達史講座月報」第四号、一九三二年十一月、七頁、『日本資本主義発達史講座刊行五十周年記念復刻版別冊2　月報』所収、岩波書店、一九八二年。

(6) 大塚金之助「『日本資本主義発達史講座』（第四回配本）の発禁について」『一橋新聞』第一六五号、一九三二年一二月、『日本資本主義発達史講座刊行五十周年記念復刻版別冊1　解説・資料』所収、岩波書店、九二頁。

(7) 山下徳治「教化史」『日本資本主義発達史講座』（第二部　資本主義発達史）岩波書店、一九三二年、三頁。

(8) 山下徳治、前掲「教化史」四〇～四一頁。

(9) Tokuji Yamashita, *Education in Japan*, The Foreign Affairs Association of Japan, 1938. ここでの山下の肩書きは、Formerly Professor At The Seijo Koto Gakko となっている。

(10) 海老原治善「解説　山下徳治とその教育学」『明日の学校』（創業六〇年記念出版世界教育学選集七六）明治図書出版、一九七三年、二五四頁。

(11) 成城高等学校同窓会『成城文化史』一九三六年。

(12) 成城高等学校同窓会、前掲『成城文化史』一六頁。

(13) 成城高等学校同窓会、前掲『成城文化史』五八頁。

(14) 成城高等学校同窓会、前掲『成城文化史』一九頁。

(15) 成城高等学校同窓会、前掲『成城文化史』二五頁。

(16) 成城高等学校同窓会、前掲『成城文化史』三一頁。

(17) 山下徳治「我が国における成城教育の意義」前掲『成城文化史』。

(18) 山下徳治、前掲「我が国における成城教育の意義」一七五頁。

(19) 山下徳治、前掲「我が国における成城教育の意義」一七四頁。

(20) 彼は「小原主事に於いてさへデモクラシーと教育の関係は明確に把握されてはゐなかつた」と述べている。山下徳治、前掲「我が国における成城教育の意義」一七六頁。

(21) 森徳治「成城小学校の自由教育」『日本教育運動史　第一巻　明治・大正期の教育運動』三一書房、一九六〇年、一二〇～一二九頁。

(22)　森徳治「教育発達史から見た成城教育」『成城教育』第四号、一九五七年、三一頁。

第7章　学制改革論と児童学への期待

1　教育運動史の教育学的意味

新興教育運動をどう総括するのか

日本の教育運動史において、一九三〇年からの数年間がいかなるものであったかという問いは未だに十分に解決されていないように思われる。これまで、一九五八年に発足した「新教懇話会」[1]を端緒として本格的な歴史研究が開始され、その後、懇話会を発展させた「教育運動史研究会」（一九六八年改組）を中心に教育運動の通史・問題史の研究が蓄積されてきた。そのなかで、一九三〇年代前半の新興教育運動はある意味で中心的な対象として取り上げられてきたといっていいだろう[2]。弾圧によって押収され、また廃棄されたといわれる当時の運動関係の資料的限界[3]という難題に対しても、継続的な収集作業や関係者への聞き取り調査、『新興教育』の復刻（一九六五～六七年）[4]など教育運動史研究にとって中核となる取り組みがあり、特定の人物や各地域の運動のモノグラフも多く描かれてきたのである。

しかし、これらの研究の多くは、運動に参加した個人や集団についての研究であり、運動から離れていった人物については、その離脱の過程が十分に明確になっていないのではないかという点は、本書第5章でも述べた通りである。特に、弾圧によって転向した（させられた）とは言い切れないケース、つまり、運動のなかで自ら距離を取っていった人物についての教育運動史における位置づけについては、運動への無理解による転向・変節といった評価が一般的であり、離脱者側からの運動に対する意味づけについての検討がなされてきたとはいえない。とりわけ、一九三〇年から三三年に至る数年間の新興教育研究所については、教育運動史において一つの画期とみられてきたが、この運動に伏在していた課題についての検討は重要ではないかと考える[5]。

これまでも触れてきたように、山下は新興教育研究所の立ち上げに関わり、初代所長を務めたにもかかわらず、一九三二年頃には研究所から距離を取るようになったといわれている。彼は一九三〇年一二月に朝鮮での教育運動に関わったとして起訴され、八カ月の拘留ののち保釈となるが、この間に研究所の中枢から退くこととなった。一方、新興教育研究所の方は、一九三三年一一月にはプロレタリア科学同盟と合流して「発展的解消」となり、ここで研究所としての活動は途絶えてしまう。その後、山下は、教育科学研究会の結成に参加することとなるが、大政翼賛会に参画した当研究会メンバーの検挙の渦中に自身も一九四四年に再び検挙され、約一年の拘留を余儀なくされた。

このような山下の動向については、戦後の研究のなかで何度か取り上げられてきたが、いずれも彼の離脱のもつ教育研究運動史にとっての意味は明確にされてはいない。例えば、結局「彼をコンミュニストと見ることはできない[6]」、戦後の山下は「別の道を歩んでいってしまった[7]」など、彼の立ち位置が不明瞭であったこと以外には、言及はみられないままである。

悔恨の回想

山下自身は、自らをどのように総括しているのか。戦後、「新教懇話会」が立ち上がるなかで、山下は『新興教育』の復刊に際しては賛助員名簿の筆頭に名を連ね、[8]『日本教育運動史』にも二つの短い「記録」[9]を書いている。しかし、この二つの文章では、彼自身の新興教育運動に対する立場は展開されてはおらず、ある意味で問題が伏せられてしまっているという感が残るものである。彼のいわんとするところは以下のような点である。

一つ目の記録「成城小学校の自由教育」では、沢柳政太郎校長率いる成城小学校の創立は「官僚主義教育への徹底的な反抗精神から生まれている」にもかかわらず、当初の期待とは裏腹にその精神が徹底されず、社会の注目を集める地位を得はしたが、「歴史的な責任の重い実験」たりえなかったと論じている。[10]成城小学校については、先に取り上げた成城高等学校同窓会『成城文化史』（一九三六年）にも山下による同様の記述があり、ここでも成城教育が「全国の教育改造」に向けた実験学校としての役割を十分に果たせなかったとされた。

二つ目の「新興教育研究所創立当時の回想」は、さらに悔恨に満ちた記述となっている。彼は、新興教育研究所の設立が「教師たちを嵐の中に晒し、教育研究の遺産を何も残さないことになる」と考えて、「私は文字通り孤立の状態で、ひとり苦悩した」と述べているのである。彼は、運動的展開よりも、諸教科を専門とする「勝れたリベラリストの学徒」を結集し、「教育・教科内容の本質的発展を教師諸君の協力を得て達成したい」、「教育・教科の本質研究による指導を通して国民を味方に得なくてはならない」と考えていたという。[11]このような志向は、一つ目の記録とも共通しているように、教育制度の官僚主義批判から出発しているものである。

官僚に創造が欠乏しているのは、過去的な制度や法律で一切が割り切られ、人間的諸関係が断ち切られているからである。この過去的なもので、世界の流れに生い立つ子らの未来の幸福を約束する教育を創り出すことはできない[12]。（傍点引用者）

しかしながら、教育運動史研究における山下評価と山下自身の回想においては、運動からの離脱が研究方法論上の対立だったのか、それとも運動の先に目指す理想の違いであったのかははっきりしていない。また、ここでいう「人間的諸関係が断ち切られる」ということの意味はなんだったのだろうか。山下自身の運動に対する悔恨の意味は、教育運動史研究においてもいまだ明確ではないのである。

教育学批判としての教育運動史研究

今一度、戦後の教育運動史研究が何を明らかにしてきたのかという課題に戻ろう。先に述べた教育運動史研究の一九六〇年代の隆盛は、柿沼によれば次のような意図をもって展開されたと位置づけられている。

［新教懇話会は――引用者］客観的には当時の教育史研究に対する根本的な「批判」活動を意味するものであった、ということが出来る。例えば、「戦後」になって「戦前」とは異なる研究が可能となったその時期に登場して社会科学の方法に立脚する教育史研究として注目された近代史研究会の海後勝雄氏らのように、教育の歴史の「法則」は社会体制・社会制度の展開に即するものであって人間（国民）の意志とは直接「関係なし」と捉えようとした悪しき「社会経済史」主義的な方法に与することがなかった。また

それとは反対に「実証主義」の名の下に社会との関係を避けて教育の歴史を認識しようとした従前からの「非科学的」な教育史把握にも反対するものであった。[13]（傍点引用者）

このように、社会経済史や実証主義を批判したうえで、柿沼の総括によれば、戦後の教育史研究の戦前へのアプローチは、「はじめて『国民の生活と労働の中から生み出される教育要求をもとに、それを組織化し、集団の力によってその実現を目指す』教育運動に着目し、それぞれの運動とともにその全体的な歩み（「通史」）を把握しようという『教育運動史』研究の端緒を切り拓いた」[14]（傍点引用者）とされている。

「教育運動史」の定義は、一九六〇年前後の宗像誠也による提起――「教育運動は権力の支持する教育理念とは異なる教育理念を民間の社会的な力が支持する場合に成立するもの」、そしてそのような教育理念を「民間の社会的な力が支持して、様々な手段でその実現をはかること」――によって明確なものとなったとされている。[15]したがって、教育運動史とは、国民の教育要求として国民自身の手によって創造・展開された諸種の経験を束ね、その歴史に学ぶことを通して「教育における主権者」意識の形成を目指すものとされてきたのである。[16]いいかえれば、明治国家による上からの教育政策に対して、その対抗軸としての教育運動史が生起するというのである。

しかし、教育への国民的要求の実現過程を国家か国民かといった単純化された構図で捉えることはできないだろう。教育運動の内部においても、啓蒙的立場と民衆的立場がどのように交叉していたのかや、教育的価値と政治的価値の拮抗などの場面においてどのような困難を抱えたのかという点が問われる必要がある。

このことを問題の俎上に挙げた研究として、教育における人民的発想論を参照してみよう。「人民的発想」

とは、「人民が民主的な政治主体として自らを形成していくことへの人民自身の方法的自覚を、教育思想として把握する方法意識」（傍点引用者）を前提とし、それを歴史的に追求するものとされている(17)。この研究で論点とされてきたのは、福沢諭吉における「非政治領域からの政治的発言という近代市民の日常的モラル」や、植木枝盛の「教育を普及させる国家権力の民主主義的性格」の吟味といった自由民権運動期の課題が、一九三〇年代の教育運動においてどのように克服されようとしたのかという点であった(18)。

　この研究では、新教・教労運動を次のように捉えてきたことが確認できる。すなわち、一九三二年段階のこの運動の「大衆化」への方向転換（教師のみの啓蒙活動から労働者・農民へと組織を拡大したことや新興教育研究所のプロレタリア科学同盟への発展的解消）によって、「教育闘争の独自の任務を人民の生活・文化の闘いと、より広汎に結びつける教育におけるリアリズムの自覚(19)」をもたらした点で評価されるものの、他方で、皮肉にも教育思想としての展開には困難を抱えることとなったとされているのである。では、山下の新教・教労時代の教育研究は、ここにいう人民的発想という鏡に照らしてみたとき、どのような特徴をもったのだろうか。この点は本章第3節で改めて考察したい。その前に、山下がどのように新教・教労運動から離れていったのかを資料から紐解いておく。

2　新教・教労運動からの離脱の具体

運動の立ち上げにおける積極的役割

岡野正編『年表・１９３０年代教員運動』（一九九九年）は、新教・教労運動を年表形式によってまとめた仕事である。この年表については、「日を特定できない場合は、いっさい採録しなかった」（まえがき）とされている点に留意しなければならない。また、記録を事実の列記という形で残すことによって、却って一般的な歴史叙述とは異なる「感情をもった一人ひとりの姿があらわれてくる」（あとがき）ものを目指したということを岡野は述べている。このユニークな記録法のなかで、山下徳治の一九三〇年代はどのように立ち現れてくるのだろうか。表7－1は、本書のうち、山下に関連するところを、一部を除き抜粋したものである。

年表でとりわけ注目されるのは、山下の登場が当時国際文化研究所の所長であった作家でエスペランティストの秋田雨雀（一八八三～一九六二）の近辺にいた青森の若い教員（青森師範専攻科生の髙木岩太郎と小学校教員野村猛雄）による「夏季大学」の山下への講師依頼から始まっている点である。秋田は、青森の教育運動の牽引役を果たしており、この時期『若きソウエート・ロシヤ』（叢文閣、一九二九年）を脱稿して全国的に注目を集めていた。山下は依頼を快諾し、秋田との親交も深めていったであろう様子がうかがわれる。秋田は、新教・教労運動の年長者（山下とは九歳差である）として弾圧の時代にも若い教員らの精神的支柱となっていた人物である。なお、彼は、先に取り上げた山下の「教化史」とともに、『日本資本主義発達史講座』に「プロレタリア前史時代の文学」を発表している。

また、年表には「日本教育労働者組合準備会」（一九三〇年八月一五日）、「日本教育労働者組合結成」（一九三〇年一〇月一二日）が東中野の山下宅で開催されたことが明らかとされており、山下がこの非合法の活動を中心となって支えたことがわかる。「孤立」「苦悩」のなかで「いつしかその時の流れの中に私も立たざるを得なかった」[20]という山下の回想とは若干異なり、この年表から受ける印象は彼の関与が積極的・情熱的であったということである。

最初の検挙と拘留

新教の創立後、一九三〇年一二月六日に山下は検挙され、京城（ソウル）へ連行された。その後、八カ月の拘留期間を上甲米太郎とともに過ごしている。朝鮮で小学校教員を務めていた上甲は、クリスチャンとして社会主義に傾倒していくが、そのことで治安維持法違反により検挙されることになり、以後教職に復職することが叶っていない人物である[21]。山下は、上甲との関係が問題となり、検挙・拘留を受けたのである。

一九三二年一一月になって上甲は懲役二年執行猶予五年の判決を受けている。山下の方は、成城学園の父兄で朝鮮と関係のあった園田という人物が奔走したために無罪となったと、のちの一九四一年一二月に彼と結婚する森瑤子は証言している[22]。ただし、二審では上甲、山下ともに懲役二年執行猶予五年の判決を受けたのである。

この検挙・拘留・裁判の時期に、山下は二つの論文を『中央公論』に書いている。このことは、表7－1には記載されていないものの、それぞれ「教員の赤化問題」（一九三一年一一月号）と「現代教育制度改革論」（一九三二年一月号）と題されるもので、これらが彼をして新興教育運動から距離を取る直接的なきっかけを作ることになったのである。

運動内部に浮上した山下批判

この二つの論考に対する新興教育運動内部からの批判について見ていこう。まず、『新興教育』一九三二年三月号では、池田種生が野上壮吉のペンネームで書いた「ブルジア《ママ》ヨは何故『学制改革』をするか」という論考で、二つ目の山下論文「現代教育制度改革論」を次のように批判している。すなわち、田中隆三文相の提起した学制改革案は「社会教育を奨励」し、「生徒の自発的活動」を促すなどといっているが、要は「ブルジョア教育が徹底するやうに」改革するものであり、「実は行詰つた資本主義を切抜ける為めに学年を短縮して経費を少くし、学校出の失業者の思想悪化を防ぎ、一方では帝国主義教育の徹底を図る為めに学校を統一しやうと虫のよいこと考へた」ものである、というのである[23]。そして、山下論文には「社会フアシズムの食ひ込む隙」があり、「我々はこの意味に於て、山下の当該論文を有害なものとして批判すると共に、常に観念論的な改革論がとかく逆立することに対しては十分警戒しなくてはならない[24]」と述べている。

同じ号で、新興教育研究所中央常任委員会の名で「中央公論一月号所載の所員山下の論文について[25]」という文章が掲載され、山下にも論文発表の過程で「種々の事情があつた」ようであるから「新教」誌上にて釈明すべきだと要求したが、「山下は、釈明の代りに厳正の批判を希望してきた」と記載される。そして、山下が「政治的誤謬をはつきり認めてゐない」「我々の同志的態度を裏切るもの」であり、「プロレタリアートの闘争なくして学制を改革し得るが如き幻想」を抱かせるものであると断罪されたのである。

山下論文の内容については本章第3節で検討するが、続く四月号の読者欄でも中央常任委員会の立場は支持されており、この時点で山下と新教の断絶は決定的なものになったと思われるのである。その後、新興教育研究所はプロレタリア科学同盟への発展的解消に向けて舵を切ることとなり、山下の方は教育科学研究会へと本格的に参画していったのである。

二度目の検挙、三木清との別れ

岡野の年表に山下の名が最後に登場するのは、一九四四年六月の二度目の検挙に際してのものであった。こ

教・教労運動への関与

年月日	関係事項
一九二九年九月一〇日	野村猛雄、髙木岩太郎らは帰京する秋田雨雀に送別の場で来年の夏季大学の講師として山下徳治への交渉を依頼［後略］
一九二九年一〇月一三日	プロレタリア科学研究所の創立大会［中略］山下徳治、本庄陸男が中央委員に
一九二九年一二月二〇日	山下徳治『新興ロシアの教育』が鉄塔書院から出版
一九三〇年一月一一日	夜六時、山下徳治が「ソヴェートの新教育」と題し講演、市電桜田本郷町停留所前の飛行館四階、プロ科教育問題研究会主催、六五人
一九三〇年二月一四日	秋田雨雀（四七）は午後七時までに、帝大新聞のため山下徳治の「新興ロシアの教育」の批評を脱稿、「このような真面目な学者がソヴェートのことを書かれるのは非常に有益なことだ」
一九三〇年二月一七日	「帝国大学新聞」四面に秋田雨雀の山下徳治『新興ロシヤの教育』への書評が掲載
一九三〇年二月二六日	山下徳治（三八）は秋田雨雀を訪ね、李北満と三人で話をする、夜、山下は秋田親子を新宿・白十字に招く
一九三〇年六月二八日	夜六時、教育問題批判講演会、時事新報社講堂、三〇〇人ほど、秋田雨雀は「ピオニーロとボイスコート」の題で講演、山下徳治・江口渙・淺野研眞・志垣寛らも参加
一九三〇年八月一五日	東京府下東中野の山下徳治宅で日本教育労働者組合準備会（増淵穣「故増田貫一さんを偲ぶ」『季刊教育運動研究』創刊号）
一九三〇年八月一九日	新興教育研究所創立、山下徳治・池田種生・本庄陸男・安室孫盛・淺野研眞・山口近治が出席（創立宣言は『新興教育』三〇年九月創刊号に）
一九三〇年九月二七日	山下徳治、秋田雨雀は京都三條青年会館で講演
一九三〇年一〇月四日	プロレタリア科学研究所教育問題研究会の公開研究会、ＹＭＣＡ（東京基督教青年会館・神田美土代町電停際）、「十月革命と教育労働者」、講師は李北満・山下徳治（『新興教育』一〇月号に予告記事）
一九三〇年一〇月七日	山下徳治、プロレタリア科学研究所講演会
一九三〇年一〇月一二日	日本教育労働者組合結成（「教育労働者」八号、一二月二四日、「教育労働者神奈川支部ニュース」三号、三一年一月一日）、山下徳治宅で、増淵穣・浦邊史・小出敬治・中村武敏・黒瀧雷助・増田貫一・新井信夫・萩原由太郎・小田眞一・宮原誠一が出席

表7－1　山下徳治の新

一九三〇年一〇月一六日	山下徳治、京都三條青年会館でプロレタリア文芸講演会、一九日ぶりの再京、夜、安達征一（室町小）と人見亨（待鳳小）は山下を訪ねる
一九三〇年一〇月二〇日	デューイ著『ソヴェートロシア印象記』（山下徳治訳、自由社）発行 菅忠道、留置場を出る、新興教育研究所（神保町ビル）で山下徳治が激情的なかたい握手で迎える（菅はまもなく所員に推挙される）
一九三〇年一二月六日	山下徳治検挙（京城へ連行、翌年八月まで八カ月間京城刑務所に拘留）
一九三〇年一二月二七日	山下徳治・西村節三・上甲米太郎・趙判出・菊池輝郎は京城で治安維持法違反で起訴
一九三一年八月六日	二回新興教育講習会二日目、秋田雨雀は午後二時に会場に行き山下徳治夫人に会う
一九三一年八月七日	正午、京城地方法院（脇鉄一判事）は、山下徳治・西村節三・上甲米太郎・菊池輝郎の予審を終結し治安維持法違反で起訴し公判に付すことを決定、午後一時半記事解禁、山下は保釈に（「京城日報」八月八日号外、「東京朝日新聞」八月九日）
一九三一年八月二三日	夜朝鮮からもどった山下徳治（三九）を激励する招待会がアメリカン・ベーカリーで（『プロレタリア科学』、『新興教育』などが主催）
一九三一年一一月二日	一〇時、京城地方法院四号法廷、山下徳治・上甲米太郎ら五人の一回公判、［中略］山下の妻傍聴、総督府視学官三人など一七人が特別傍聴、五時五分終了（「京城日報」一一月三日）
一九三一年一一月二六日	一時、京城地方法院刑事一部、裁判長は朝鮮総督府判事の金川広吉・小林長蔵・柳原幸雄、傍聴禁止、山下徳治と上甲米太郎に懲役二年、西村節三・菊池輝郎・趙判出に懲役一年執行猶予四年の判決
一九三二年九月三〇日	朝鮮総督府高等法院、山下徳治（四〇）・上甲米太郎（三〇）の事実審理を決定
一九三二年一一月二八日	京城高等法院、増永裁判長は覆審院（二審）判決（山下徳治無罪、上甲米太郎懲役二年執行猶予五年）を破棄し、二人に懲役二年執行猶予五年の判決
一九三三年八月二五日	新興教育同盟準備会拡大中央委員会、下石神井の石川五三二宅二階で、小田眞一・下平利一・新島繁・井野川潔・丸山義紹ら参加、科同への発展的解消を確認［後略］
一九四四年六月一六日	山下徳治（五二）検挙

出典：岡野正編『年表・一九三〇年代教員運動』一九九九年より抜粋。

のときの拘留は、教育科学研究会メンバーの一斉検挙によるものであったと考えられる。ただし、山下自身は一九三九年段階には教科研との関わりがなくなっていたため[26]、不可解さが残るものであった。妻の森瑤子によれば、教員赤化問題などで戦前五回の検挙を受けた高倉テルが警視庁の留置場から脱走し、三木清宅に逃げたことがきっかけとなり、三木自身や山下、宮原誠一らが「一網打尽」につかまったとされる。山下は、新宿に半年ほど拘留され、その後警視庁に移送された際には、旧知の三木と同室になったこともあったという。三木は、終戦後の九月に獄中死しているが、山下の戦前における三木との関係は、思想上の影響だけでなく、ドイツ留学時代をともに過ごしためぐり合わせという意味でも格別なものであったといえる。

　山下徳治研究に取り組んだ内島は、山下の一九三〇年代について、「山下は、内においては三木の影響をうけ、外にあっては当時のソ連の教育の現実によって、自分の従来の立場を否定することなくマルクス主義をとり入れることが可能となったのである[27]」という評価を付している。ここにいう「三木の影響」というのは人間学的マルクス主義や技術論のことであり、「ソ連の現実」とは労働学校などの新しい教育制度構想を指していると思われる。さらに内島は、後者が新興教育研究へと展開し、前者は新教離脱後の山下の研究のなかで明確になってくるとも述べている。

　しかし、はたして、山下のなかで内（教育思想）と外（教育制度）が分裂した状態で展開したということになるのだろうか。そこで、『中央公論』誌上の二論文に即して、この点を具体的に検討したい。

3　山下の学制改革論における子どもの発生論的把握

『中央公論』の二論文

『中央公論』誌の二論文「教員の赤化問題」と「現代教育制度改革論」は、先にも述べたように、山下が獄中で書き、保釈ののちに初めて発表されたものである。

　論文「教員の赤化問題」は、一九三一年八月の教員の取り締まりを直接の対象としているが、次の学制改革論文につながる主題をもっているものである。山下は、一八八一年に出された文部省通達「小学校教員心得」によって教員の政治的疎外が不可避となって以来、「教育者自らが経済や政治について考へるのは自己冒瀆だと思ふやうに」なり、昭和恐慌時も「対岸の火災視」していたが、その後の教員の給与引き下げや昇給停止、俸給不払い等に直面するなかで、いよいよ「進歩的な××のかゝる疑惑の生長は、現実社会に対する批判・研究となつて更に新しき自覚へと彼等を導」き、「今までおかしくされてゐた彼等の×は商品化された精神的労働の××主義的××関係として×××に引き出された[28]」と、赤化問題の歴史的背景と教員の政治への自覚の出現を論じていく。

　そして、赤化問題のもう一つの要因として、教員の「インテリとしての精神的行詰りと不満」があると指摘する。特に、一九二〇年代の新教育運動の没落が進歩的な青年教師を失望させているといい、「発展性のない、即ち建設的でない仕事が、溌剌たる児童を相手に機械的に繰り返されなければならなかつた」と分析している。

　そして、その状況をさらに悪化させたのが一九三一年八月の朝令暮改的な学制改革案であったとして次のように批判している。

　今や××××は、資本主義的経済組織の非合理性と、その××に堪え得なくなつたばかりでなく、精神上の行詰りと不満も等しく商品化された精神的労働の××主義的××に由来してゐたことを自覚し始めたのである。(29)（傍点引用者）

　この教員の要求に応えるべく、ここで山下が取り上げるのが先にも述べた「労作教育」である。彼は、ナトルプらの社会的教育の立場は「資本主義の産業合理化による労働の再生産」の域を超えるものではないが、プロレタリア教育のそれは「児童の集団生活の自治化に発展」する性質のものであると評して、さらに「学校教育の生活化」の必要性を次のように述べている。

　「プロレタリア教育は」児童を来るべき社会の成員、及びその建設者養成を任務とするが故に、社会的に有要な生産労働の教授活動を通じて、それの社会的・歴史的意義を基本的に、即ち階級的立場から××せしめるにある。(30)

　このような山下の学制改革論についての立場は、さらに翌年一月の「現代教育制度改革論」において、系統性をもった問題提起へとつながっていく。山下の新教離脱を決定づけることになるこの論文は、いかなる内容を持つものだったのだろうか。

自然発生論に基づく学制改革論

この論考は、大きく①学制の歴史的展開過程、②学制改革の教育的基礎問題、③学制の統一的具体案という三部構成で書かれている。

まず、①では、近代における学校教育の発生と変遷について論じ、「教育制度の変遷は、吾国ブルジョアジーの政治的・経済的発展に伴つて学校令がその時々の具体的情勢の下に、いかに改変されて行つたかの記録である」と批判的に述べている。そして、今次の学制改革については、「人間解放の立場」から、「一、学齢前教育機関の増設、二、義務教育の延長、三、男女共学、四、高等教育の機会均等、五、児童学研究所の設立」が必須であると論じるのである[31]。これらの諸点の一部が、当局側の改革論と重なるものであったため、先に見た池田種夫らの批判を受けたのではないかと考えられる。

②では、学制改革の前提となる「児童学」研究について紙幅を割いており、特に「児童の生物学的方面（遺伝学・細胞学・比較解剖学・生理学・医学・人類学）」の重要性について論じている。その際、「シユトラッツ」の名を挙げているところも注目される[32]。山下の立場は、「児童学」を基礎学とした教育実践の提案であり、学校を社会から隔離するのではなく、「人類の社会的生産としての牧畜的・農耕的・手工業的・軽工業的・重工業的発達における基本的教材を選択・配列すべきである」とし、低学年においては「生活指導である限り必然的に複合的」となり、「上級学校において漸次各専門に分科すべき」と述べている[33]。ここには、ナトルプの乗り越えの試みという意味も併せて読み取ることができよう。なお、山下の児童学論については、次節で検討する。

③は、文部省学制改革案の個別事項の批判のうえに、彼自身の具体案が提起されている。特徴的なものを挙げると、「義務教育の延長」について「所謂義務教育とは一般国民の社会生活の基礎を築く上に必要にして十

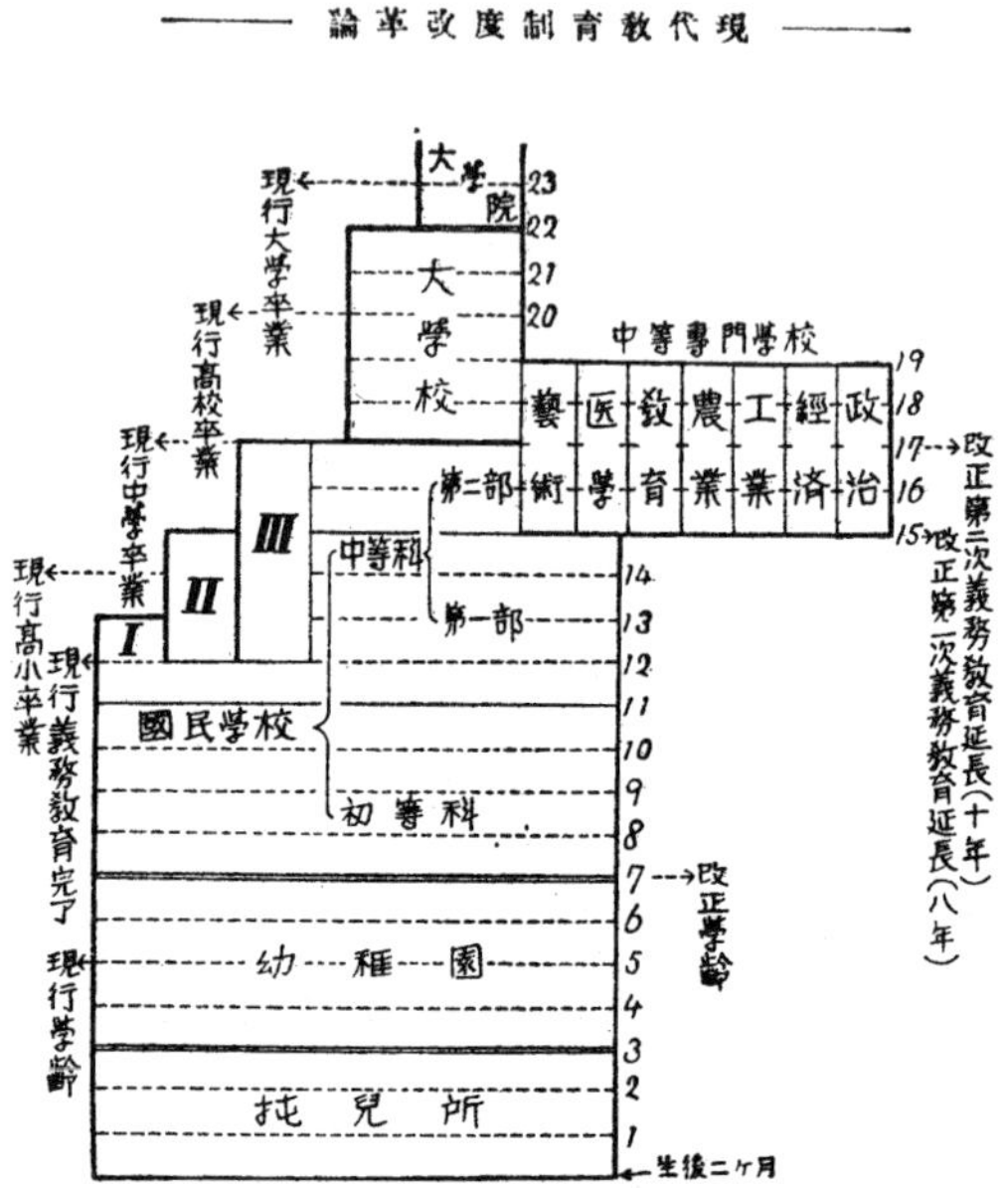

図７－１　山下徳治による学制改革案

出典：山下徳治「現代教育制度改革論」71頁。

分な教育たるべきである」ので、発達的観点から、学齢の開始は七歳が適しており、成熟期の一七歳までの延長の必要を論じている（図７－１参照）[34]。

さて、この論考に対する先の野上（池田）の批判は次の点に向けられていた。

> 現在の教育制度を自然発生的に形成されたと見るのは非常な誤謬である。全く支配階級の計画によつてなされたことを、山下君には認識されないのだらうか。[35]（傍点引用者）

つまり、山下の論考は制度に内在する支配―被支配関係に無自覚であるというのである。確かに、この山下論文には「自然発生的」という語彙が頻出している。具体的に引用してみよう。

封建時代の家内手工業においては生産のために素朴な道具を使用し、生産道具と生産品との個人的領有との間には何等の矛盾も存しなかつた。かゝる時代に一般子弟は家庭で家内手工業を自然発生的に見習へばよいのであつて職業の世襲、家族制度の発達もかゝる生産関係の中では必然であつた。(36)（傍点引用者）

改革に際しては個々の分野において自然発生的に形成された制度に対しては目的的に厳正なる批判を加へ、全体的統制の下に新学制の実質的機能の完成を期すべきである。(37)（傍点引用者）

教材は、自然発生的には人類生活の足跡を基本的に辿らしめ、目的的には人類生活の最高の発展段階、即ち現実社会における基本的教材に迄到達せしめなければならない。(38)（傍点引用者）

以上の三つの引用は、それぞれ社会（前近代の人づくり）、制度（学制に対する批判と乗り越え）、子ども（児童の発達に即した教材）という異なる文脈ではあるが、発生論の文脈が明確に打ち出されている。先の池田の批判は、特に二つめに該当するものであるといえるが、山下の論考の全体を貫く議論として見た場合、はたして階級闘争への無自覚として批判しうるのだろうかと問う必要があると思われる。むしろ、山下はあえて、急進化する教育運動に対する相対化の契機として自然発生への言及を行ったのではないか、とも考えられるのではないか。

教育学批判へ

このことを裏づけるのが、この数カ月後に書かれた『講座「教育科学」』（岩波書店）の付録である『教育』

のなかの「付　科学としての教育学　教育学の根本的転向」である。この論文は、今度は「教育学」についての発生論的な検討に取り組むものであり、古典的教育学を「自己完結的」で発展性がないものと押さえたうえで、自由民権運動に始まる進歩的教育学説は、国家主義の強まりのなかでは「闘いなくしては自由教育思想を維持、発展せしむることはできなくなった」と指摘している[39]。そして、ここから要請される「科学としての教育学」、すなわち「史的弁証法およびマルキシズムの世界観は、それの方法的解明に必然的基礎学たり得るであろう[40]」と述べている。

ここでの叙述にみられるのは、教育運動は科学としての教育学に基礎づけられてこそ、制度改革につながるという認識ではないかと思われる。そして、改めて教育学を構想するときに、階級闘争から描かれる歴史像では基礎学として十分ではないとの判断から、人間形成の人類史的探求としての発生論に根拠を求めたと考えられるのである。そして、この論考にみられる関心の萌芽が、一九三〇年代半ばの児童学への志向性へと展開していく。

4　児童学への期待[41]

新興教育研究所を離れ、今度は『教材と児童学研究』を主催し、また教育科学研究会に所属して雑誌『教育』の編集に携わるようになった山下は、今度は児童学論を展開するようになる。「現代教育制度改革論」に至る教育計画論と平行して、それを支える科学的根拠を追求したのである。ここで興味深いのは、彼が新たに「児童学」を論じる際に、教育学と相対的に対立するものとして構想したという点である。そこで、第Ⅱ部のまとめとして、戦時期の山下の児童学論を検討しよう。

児童学については、本書序章で取り上げた『教材と児童学研究』誌上における一九三四年の「発育論争」の後、今度は場を変えて、教育科学運動の動向のなかで継続して議論が展開された。それが、雑誌『教育』誌上で企画された三回に渡る「特集号　児童学研究」である。これらの特集は、第一回一九三五年四月、第二回一九三七年八月、そして第三回一九三八年一一月と、比較的長期にわたって取り組まれたものである。

『教育』第三巻第四号（一九三五年四月号）の「特集号　児童学研究」

雑誌『教育』の最初の特集は、その内容・分量ともに重厚なものである。九本の特集論文のうち、まず冒頭で、城戸、山下、小野島が児童学の歴史的・理論的検討を行っている。続いて、児童を取り巻く諸関係や社会的制度についての各論が並んでいる。また、「学者及学説紹介」として、ウェルナーの発達心理学、イエンシュと児童性格学、ブーゼマンと教育的環境学、さらに精神病理学、言語心理学、宗教心理学のそれぞれに児童学への提案を含んだ重要な論考が揃っているのである（表7-2）。ここでは、城戸と山下の対照的な二つの論文を取り上げるが、全体として問題提起的な特集となっていることを指摘しておきたい。

城戸幡太郎の立場

さて、城戸の論考「児童研究の歴史と問題」は、児童学史を論ずるものであり、特にドイツ心理学史を軸に展開されている。それは、人間が神の世界に近づくために教会において教育されてきた時代から、「自然の光のうちに人間の生活力を見出さうとした[42]」時代への転換点において児童の発達の過程の解明が求められるようになった歴史であるとされる。彼はその歴史をドイツ、フランス、イギリス、アメリカなどの各国の動向として紹介しており、進化、遺伝、学習、環境などの中心概念に加え、

表7－2　『教育』における第1回児童学研究特集

特集号　児童学研究	
児童研究の歴史と問題・・・・・・・	城戸幡太郎
教育科学と児童学・・・・・・・・・・	山下徳治
児童と生活場面・・・・・・・・・・・	小野島右左雄
家庭に於ける母と子の関係・・・・・	細井次郎
児童と友達・・・・・・・・・・・・・	宮孝一
学級を背景として見た児童と教師・・	細谷俊夫
児童保護施設の展望・・・・・・・・	松永健哉
教育相談所の現況とその問題・・・・	青木誠四郎
幼稚園と小学校・・・・・・・・・・・	野間忠雄
研究調査	
幼稚園経由児童の特性に就ての調査・	二宮綾子
	青木誠四郎
学者及学説紹介	
ウェルナーの発達心理学と児童学・・	依田新
イエンシュと児童性格学・・・・・・	正木正
ブーゼマンと教育的環境学・・・・・	山下俊郎
精神病理学と児童学・・・・・・・・	奥田三郎
言語心理学と児童学・・・・・・・・	波多野完治
宗教心理学と児童学・・・・・・・・	今田惠

出典：『教育』（1935年4月号）の目次。

観察、実験や質問法、テストなどの研究方法の展開があったことについても述べている。

城戸の歴史学的分析は、最後には発育論争でも話題となった児童学の「現象学的方法」に収斂していく[43]。彼は、精神機能の研究方法論をめぐるブレンターノやコフカの記述心理学と発生心理学の位置づけの差異を検討しながら、いずれにしても、児童心理学の方法としては「現象学的記述」が問題となってくるとする。そして、発達の段階における児童に固有の体験と表現を摑むというとき、「それには体験と表現と理解との三位一体が予定されてゐねばならぬのであつて」、そのためには「心理学者の体験において理解を可能ならしむる基礎経験が認められねばならぬのであつて、その範疇として意識の現象学的記述が必要となる[44]」と述べている。

さらに、人格や性格をどのように記述する

かという論を展開して、城戸は、「生活場面の考察」が必要であり、とりわけ「人間が生活危機の場合に遭遇する時」にその本質が現れるとしている。[45]そして、この「生活」という概念を軸として、次のように「児童性」を規定していくのである。

> 人間の児童的存在といふことは生活の表現において人間の存在が現実と可能との境涯を生活闘として持つてゐるといふことである。この現実に対する可能の環境闘が狭められるに従つて人間の児童性は失はれるのであるが、身体的存在としての人間の児童性は精神的存在としてのそれよりも早く失はれる。しかしそれと同時に精神的存在としての児童性は教育なくしては可能を現実にする必然の存在とはなり得ないのである。従つて人間の児童的存在は教養的存在であつて、児童が教養によつて世界に対する人間的存在の可能を児童の生活のうちに実現してゆくことが成人することであり、児童が成人する必然の道に文化の発展が認められる。[46]（傍点原文のまま）

ここから、観察者が「児童」を見るとき、現実と可能の間としての「生活闘」のなかで理解することが重要であり、そこから教育によって「人間的存在の可能」を実現していくことに寄与する児童学というものを構想していたことがわかる。彼は、「Pedagogy（教育学）に対するPaidology（児童学）は、むしろ［中略］教養学（Paideutics）といふ名称で表はした方が妥当であらう」[47]とも述べている。このように、城戸のいう児童学では、未完成性のもつ可能性をもって「児童性」とし、生活において教養されることこそが文化の発展へとつながるものとされたのである。

山下の固有性

次に、山下徳治の論考を検討しよう。彼は、一九三四年の「発育論争」の後、議論の場を雑誌『教育』に移したことの意義づけを明確にすべく、「教育科学と児童学」というタイトルで論文を発表している。

彼は、「児童学」が成立する前提として「教育が自ら哲学すること」（傍点原文のまま）の意義について述べ、「如何なる人間に教育することが個人として望ましきことでありまた社会に対する責任でもあるのか、次代社会の成員養成として教育には如何なる見通しが必要なのか[48]」といった原理的な研究が必要であり、これまでの教育哲学にみられたような普遍的で抽象的な説明では十分ではないとする。続けて、教育科学に求められるのは、「第一は有機体としての個人の身体的発育と生得的諸能力の陶冶、第二は生活態度の形成、性格の養成、人生観、世界観の構成[49]」の記述や分析であるとして、そのために児童学との関係が問題となるとしている。ここまでは、身体的・精神的存在としての児童の具体像をつかむという城戸の議論と大きく変わるところはないように思われる。では、山下のいう児童学の固有性とは何か。

彼は、城戸がゲシュタルト心理学に紙幅を割いたのとは対照的に、「全体としての児童」の科学的探求を目指すとしたバッソフを主として参照する。山下は、「児童を研究する個々の諸科学の本質的成果を組成する科学的総合」であり、「これを一定の秩序に導き、体系づけるだけでなく、最高の秩序の達成へ、新しき問題の解決へ吾々を導かねばならぬ」というバッソフの児童学を踏襲していく[50]。そのうえで、児童学をすぐに教育に連動させるのではなく、むしろ、教育科学と児童学のそれぞれの要求の「対立」を問題とするのである。この対立は、「教育科学は児童学を、児童学は教育科学を相互に予想してゐる[51]」（傍点本文のまま）ところにあり、山下の議論はそこから生じるずれを否定するのではなく、むしろそこに注目する必要があるとするのである。このように、教育科学と児童学を連続的に捉えないところに、山下論文の特徴があると考えられる。

さらに、山下は、教育科学と児童学の双方の予想が科学的厳正さを有するときには、「調和」に至ることが可能であるともしている。それは、具体的には教材をめぐる議論のなかで、人類史における発生と発展の関係として説明されている。すなわち、「児童と未開人との相似」が示しているように、「夫自身の発生過程のなかに、児童に適用さるべき順序と方法を有つてゐることを意味してゐる[52]」として、教材開発における発生論的視点の重要性を指摘する。したがって、教材の組織化は身体的・社会的発展に向かうとして、「生活自体の複合性は、児童及び文化発達史の複合性と結合されながら、そのなかに、共同的溯源地と発展方向とを発見[53]」することができるとするのである。ここに、「各教科の発生的共同地盤と、各教科の有機的発展観[54]」がある、というのが山下の理解である。

彼の論考を締めくくる一節を引用しよう。

> 要約するに児童学の発達は、教育学に科学的基礎を要請し、教育に確実性を付与することに依つて、児童を幸福にし、また未来的精神文化の向上的発展を約束することになる。他方吾々が、教育科学と児童学の有機的連関の必然性を自覚すればするほど、そこに暗示されるものは教育学と教授学との緊密なる相互交渉である。即ち、「教授学は教育学の自意識である。」と言ふ新しい見解へ吾々を導くであらう[55]。

児童学の提起

山下の「児童学」の位置づけをめぐる議論は複雑なものになっているが、教育学の科学的基礎を成すものに教育科学があり、現実には教育科学と児童学との有機的関係のなかで教育学

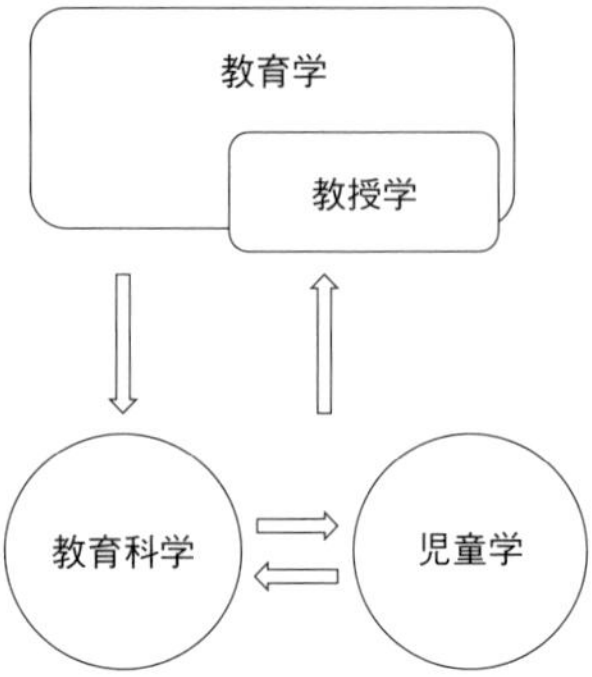

図7－2　山下徳治の児童学構想

出典：筆者作成。

は「教授学」（例えば教材の開発）という形で具現化されるというものとして整理されるだろう。したがって、山下の児童学の位置づけは、図7－2のようになろう。彼の構想では、教育学は、社会科学的研究としての「教育科学」を基礎に持ち、かつ人類史的視野で人間性を追求する「児童学」との交渉を経て、現実には教授学《ペダゴジー》として立ち上がってくるというものであったと考えられる。いいかえれば、児童学は、教育を功利主義の手段としないための迂回路として設定されるところに大きな主眼があったといえよう。

先にも触れたように、城戸の場合は、児童学を教養学と位置づけ、具体的な生活の危機に立ち向かうための教養、つまり「児童学は人間の問題史であり同時に文化の問題史[56]」でなければならないということを論じていた。対して、山下は、むしろ人間の現実生活を相対化するための発生論的なアプローチを児童学に期待していたといえる。この二者の対照性は、城戸が「原始民族に歴史がないことは彼らが彼ら自身の現実性にまでしか児童を教養し得ないからである[57]」、つまり原始人の限界を論じるのに対して、山下が「児童と未開人との相似[58]」として双方の発展可能性を重視するところに、端的に表れているといえるだろう。

『教育』「特集号　児童学研究　第一輯」（一九三七年八月号）と「第二輯」（一九三八年一一月号）——児童学をめぐる城戸と山下の対比性

約二年を経ての児童学研究の特集号は、二回に分けて組まれており、第一輯は児童学の歴史的研究で統一され、第二輯は幼年期や青年期についての各論が並び、最後に波多野完治による児童学の「読書案内」が付されている（表7-3）。

第一輯の巻頭論文である城戸の「児童学と精神発達理論」は、前回の論考をさらに展開したもので、特にゲシュタルト心理学等の発達研究における時間論が集中して論じられている。例えば、それは次の引用にあるような内容のものである。

> 児童の精神発達においても、児童の行動を時間的形態として考察する限り、それを未来と過去との方向において規定し、発生における偶然と必然との関係を明かにし、それがいかに実現し、放散し、固定して行くかの因果的分節の過程を明かにすべきであらう。而してかかる因果的分節の過程においては自然と児童と文化とは世界における三つの分節としてそれらの連関が全体性の立場から考察されねばならぬので、児童の行動を自然と文化とから分離してそれのみに関しての形成過程を問題とすることの無意味な方法であることはいふまでもないことである。(59)

このように、城戸はあくまでも児童学について児童を取り巻く自然・文化の全体的な関係に焦点化して捉え、さらに「児童心理学は児童社会学に発展すべき」(60)ものであり、「児童の精神発達における生活力の涵養と拡充といふことが問題」となるとしている。ここにおいても、児童をして「教養的存在」と捉える城戸の立場は変

表7－3　『教育』における第2・第3回児童学研究特集

特集号　児童学研究　第一輯	特集号　児童学研究　第二輯
児童学と精神発達理論・・・・・城戸幡太郎	就学前教育の諸問題・・・・・・山下俊郎
環境学の方法論・・・・・・・・正木正	性格診断法の信頼性・・・・・・牛島義友
児童学と教育の進歩・・・・・・山下徳治	青年期発達の位相に関する資料（第一報）・・桐原葆見
児童学研究史・・・・・・・・・依田新	女子青年の読物調査・・・・・・小林さえ
精神遺伝研究問題史・・・・・・牛島義友	青年期の日記・・・・・・・・・伊吹山太郎
知能及び性格の検査法の発達・・桐原葆見	女学生の交友に関する調査・・・依田新
精神薄弱児に関する研究の発展・三木安正	幼稚園に於ける友好関係・・・・大羽昇一
内外児童教育相談事業の発達・・山下俊郎	**読書案内**
数意識に関する研究発達史・・・松本彦三郎	児童学獲得のために・・・・・・波多野完治
児童語の発達研究史・・・・・・松本金壽	
遊びに就いての研究史・・・・・大羽昇一	
邦文児童心理学研究文献目録・・牛島義友	

出典：『教育』（1937年8月号と1938年11月号）の目次。

わらず、山下のように教育学と児童学の緊張関係を問題にするものとは異なり、あえていえば、児童と自然・文化・歴史を生活の同心円的関係として位置づけ、その全体像としての児童学を構想するものであったといえる。

一方の第三論文山下徳治「児童学と教育の進歩」は、城戸の一九三五年の前稿を資料としつつ、「児童研究発達の史的概観」を整理することを目的としている。この論考の前半では、山下が前回主として問題としたバッソフに関わって、一九三六年七月四日付プラウダ紙に公表された「教育人民委員部組織における児童学の歪曲に関する決定」[61]をめぐる問題を取り上げている。

山下は、ソ連における児童学批判を整理しながらも、児童学が批判される原因はソ連心理学の未熟によるものであるとし、「児童はなほ未だ自己の科学的発見者を待望してゐる」[62]と強調する。そのうえで、欧米の児童学研究の歴史的検討を次の七領域に渡って行っていくのである。彼は、図7－3に示すように、教育学、経験哲学、医学・生物学、児童研究運動（教育心理学）、心理学、児童保護、そして新鋭の学としての児童学（主としてブロンスキーとバッソフ）の各領域について整理したうえで、

「ソ連の児童研究は、欧米における先進諸国が課題として残してゐた遺伝と環境の問題を無批判に摂取した」(63)点を課題として指摘している。そして、喫緊の課題として次の点を挙げている。

> 児童研究の将来の課題としては、生物学的遺伝と社会的環境との相関を如何なる方法で解決すべきかが決定的な問題として残されてゐる。〔中略〕教育学と児童学とは各々の独自的立場から、この共同の課題の解決のために参加することを我々の社会は期待してゐるのであると思ふ。(64)

以上から、山下は、教育学と児童学のそれぞれの固有性を論じながら、その緊張関係を重視する立場を取っていることがわかる。したがって、城戸と山下の即自／対自をめぐる「発育論争」は、雑誌『教育』において、従来の教育学を乗り越え教養学としての児童学を再構築する立場と、教育学とは独立した児童学の立場から教授学を鍛えるとする立場の対立として展開したと総括できる。さらにいえば、「児童は発育するのか／発育させれるのか」というかつての論点は、ゲシュタルト心理学の影響もあって、「児童と環境をどのようにつなぐのか」という枠組みにシフトしていったといっていいだろう。つまり、遺伝と環境の輻輳性を前提としながら、さらに児童と環境の連続・非連続の問題を深めることが、一九三〇年代の児童学樹立の課題であったのではないかと考えられる。

正木正による架橋の試み

以上の城戸と山下の二つの立場を橋渡す役割を担ったのが、第二論文である正木正「環境学の方法論」である。正木は、人間と環境は「相属的全体的連関」(65)（傍点引用者）にあるとして、「主体の直接経験によって現象する世界」(66)がすなわち環境であるとする。「環境」は客観的に存在するばかりで

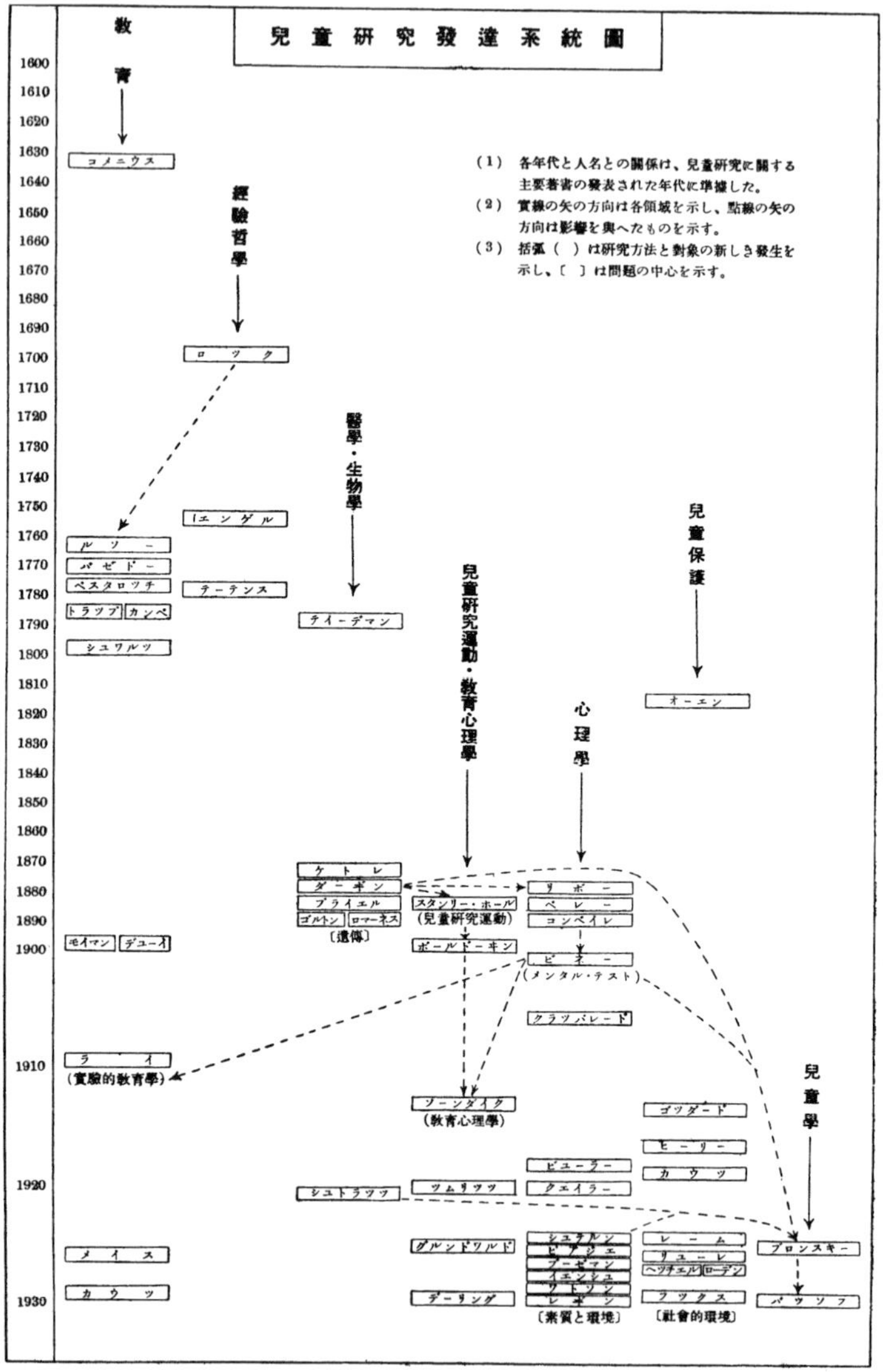

図７−３　山下による児童研究発達系統図

出典：山下徳治「児童学と教育の進歩」『教育』1937年８月号，50頁より引用。

はなく、主体において把握されるものとして定位されているのである。そして、その把握の方法は、被験者自身が自己の環境について語ることや、研究者と児童が環境をともにしながら観察を行うことで「環境の生きた具体的全貌が研究者の心に迫るもの[67]」として把握できるとしている。このような研究方法は、正木が小学校教師とともに行った戦後の教育心理学研究を予見させるものでもある[68]。

ここから、正木の議論は、環境と児童を実態として分けて捉えるというのではなく、むしろ相互に規定し合うものと捉えているのであり、そのような彼の立場は「身体が環境的性質をおびて来る[69]」という指摘にも象徴されているのである。

正木は、児童学とは何かという問いに対して、次のような指摘を行っている。

> 児童学は発育しつつある児童を全体として研究する学である。〔中略〕児童は児童であり、同時に大人の世界へと発育され発育しつつある存在として把握されるのである[70]。
>
> 素質と環境は互いに相属的全体をなす体制として理解されねばならぬ。〔中略〕素質と環境は発達的過程に於いて意味を異にしてゆくものであり、ここに力動的法則の理解が求められねばならぬ[71]。（傍点引用者）

ここにみられるのは、発育論争での「児童は発育するのか／発育させれるのか」をめぐる山下と城戸の議論に対して、「相属不離[72]」という表現で全体的把握を試みようという姿勢である。そのなかにあって、正木が両者の対立を乗り越えようとすればするほど、その研究において、児童や教師といった具体的な人間の姿が浮かび上がってくる点が興味深い。彼は、「環境論は教育による人間の発展の希望を与へる」ものであり、「生ひ立つ人間の行動性格の進展、変革を可能ならしめる」[73]といって、いわゆる遺伝―環境論争に対して具体的な人間の活動を対置していくのである。

機械文明の乗り越え

これまで、雑誌『教育』の児童学特集を検討してきた。その特徴を次のように総括することができるだろう。一九三四年の発育論争の論点であった「児童は発育するのか／発育させれるのか」というテーマは、雑誌『教育』では人間にとっての「環境」の問題として論じ直され、環境（生活）と主体を全体として捉える枠組みを重視した城戸に対して、山下（と彼の研究上の同胞であった正木）はむしろ両者の緊張関係を問題にして、人間主体による環境の変革可能性を児童学に求めたのであった。そして重要なのは、主体への環境の因果関係の追求を重視する代わりに、山下の場合においては、人間性の起源をたどることでの未発の可能性を発見し、さらに教授学をどのように打ち立てるのかが追求されたということである。しかも、この課題は、プロレタリア教育運動から身を引いた彼にとっては、自身の立ち位置の表明としても現実的な問題であったということに注目する必要がある。

最後に、この時代の彼の社会認識に触れておきたい。一九三〇年代後半の山下徳治の仕事は、彼自身が学校教員から教育組織の構想者へとシフトするなかで展開されたと考えられる。これまで述べてきたように、山下は、新興教育運動内部における対立を経て、一九三三年に『教育』編集部に入り、一九三七年までその任務についた。その間に、児童問題研究会を組織して、一九三四年には『教材と児童学研究』と『教師日記』を発行している。また、労作教育への関心から、大森徒弟学校や池貝鉄工所にも関与した。さらに一九三七年には、教育科学研究会の結成に中核的な役割を果たしたといわれている。このように、雑誌の編集や運動の組織化に力を注いだ彼の一九三〇年代は、山下の最も輝かしい時代とされ、最終的に一九三九年の主著『明日の学校』（厚生閣）に至るとされてきたのである[74]。

　諸種の教育運動を渡り歩くなかで、教育をめぐる哲学的思索という彼のもともとの問題関心と、一九三〇年代という教育人口動態史上の一大画期――学校就学の一般化――における教育の社会的・組織論的構想という新しい問題を、山下は「児童学」という場において捉えようとしたのである。その中で、児童学を教育に順接する基礎学とする立場に反対したことは、当時のものと思われる自筆ノートからも読み取ることができる。

　山下は、「資本主義経済組織下では一切は多量生産」であり、あらゆる発明や発見も「利潤に関係する限り効果的である」と危機感を綴っている。したがって、学校教育もまた、現代においては「教育の商品化」に貫かれているとして、次のように述べている。

> 　理想なき、総ての人間が富めるも貧しきも自己疎外に陥れるかゝる社会生活に適合するやうな人間製造を現代教育は敢えてしてゐるのである。
>
> ◎機械文明は人間社会を堕落させるものか[75]。
>
> ◎今吾々の当面してゐる児童学 Paidology もかゝる社会的意味を十分に含んだものでなければ百年前にあつても百年後にあつても同じもの、従つて何時の時代にも役立たないものとなつて終ふであらう。

かゝる基礎に立つて、

児童学 ─┬─ 生物学的方面（遺伝学、細胞学、比較解剖学、生理学、治療学）
　　　　└─ 心理的方面(76)

当時のメモが示しているのは、教育の商品化をどう回避するかという点、そしてその方途としての児童学への期待である。特に、児童学における「生物学的方面」への力点は、遺伝学から治療学までの幅をもった提示がなされているのである。山下にとっては、遺伝―環境をめぐる議論も商品化を乗り越えるには不十分であり、教育が依拠すべきは単なるエビデンスとしての知識や情報ではなく、発生・発達の科学として固有の領域をもちうる「児童学」であると考えたのだろう。これが、その後、山下が子どもの身体そのものに着目していく背景にあったといえよう。

以上、山下の新興教育における学校改革論と、そこでの発生論的な志向性について検討してきた。ところで、戦後、山下が一九六五年に逝去した際、教育運動史研究の中核にいた矢川徳光は、弔辞を読みながら、「森［山下の新姓――引用者］氏はどういう人であったのだろうか、森氏には、けっきょく、政治というものがわからなかったのでなかろうか」と述べている。そして、「森氏はみずからの情動性に左右されたのではないか」とも指摘している(77)。矢川のいわんとするところが明瞭であるわけではないが、戦中の教育運動が教師の情動を抑圧して展開したなかで、情動性が山下を象徴するものであったとすれば、逆にそのことの意味を問うべきではないかと考える。この点は、教育運動から距離を置いた山下の戦後の歩みを辿りながら、第Ⅲ部で検討していきたい。

注

（1）「新教懇話会」については、柿沼肇「教育運動史研究の歩み（中）新教懇話会の研究活動」『日本福祉大学研究紀要――現代と文化』（第一三一号、二〇一五年三月、一七～四三頁）で詳しく取り上げられている。

（2）「日本教育運動史」編集委員会『日本教育運動史』全三巻（三一書房、一九六〇年）、山田清人『教育科学運動史』（国土社、一九六八年）、池田種生『プロレタリア教育の足跡』（新樹出版、一九七一年）、増淵穣『教育労働運動小史』（新樹出版、一九七二年）、岡本洋三『教育労働運動史論』（新樹出版、一九七三年）、柿沼肇『新興教育運動の研究』（ミネルヴァ書房、一九八一年）など。

（3）押収した側の文部省が編纂した『プロレタリヤ教育運動』（一九三三年）や『プロレタリア教育の教材』（一九三四年）、司法省「プロレタリア文化運動に就いての研究」『司法研究』（一九四〇年）などが残されているにすぎない状況にあった。

（4）二・四事件記録刊行委員会編『抵抗の歴史――戦時下長野県における教育労働者の闘い』労働旬報社、一九六九年など。

（5）先行例を挙げると、浅野研眞については、ライフヒストリーを通して新教運動を相対化する試みとして、菊池正治「浅野研眞研究――晩年の仏教社会事業との関わりを中心に」（『久留米大学文学部紀要』社会福祉学科編創刊号（第一・二号）二〇〇一年、一～一三頁）、同「浅野研眞研究（その2）――『佛陀』誌にみる思想と行動」（『久留米大学文学部紀要』社会福祉学科編、第一二号、二〇一二年、一～二四頁）がある。

（6）池田種生、前掲『プロレタリア教育の足跡』一六七～一六八頁。

（7）海老原治善「解説　山下徳治とその教育学」『明日の学校』（創業六十年記念出版世界教育学選集七六）明治図書

出版、一九七三年、二五九頁。

（8）チラシ「『新興教育』復刻版刊行への協力のお願い」。

（9）「日本教育運動史」編集委員会、前掲『日本教育運動史』第一巻、森徳治「成城小学校の自由教育」一二〇～一二九頁及び第二巻森徳治「新興教育研究所創立当時の回想」一〇八～一一二頁。

（10）森徳治、前掲「成城小学校の自由教育」一二〇頁、一二九頁。

（11）森徳治、前掲「新興教育研究所創立当時の回想」一一一～一一二頁。

（12）森徳治、前掲「新興教育研究所創立当時の回想」一一〇頁。

（13）柿沼肇、前掲「教育運動史研究の歩み（中）新教懇話会の研究活動」三三一頁。

（14）柿沼肇、前掲「教育運動史研究の歩み（中）新教懇話会の研究活動」三三一頁。

（15）柿沼肇、前掲『新興教育運動の研究』六～七頁。

（16）柿沼肇、前掲『新興教育運動の研究』四～七頁。

（17）坂元忠芳・柿沼肇「解説　社会運動と教育——近代日本の教育における人民的発想の歴史的展開」『近代日本教育論集　第二巻　社会運動と教育』国土社、一九七四年、一二頁。

（18）坂元忠芳、柿沼肇、前掲「解説　社会運動と教育——近代日本の教育における人民的発想の歴史的展開」一六～一七頁。

（19）坂元忠芳・柿沼肇、前掲「解説　社会運動と教育——近代日本の教育における人民的発想の歴史的展開」三六頁。

（20）森徳治、前掲「新興教育研究所創立当時の回想」一一二頁。

（21）高麗博物館編、上甲まち子・李俊植他『上甲米太郎——植民地・朝鮮の子どもたちと生きた教師』大月書店、二〇一〇年。

（22）「訪問インタヴュー（七）森瑤子氏に聞く」聞き手：山中正剛、編集：福田須美子『成城教育』第五八号、一九八七年、一四六頁。

（23）野上壮吉（池田種生）「ブルジアヨ《ママ》は何故『学制改革』をするか」『新興教育』一九三一年三月号、一二～一三頁。

（24）野上壮吉、前掲「ブルジアヨ《ママ》は何故『学制改革』をするか」一六頁。

（25）新興教育研究所中央常任委員会「中央公論一月号所載の所員山下の論文について」前掲『新興教育』一九三一年三月号、五八頁。

（26）大泉溥「［第6巻］教育方法と児童学研究の展開」『文献選集　教育と保護の心理学　昭和戦前戦中期　別冊解題』一九九八年、クレス出版、九〇頁、一一〇～一一一頁。

（27）内島貞雄「山下徳治の子ども認識と教育研究」『教育運動研究』創刊号、一九七六年七月、六九頁。

（28）山下徳治「教員の赤化問題」『中央公論』一九三一年一一月号、三〇〇～三〇一頁。

（29）山下徳治、前掲「教員の赤化問題」三〇三頁。

（30）山下徳治、前掲「教員の赤化問題」三〇四頁。

（31）山下徳治「現代教育制度改革論」『中央公論』一九三二年一月号、六一頁、六三頁。

（32）山下は、のちにシュトラッツの翻訳本を上梓している（C・H・シュトラッツ／森徳治訳『子供のからだ』汎洋社、一九四三年）。大泉によれば、すでに一九三四年段階で『教師日記』の巻末広告に小山書店からの出版が予告されており、この段階で翻訳が完了していた可能性が高いという。また、「原著に掲載されてゐる数百枚の写真が出版上にいろいろ困難な問題があつた」とされ、初版の出版に際しては「ドイツとわが国の民族感情や民族道徳の違ひから、適切な削減がどうしても必要であつた」（訳者のことば、二頁）という理由で載せることができなかったが、再版（創元社、一九五二年）では完訳版となっているという。前掲「［第6巻］教育方法と児童学研究の展開」九八頁。

（33）山下徳治、前掲「現代教育制度改革論」六五頁。

（34）山下徳治、前掲「現代教育制度改革論」六六頁。山下はここで成城学園の小学校算数の開始時期が二年生（七歳）であるという事例を挙げているが、このようなカリキュラムは戦後も継続されているようである。

(35) 野上壯吉、前掲「ブルジアヨ《ママ》は何故『学制改革』をするか」一六頁。
(36) 山下徳治、前掲「現代教育制度改革論」六〇頁。
(37) 山下徳治、前掲「現代教育制度改革論」六四頁。
(38) 山下徳治、前掲「現代教育制度改革論」六五頁。
(39) 山下徳治「付　科学としての教育学　教育学の根本的転向」『講座「教育科学」』『付録　教育』岩波書店、一九三四年四月号、山下徳治『明日の学校』（創業六〇年記念出版世界教育学選集七六）明治図書出版、一九七三年、二三一～二三三頁。
(40) 山下徳治、前掲「付　科学としての教育学　教育学の根本的転向」二三五頁。
(41) 本節は、前田晶子「山下徳治の児童学と富士川游の児童研究にみる一九三〇年代の子ども研究」大泉溥編『日本の子ども研究　復刻版解題と原著論文』（クレス出版、二〇一一年）を改訂して執筆したものである。
(42) 城戸幡太郎「児童研究の歴史と問題」『教育』一九三五年四月号、三頁。
(43) 本書序章で取り上げた発育論争では、次のようなやりとりがあった。児童学の研究方法をめぐって、城戸は経済学や文化の問題、心理学や生理学の方法などを多用して対象としての児童を「条件発生的に観察」するとしたのに対して、山下は図画や言葉や行動など児童が具体的に表現したものの法則性の発見として「現象学的方法」を用いることになるのではないかと論じた。したがって、『教育』誌上での児童学研究は、現象学的方法の具体についての検討に重点が置かれることになったと考えられるのである。
(44) 城戸幡太郎、前掲「児童研究の歴史と問題」一四頁。
(45) 城戸幡太郎、前掲「児童研究の歴史と問題」一七頁。
(46) 城戸幡太郎、前掲「児童研究の歴史と問題」一九頁。
(47) 城戸幡太郎、前掲「児童研究の歴史と問題」二〇頁。
(48) 山下徳治「教育科学と児童学」『教育』一九三五年四月号、二六頁。

(49) 山下徳治、前掲「教育科学と児童学」二八頁。

(50) 山下徳治、前掲「教育科学と児童学」三二～三三頁。

(51) 山下徳治、前掲「教育科学と児童学」三四～三五頁。

(52) 山下徳治、前掲「教育科学と児童学」三五頁。

(53) 山下徳治、前掲「教育科学と児童学」三五頁。

(54) 山下徳治、前掲「教育科学と児童学」三六頁。

(55) 山下徳治、前掲「教育科学と児童学」三八頁。

(56) 城戸幡太郎、前掲「児童研究の歴史と問題」二〇頁。

(57) 城戸幡太郎、前掲「児童研究の歴史と問題」二〇頁。

(58) 山下徳治、前掲「教育科学と児童学」三五頁。

(59) 城戸幡太郎「児童学と精神発達理論」『教育』一九三七年八月号、一一～一二頁。

(60) 城戸幡太郎、前掲「児童学と精神発達理論」一四頁。

(61) ソ連における児童学批判とは、一九三六年にプラウダに公表されたソ連邦共産党（ボ）中央委員会決定「教育人民委員部の系統における児童学的偏向について」の提言を指し、総合的な子どもの発達研究が実践場面では知能テストなどの判定材料を提供するものに偏向したとして、教育現場における児童学的知見の排除、ひいては児童学そのものの否定を宣言したものである。

(62) 山下徳治「児童学と教育の進歩」『教育』一九三七年八月号、四一頁。

(63) 山下徳治、前掲「児童学と教育の進歩」五一頁。

(64) 山下徳治、前掲「児童学と教育の進歩」五一頁。

(65) 正木正「環境学の方法論」『教育』一九三七年八月号、一七頁。

(66) 正木正、前掲「環境学の方法論」一八頁。

(67) 正木正、前掲「環境学の方法論」二九頁。
(68) 正木正・相馬勇『教育的真実の探求――へき地に生きる教師の記録』黎明書房、一九五八年、『文献選集　教育と保護の心理学　昭和戦後初期　第8巻』クレス出版、二〇〇〇年。
(69) 正木正、前掲「環境学の方法論」一八頁。
(70) 正木正、前掲「環境学の方法論」三一～三二頁。
(71) 正木正、前掲「環境学の方法論」三六頁。
(72) 正木正、前掲「環境学の方法論」三四頁。
(73) 正木正、前掲「環境学の方法論」三三頁。
(74) 海老原治善、前掲「解説　山下徳治とその教育学」二五六～二五九頁。
(75) 鹿児島大学附属図書館所蔵の山下（森）徳治文書ノート類№29。「Ⅰ　児童の近代的発見」「4　学校の職能と明日の学校」の記述より抜粋。
(76) 鹿児島大学附属図書館所蔵の山下（森）徳治文書ノート類№29。「5　社会教育」の記述より抜粋。
(77) 矢川徳光「私事と公事の交錯――森徳治氏の逝去の日をめぐる数日のための備忘記」『ソビエト教育科学』第二二号、一九六五年、九〇頁。

第Ⅲ部　戦後の研究とセルフデザイニング論の展開

――スポーツ教育論を中心に――

第8章　「ペスタロッチからデューイへ」という問題構制

1　思想の成熟へ

鹿児島への帰郷

本書巻末の山下徳治略年譜にも示すように、彼は、一九四一年に森瑶子と結婚し、二人の息子を授かったのだが、間もなくして教科研事件で検挙されてしまう（本書第7章参照）。一九四四年のこの検挙は、容疑も定かではなく、戦況が悪化するなかでの民間運動の一掃作戦によるものであったと考えられる。東京の拘置所で再会した三木清がのちに獄中死したことなどもあり、一度目の投獄以上の痕跡を彼とその家族に残したのではないかと想像されるのである。

このような激動の時を経て戦後を迎えた彼は、妻と幼い子どもを連れて、郷里の鹿児島に戻っている。薩摩半島の南、指宿に居住して、一九四九年までを過ごした。一家は畑を借りるなどし、また音楽家でありピアノ教師であった妻は居住地にピアノを持ち込んだという。

四つのデューイ論の刊行

これまでも触れてきたように、山下は、戦後、民間教育運動から離れてしまい、よって教育界から姿を消したと指摘されてきた。しかし、彼は、この指宿滞在中に精力的に教育学理論についての執筆活動を行っている。実は、五〇代後半にあたるこの時期には、三年間で四冊の著書が上梓されており、彼の生涯で最も生産的な時代であったと考えられるのである。それらは、『デューイの哲学と教育』(壮文社、一九四八年)、『ジョン・デューイ学説批判』(刀江書院、一九四九年)、『経済哲学入門』(成城書房、一九四九年)、『ペスタロッチからデューイへ』(刀江書院、一九五〇年)である。いずれも「デューイ」の名を冠したもの、あるいはデューイを主として論じたものであることが注目される。本章では、帰郷中に準備されたと考えられるこれらの論考を検討し、彼の戦後直後の思索の過程を追っていきたい。

また、山下は、一九四九年には東京に戻るのであるが、成城学園を拠点とした研究の展開は、一見すると学校教育から遠ざかり、叙述の中心は芸術やスポーツに注がれるようになる。なかでも彼はスポーツ少年団の設立(一九六二年創設)に尽力するのであるが、なぜそのように推移したのか。そこに、デューイ論やペスタロッチ論との連続性や、独自の教育学理論の深化はみられるのだろうか。それとも、四つの著書を発表したのち、関心の方向性を転じたのだろうか。第Ⅲ部では、彼の思索の内的な過程を追うなかで、これらの点について検討していきたい。

なお、山下は、結婚を機に「森」姓を名乗っているため、これ以降の記述も基本的には森徳治として記していくこととする。

2　三つの追求課題——教育哲学批判、学校改革論、日本民族教育論

主著『明日の学校』の上梓

森徳治の名で執筆された戦後の著作群は、一九三〇年代後半に発表された三著『ギイヨオ・デューイ』（岩波書店、一九三六年）、『児童教育基礎理論』（建設社、一九三八年）、『明日の学校』（厚生閣、一九三九年）と地続きのものであることをまずは指摘しておきたい。モチーフやフレーズの重なり——例えば、ガリレオ・ガリレイの実験的手法、マリア・キュリーのラジウム発見、湯川秀樹の中間子研究、ブルーノ・タウトによる桂離宮への賞賛など——が各所みられ、いわば自身の叙述を反芻しながら教育思想を成熟させていったように思われる。また、これら合わせて七つの著書のなかには、成城小学校訓導時代の経験やドイツ留学中の思索、また鹿児島県師範学校の経験などにも遡りながら、自身の教育学的関心とその転回に即して綴ったものもある。

ちなみに、『明日の学校』は、一九六〇～八三年に明治図書から刊行された一〇〇冊に及ぶ『世界教育学選集』（梅根悟・勝田守一監修）に収められた日本人著者九名のうちの一冊として、海老原治善の解説を付して再版されている。この書は、実際教育に寄与する教育哲学を志向し、指導の方法原理を中心に展開され、教師論や教科論を備えたものである。確かに、この著の内容とボリュームは、彼の上記七冊のなかで最も充実したものであるといえる。

さて、彼は、一九二〇年代には留学中のドイツですでにデューイに注目していたわけであるが、とりわけその経験哲学を丹念に教育学の理論として論述しようと試みたのが『ジョン・デューイ学説批判』や『経済哲学

教育哲学批判 観照から経験へ	学校改革論 労作教育・教材論	日本民族教育論 教育史の発生論的検討
『ギイヨオ・デューイ』 （岩波書店，1936年）		
	『児童教育基礎理論』 （建設社，1938年）	
	『明日の学校』 （厚生閣，1939年）	
――――1941年　山下姓から森姓になる		
	『デューイの哲学と教育』 （壮文社，1948年）	
『ジョン・デューイ学説批判』 （刀江書院，1949年）		
『経済哲学入門』 （成城書房，1949年）		
		『ペスタロッチからデューイへ』 （刀江書院，1950年）
		「日本教育の再発見」 （未完）

図8－1　山下（森）徳治の著書の展開

出典：筆者作成。

入門』である。さらにいえば、戦後の著作では、駆け出しの教師であった森自身の初発のペスタロッチへの関心に立ち返り、研究の歩みを逆に辿り直して、いわばデューイからペスタロッチへと遡っている。そして、彼の最後の理論書となった『ペスタロッチからデューイへ』では、その到達点が洗練された形で示されたといえるのである。したがって、彼の主著として知られている『明日の学校』よりも、『ペスタロッチからデューイへ』に彼の思想は凝縮して示されているといえるのである。

　ただし、森によるデューイ研究については、これまで十分には検討されてこなかった。例えば近年の戦後教育学研究の文脈においても、森については、篠原助市ら批判的教育学の立場からのデューイ批判とは対照的な、もう一つのデューイ受容の形として紹介されるにとどまっている[1]。しかし、ここで注意しなければならないのは、森の場合は、ペスタロッチとデューイをつなぐ道筋を明らかにしようとしたところに固有性があるのであり、単に戦後の経験主義教育に呼応してデューイ論を世に出したわけではないという点である。そこで、戦前・戦後の著作を横断しながら、これらの書を検討していきたい。

七著の布置関係

七冊の著書を見渡すと、その主たる追求課題は大きく三つあったと考えられる。それらは相互に関連するものではあるが、次のように区別される。まず第一に教育学を思弁的哲学から経験科学へと転換すること（教育哲学批判）、第二に学校教育を労作教育の立場から再構成すること（学校改革論）、そして第三に戦後の世界のポリティクスのなかで日本の教育のあり方を追求すること（日本民族教育論）である。その展開を示したものが図8－1である。以下では、それぞれのテーマについて、取り上げて検討したい。なお、未完となった「日本教育の再発見」は、目次とその原稿の一部のみが残されているものであるが、本書第10章で触れることとする。

3　教育哲学批判――自己形成の構成的過程

構成的な過程としての発展概念

森は、教育学がこれまで依拠してきた教育哲学について、ナトルプの社会的教育学も含め、教育という価値的営みを「観照」の立場、つまり思弁的哲学の高みから論じてきたという批判を展開している。まず、一九三六年の書である『ギイヨオ・デューイ』では、そのような観照的態度を転換し、自然のなかに身を置く人間の行動や活動から発生する哲学の価値を次のように論じている。

> 自然のこの可能性は自然を外部から観察する精神によって実感せられるのではなく、自然の内部に行はれる活動によって、ひとつの新しい個別的対象の生産において総括せられる新しい諸関係を自然に付与する諸活動によって実感せられる。〔中略〕自然の外部における理性が固定と制限とを意味するとき、自然の内部における知性は解放と拡大とを意味する。(2)（傍点引用者）

この立場は、戦後の書『ジョン・デューイ学説批判』に引き継がれ、デューイに対する諸種の批判――例えばデューイ学説を生物主義、功利主義、道具主義とするもの――に対して一つひとつ反駁しながら、行動と経験を通して発生する哲学の立場についてより精緻に論じている。そして、「観想的人間の代りに行動的人間を輝やかしめよう」としたルネサンス期の科学や芸術に言及しながら、死せる知識の獲得ではなく「人間形成という根本的な立場からの教養と文化の解放」が求められるとしている。(3) さらに、この書では、単に行動的人間を対置するに止まらず、人間形成の立場からドイツ留学時代に論じられた発展（Entwicklung）概念を再び登場させて展開している点が注目される。

> 存在と発展の概念の根本的な区別が、デューイ哲学を理解する一つの重要な契機である。存在は一つの実体であり、それは限定せられ、固定せられた実体である。しかるに発展は、構成的な過程そのものである。〔中略〕生命は現に存在するものではなく、それみづからを形作る生成そのもの、構成的な道程その

もの、発展そのものである。したがって発展としての生命は、前提も結果も持ってはいない。生命の実在は、自らを形作る構成的な過程によって成立する。[4]（傍点引用者）

ドイツ留学時代には「発展」を精神の本質、根源、原精神（Urgeist）への深化と捉えていたのに対して（本書第3章）、ここでは発展＝自らを形作る構成的な過程として論じていることがわかる。ここに、彼の戦後の研究を開花させる鍵となる転回があると考えられる。というのも、「教化史」（一九三二年）等の執筆を通して、「教育とは何か」を人類史に辿りながら発生論の立場で追求してきた森にとって、デューイとの出会いは、近代社会は個人が自身を造ることを目的とする時代であり、歴史上初めて教育の目的はセルフデザイニング（自己造形）となり、その方法として構成的な作業が主体的に選択されるということを明確にする契機となったのである。ここにいう「構成的な過程」とは、精神主義による鋳造（教化）に対置されるものであり、したがって、主体が自己をどのようにつかみ表現するかという、方法そのものが教育学研究において焦点化されてくることになるのである。

自己を変化させる技術

さらに、産業社会においては、その構成的な過程は「技術的性格」を帯びることになると森は指摘する。はたしてそれは、教育学においてどのような問題を提起するのか。森の技術論は、これまで教育学で論じられてきたような形成論（環境から受ける影響といった無意図的なもの）ではなく、かといって教化論（他者によってプログラムされた意図的介入によるもの）でもない。むしろ彼がのちにスポーツ教育論において「造形（セルフデザイニング）」と呼ぶようになる具体的な方法へと概念化されていくものと思われるのである。

森の場合の人間形成の技術とは、精神を実体化することとは正反対の、精神が生成されてくる過程《プロセス》を構成的に捉えることであると論じている点が重要である。この点は、一九四九年に刊行された『経済哲学入門』では次のように論じられている。

> 精神はこれまで、一つの実体であると考えられてきました。これは精神を最初から完全なるもの、或は完全になるものとして考えたからです。精神はジェンティーレが「純粋行動の哲学」でいう如く「精神は行動または過程であつて、実体ではない」というのが正しいのです。**精神は発展であり、構成的な過程であり**ます。精神は生成であり、精神の存在はただ生成のうちにのみ成立するのです。生成の端緒においてなかつた精神は、生成の終りにおいても存在しないのです。精神は、実体でなく発展であります。[5]（強調原文まま）

ここにみられるように、森は、人間の完成を目指す教育学ではなく、「世界の変化の方法」や、ゲーテのいう「形から形へ生きて発展するメタモルフォーゼ」こそが教育学の役割であり、それこそが経験と行動の教育哲学であるとするのである。[6]

4　学校改革論――労作教育の立場

普通教育の脆弱性

『経済哲学入門』では、自己形成の構成的な過程についての「共通の形[7]」、つまり公共的な仕組みを問う必要性が指摘されている。その一つの筋が、第二の主題である「労作」を軸とした学校改革論である。まずは、戦前の著作から検討していこう。

『児童教育基礎理論』は、デューイに即しながら、日本では「学校教育の埒外に社会教育を必要としてゐるところに［中略］国民一般の学習する普通教育の脆弱性と同時に我国社会の不健康状態を告知してゐる[8]」として、学校教育を「精神主義」で運営することになっているとの批判を展開しているものである。このような見解は、軍隊教育にも向けられており、軍事上のさまざまな新兵器が登場しているにもかかわらず、「肉弾を以て敵に当るといふ精神主義」も同様に問題であると指摘する。また、「精神主義は、自己の主観に立脚して一方的関係からのみ真物の直相を究めんとする偏見を持つてゐる」のであり、このことは、時の道徳教育が「禁欲的傾向」しか持ち得ていないこととも通底するとしている[9]。当書が上梓されたのは、日中戦争の開始や国家総動員法の制定など、戦時色が一段と強まる時期であり、戦時下の教育が向かおうとしている精神主義への危機感をもって執筆されたものであると思われる。

他方で、産業革命を端緒としたグローバリゼーションによる教育の没個性的な展開へも警鐘を鳴らしている。彼は、「文明の発達、生活様式の変遷、交通機関の進歩、文化的交際の頻繁」が地球規模で広がり、そのことは子ども・青年の育ちを「平均的なもの」に変えつつあるというのである。[10] そして、個性を謳った新教育にしても、批判的検討が必要であるとする。新教育は学校教育の原理を児童中心に転換したにもかかわらず、児童の生きる生活の捉え方が静的であり、むしろ生活を目的化している点が問題である。「生活を最初から目的論的に見ることは、原因と結果の制約的関係を無視し、また因果関係の相互作用を見落として」しまうため、そこからの「発展がない」というのである。[11]

ここから、彼は生活の変化、あるいは変革をもたらすものとしての社会教育、とりわけデューイの論じた労作教育が新しい学校の中軸となるとするのである。

続く『明日の学校』では、大正新教育を正面から対象に据えて検討している。その批判的立場は前書から連続しており、「教育が児童の生涯の幸福に対する最後的責任をもつ仕事であるならば、一体これらの結果に対しては誰が責任を負つたのか」と問うている。[12] 結局新教育は「口達者な四、五名の子供を動かしてゐるだけではないか」、それは「排他的な個人主義的傾向」をもち、教育の責任は子どもとその家族に押しつけられたのではないかというのである。[13]

教材のもつ技術的・経済的性格への自覚

では、新教育の経験から何を引き継ぐことができるのか――それは学校教育のもつ実験性であり、実践的にも理論的にもその検証を行うことであるとしている。この観点から、彼は、「国民教育の本質から見て独創的な基礎理論と真実な計画とを示したのは澤柳政太郎博士ただひとりであつた」とし、同時にまた鹿児島で関わりがあった木下竹次にも言及している。[14] しかし、木下については、彼が家庭教育から合科学習を展開した点を評価しつつも、「生物学的色彩が濃厚」であり、「合科学習の理論的根柢には、社会的見解と歴史観が徹底的でない」ために、生活教育の心理主義が顕著であると批判している[15]。

以上を踏まえて、労作教育の重要性を再論して、次のように論じている。

> ペスタロッチが彼の時代において労働を社会生活の中心問題として貧民教育に採り入れ、労働をして飽くまで児童の未来的社会生活における基礎教育の手段にしたことと、デューイの作業教育思想とはその根本においては同一であった[16]。

この書で論じられた労作教育は、教育が「デリケートな国際関係の中において常にミリタリズムによつて指導されなければならなかつた[17]」なかで、いかに明日の教育を発想するかという社会情勢への対応が目立っている。例えば「大亜細亜主義の理想」を語り、今や日本は「先進諸国の末子」から「東亜新秩序建設のために立ち上がった」のであり、「教育者の国家的、社会的奉仕としての最大なる任務」として「未来を貫く大建設が世界史的課題として与えられてゐる」と論じている点では、前書のような教育学の立場からの社会批判的視点は後退しているといえる[18]。しかし、上記の引用にあるペスタロッチとデューイを交叉させる視点は、その後も戦後の著作においてより明確に示されていくものである。ただし、『明日の学校』の段階では、論点を俎上に載せたというものにとどまるものであったといえよう。

さて、一九四八年の『デューイの哲学と教育』は、学校改革論のなかでも教育方法、そして教材論に焦点化して論じられたものである。森は、教材が「既製品」で事足れりとされている現状を問題として取り上げている[19]。そして、教育が「自己の行為や思想を純化して行こうとする熱烈なる人類愛の精神」に呼応する思想をもつということは、商業主義を乗り越え、「自然性のなかに潜在してゐる力を、人間の精神的労作によつて変形していく作用」を生み出すような教材論を深める必要があるとするのである[20]。

教材は、技術的であると同時に、経済的でもある、と森は指摘する。彼は、かつての新教・教労運動の際に、工場労働者の教育について論じていたが、その後大森徒弟学校に関わり、さらに一九四〇年には金型工業の草分けである池上工作機械製作所の労務部長となり、一九四一年に国民技術文化協会理事長に就任して『労務者の職分』（森徳治、第一公論社、一九四四年）を記している。青少年職工への講話をまとめた本書では、欧米の自由主義の美名のもとに隠れた商業主義批判を展開し、かつての日本の刀工のように、また桂離宮に代表される日本の建築美や青木繁の「海の幸」に描かれた漁民像のように、技術が人となりを造ると論じている。『デューイの哲学と教育』における教材論は、この経験を背景として展開されたものであると想像される。そして、技術＝人間の労作によるセルフデザイニング（造形）という定式をデューイに学んで導き出し、さらにその技術のもつ民族性を問題にして、森は、第三の論点である日本民族教育論へと議論を展開していくのである。

5　日本民族教育論——衝動性から生い立つ人間性

人類普遍性としての「民族」

一九五〇年代に入って活発に展開された「民族」をめぐる議論は、主として歴史学研究を中心に展開された。

敗戦後の日本が冷戦構造のなかでどのようにして日本社会を形成していくのか——それは、教育学にとっても大きなテーマであった。

森の場合は、かつて「教化史」（一九三二年）で論じた明治維新批判を土台としながら、終戦当時の教育制度改革を歴史的に捉えながら、外在的な教育論の導入ではなく、その土地の生活と歴史に根ざした教育改革の形を模索していた。その問題は、『ペスタロッチからデューイへ』のなかで日本民族教育論として論じられ、さらに本書第10章で取り上げる日本民族についての七つの連作へとつながっていくのである。

ところで、彼のいう「民族」とは、国民（nationality）や人々（folk）といった一般的な意味合いとは異なり、どちらかといえば人類（humankind）という内容をもつものであった。したがって、日本固有の民族性といった議論とは異なり、次の引用にみられるように、むしろ思想や芸術の普遍性を論じており、その万人に共通する形の発生と展開を論じるものとなっている。

> 衝動と叡智の融合した行為の世界から生まれでる思想、芸術、道徳は、ただそれらが創造的であるという以上に、人間性や世界人類性に通ずる人間の根源的な意味をもっている。人間が、自己の内部にみずからの形成法則を持つということは、人間性の根源力である衝動性に基礎をもつということにほかならない。(21)
>
> （傍点引用者）

森は、このように、民族性のもつ人類普遍性を強調する。彼は自身のドイツでの経験、とりわけナトルプ批判を中心にこの点を展開して、ペスタロッチからデューイへとつなぐ筋道を描き、ペスタロッチが衝動性に根ざした人間の経験こそが「人間性」であると論じたことが、その共通の形としての「形成法則」を追求したデューイへとつながるのだとしている。

今やペスタロッチは、人間の経験の至りうる頂点に達したのである。人間の純化された感情のうちに行為も知性も調和な統一においてつつまれている。［中略］「自己の永遠性の創造者」（schöpfer seiner Ewigkeit）である人間が、「自己自身の作品」（Werk seiner Selbst）として、自己をあるべきものに仕上げていく道である。その際ペスタロッチにおけるこの道は、「真理を知ることは、かれ自らを知ることに出発する」という「自発性の行動」（Actus der Spontaneität）としての「経験」（Erfahrung）であった。経験の頂点と深淵の連続においてペスタロッチは生命を与えた。その結合に発展的理論を与えたのはデューイであった。[22]（傍点引用者）

このように「ペスタロッチからデューイへ」という問題構制を自身の教育論の足場とした森は、続いて、「人間を人間性へ、個人を人類性へ発展的に結合しうる」のは、「個々の児童を個々の児童としてでなく、児童性への教育である」[23]とする。そして、人間が人間性へと展開する変化の構造を次のように論じている。

経験の蓄積されるプロセスにおいては、経験を出発せしめる衝動性は、物を媒介として興味や関心に高まり、行動の場面にはたらく想像は興味によって強められ、たんなる感情は、この興味によって純化されてゆく。知性は、衝動性や興味による行為の内容として生い立って行く。これらの心的諸能力が活動のう

> ちに育つ全体をつらぬいて、それを目的完成へ努力してゆく実行力も、同じように衝動性や興味に深い根をもっており、そこから生い立ってくるのである。したがって逞ましい想像も、創造的知性も、勇気と努力に満ちた実践力も、すべて衝動性から出発し、興味や関心を中心に生い立っている。ここに心理的に捉えた諸能力が、人間の「こころ」である。この心もまた、人間の衝動性から生い立つのである。したがって、心は感情以上、知性以上、意思以上のものであると言える。[24]（傍点引用者）

この短文のなかで「生い立つ」という表現が四度に渡って登場している点が際立っているといえる。この聞き慣れない日本語の表現は、衝動性と興味から導かれる人間の知性や、さらに知性以上の「心」――即ち世界に共通する「人類性」としての「民族性」が生まれるさまを表す独特の言い方である。

民族に共通する「生い立つ」思想

「ペスタロッチからデューイへ」という枠組みのなかで、森は、衝動性に根ざす人間の経験が蓄積され、社会的性格をもつようになり、共通の形（Werk）を形成する――例えば宗教や芸術のように――と論じていく。衝動性や興味は、個人の抱える課題の特殊な状況においてこそ形づくられるのであり、生い立つ形の「自由」の問題を強く押し出している。しかし同時に、生い立つ際の媒体となる技術や道具は社会的性格をもち、それゆえに「生い立つ」の構成的な過程は、帰納的なプロセスを経るとするのである。

このように、鹿児島への一時的帰郷の間に取り組まれたペスタロッチとデューイの検討は、人類史における人間性の追求を教育のカテゴリーとして論じるものであり、これまで発育や発達、発展というタームで論じてきた彼の教育論を「生い立つ」という自動詞で改めて提起するものであったといえる。次章では、さらに一九五〇年代に入り、生い立つ思想が実践論的に追求される過程を検討するが、特にスポーツ教育の領域で取り組まれた問題を辿っていきたい。

注

(1) 田中武雄「『戦後教育科学論争』への展望（その3）――デューイ・ルネサンスの戦前・戦後」『共栄大学研究論集』第一二号、二〇一四年、二二三〜二二六頁。
(2) 山下徳治『ギイヨオ・デューイ』岩波書店、一九三六年、五四頁。
(3) 森徳治『ジョン・デューイ学説批判』刀江書院、一九四九年、一六頁。
(4) 森徳治、前掲『ジョン・デューイ学説批判』八一頁。
(5) 森徳治『経済哲学入門』成城書房、一九四九年、八七頁。
(6) 森徳治、前掲『経済哲学入門』一六六頁、一四八頁。
(7) 森徳治、前掲『経済哲学入門』一七一頁。
(8) 山下徳治『児童教育基礎理論』建設社、一九三八年、一〇七頁。
(9) 山下徳治、前掲『児童教育基礎理論』七三頁、七六頁。
(10) 山下徳治、前掲『児童教育基礎理論』一〇頁。
(11) 山下徳治、前掲『児童教育基礎理論』六八頁。
(12) 山下徳治『明日の学校』厚生閣、一九三九年、一一九頁。
(13) 山下徳治、前掲『明日の学校』一二一頁、一二九頁。
(14) 山下徳治、前掲『明日の学校』一一六頁。木下竹次（一八七二〜一九四六）は、奈良女子高等師範学校附属小学

校時代の学習法がよく知られるが、その発想は一九〇四～一六年まで滞在した鹿児島時代（鹿児島県尋常師範学校主事、鹿児島県女子師範学校・鹿児島県立第二高等女学校校長）に培われた。この時期に山下は木下と出会っている。深谷圭助「明治末期における鹿児島県師範学校附属小学校の自習法研究」『教育方法学研究』第三一巻、二〇〇五年、九七～一〇八頁。

（15）山下徳治、前掲『明日の学校』一四三頁、一四六頁。

（16）山下徳治、前掲『明日の学校』一三四～一三五頁。

（17）山下徳治、前掲『明日の学校』二〇〇頁。

（18）山下徳治、前掲『明日の学校』五頁、三二〇頁。

（19）森徳治『デューイの哲学と教育』壮文社、一九四八年、八二頁。

（20）森徳治、前掲『デューイの哲学と教育』一七頁、二三頁。

（21）森徳治『ペスタロッチからデューイへ』刀江書院、一九五〇年、二八頁。

（22）森徳治、前掲『ペスタロッチからデューイへ』七三頁。

（23）森徳治、前掲『ペスタロッチからデューイへ』二五頁。

（24）森徳治、前掲『ペスタロッチからデューイへ』九八頁。

第9章　生い立つ思想とセルフデザイニング論

1　児童書『技術の生いたち』と『すまいのおいたち』

初めての児童書の執筆

一九五〇年代に入り、森は二つの児童書を記している。『技術の生いたち』（学校図書館文庫№8、牧書店、一九五一年）と、その翌年に出された『すまいのおいたち』（小学生学習文庫第一期№7、あかね書房、一九五二年）は、戦後の四冊の理論書を上梓したのちに、森が子ども向けに書いた初めての書として注目されるものである。両書には、森自身の二人の幼い息子の様子が取り上げられており、教師としてだけではなく、父親としての子どもへのまなざしが表現されている。ちなみに、一般向けの著書としては、第8章でも触れた『労務者の職分』（第一公論社、一九四二年）[1]があるものの、これは青少年工を読者としたものであった。子どもの読み物として自身の教育思想を記したのは、彼にとっては新たな試みであったといっていいだろう。

この二書に際立ってみられる特徴は、タイトルにもあるように、「ペスタロッチからデューイへ」という問題構制で採用された「生い立つ」という術語が中心概念として展開されている点にある。つまり、「生い立つ」という用語法は、理論と実践をまたいでの森の戦後の教育思想を象徴する言葉として登場していると考えられるのである。「生い立つ」とは、草木が育つことや、子どもが成長することを指す自動詞であるが、前章でも指摘したように、人間の衝動性がやがて人類史を紡ぐ普遍性へと立ち上がるという特別の意味をもって用いられており、ドイツ留学時代（本書第3章）の思索の中心にあった発展（Entwicklung）論から連なるものでもあるといえる。それゆえ、児童書におけるこの述語の用いられ方も独特のニュアンスをもっている。

まず、『技術の生いたち』には次のようにある。

> 人間のりこうさも、人間のかしこさも、すべて手のはたらきから生いたっています。手こそはじつに人間の生みの親です。〔中略〕みなさんの技術も科学も、またみなさんじしんの手のわざからでなければ、生いたたないことをわすれないでください。みなさんの芸術だって、みなさんじしんの手の技からのみ、生いたつのです。みなさんのことばや数学も、すべて、みなさんじしんの手のわざがもとです。手のわざをだいじにしてください。手のはたらきがわれわれを、ほんとうの人間にそだてるのです。[2]

この引用にある「手のわざ」というのは、ものに精魂を吹き込む技術はその土地の精神文化を育むものであり、商業主義によって駆逐されてしまえば民族の形成史を手放すことになるという立場から論じられたものである。ここでは、「生い立つ」という表現によって衝動性から普遍性・文化性へという筋道が明確に表現されており、その発生論的な立場を打ち出しているといえる。

続く『すまいのおいたち』では、人間生活の形成のプロセスを次のように論じている。

> スマイは、おいたつものです。うまれたスマイは、あたらしいどうぐやざいりょうができたり、せいかつがすすむにつれて、おいたっていきます。
> みなさんがまいにち、たのしくせいかつしているスマイも、すべて、とおい、とおい、大昔にうまれ、なん千年もかかって、おいたってきたのです。これからさきも、ながく、ながく、おいたっていくでしょう。（はしがき）

この書では、人間が洞穴を出て檜や杉を用いた家屋を作ってきた歴史を辿りながら、「スマイ」という人間性の表現された技術が形成されてきたこと、それがやがて桂離宮のような日本民族のもつ美として形づくられたことが記されている。そして、これからどのようなスマイが生まれてくるのか、それを文化的・科学的に考えてみましょうと問いかけている。

「生い立つ」論の展開

しかし、その語り口は独特であり、次の引用にもあるように、「おいたつ」という言葉がやはり際立っているといえる。

> 日本のしぜんの美しいすがたは、日本みんぞくのからだに、しみこんできたのです。にんげんが、しぜ

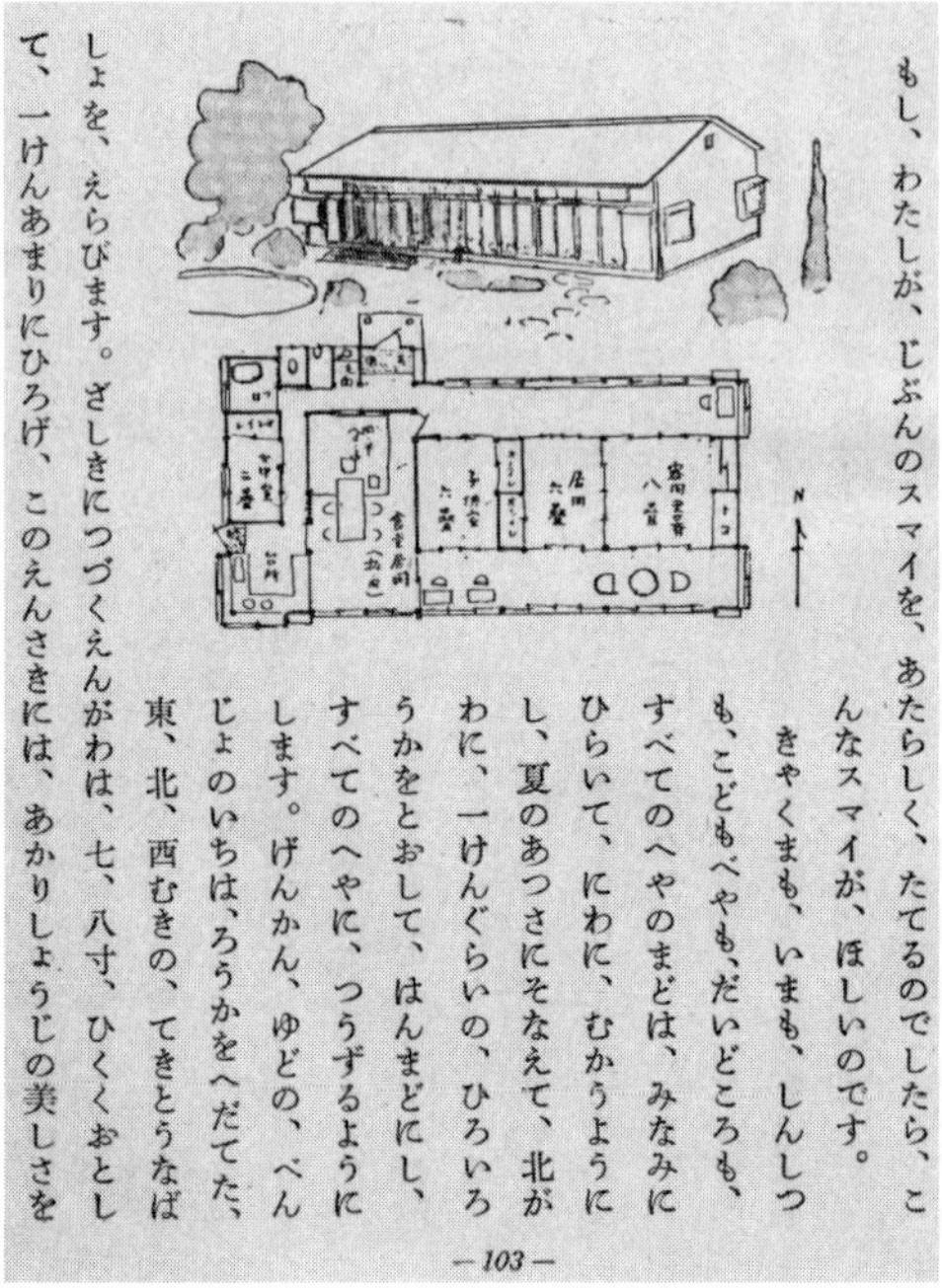
もし、わたしが、じぶんのスマイを、あたらしく、たてるのでしたら、こんなスマイが、ほしいのです。
きゃくまも、いまも、しんしつも、こどもべやも、だいどころも、すべてのへやのまどは、みなみにひらいて、にわに、むかうようにし、夏のあつさにそなえて、北がわに、一けんぐらいの、ひろいろうかをとおして、はんまどにし、すべてのへやに、つうずるようにします。げんかん、ゆどの、べんじょのいちは、ろうかをへだてた、東、北、西むきの、てきとうなばしょを、えらびます。ざしきにつづくえんがわは、七、八寸、ひくくおとして、一けんあまりにひろげ、このえんさきには、あかりしょうじの美しさを

— 103 —

写真 9－1　児童書『すまいのおいたち』の一節

出典：森徳治『すまいのおいたち』（あかね書房，1952年）103頁。

> んから、はなれることは、いちばん、かなしいことです。(3)
>
> 　どこまでも、しずかな、しぜんの美しさをもった、やね、かべ、まど、にわなどに、おいたってきたとき、日本人の心のなかにも、それとおなじせいしんが、おいたっていたのです。
>
> 　まことに日本では、すべてが、しぜんの、おいたちをしてきました。(4)

「生い立ち」というのは、生い立つプロセスのなかでこれからも変化していくものであり、したがって自身が生活するなかで「おいたち」からみた、だいじなこと」(5)を学ぶ必要があるというの

である。森が教育学の立場から強調したのは、自然のなかで生きるための生活様式や道具が人類史のなかで生み出されてきたなかに、それを学ぶ子どもが生い立つ人間の精神を発見することであった。したがって、森の民族教育論は、民族固有の文化を継承するという決定論的なものではなく、むしろその変革に焦点化されていたのではないかと思われるのである。彼にとって、形成や教育、教化といった従来の人間形成概念には変革のモメントが明確ではなく、それゆえ自動詞「生い立つ」として表現すべきものであったということではないだろうか。

さて、『技術の生いたち』の著者紹介欄には、彼の略歴とともに、「横浜市健民審議会の委員もしていらっしゃるそうです」と紹介されている。ここで取り上げた児童書を執筆していた一九五〇年代初頭に、彼は、社会教育の領域にいっそう進み出るようになるのだが、戦前の職工に対する取り組みとは異なり、スポーツに関心を傾けるようになるのである。そして、東京オリンピックを機に一九六二年に設立されることになる日本スポーツ少年団に深く関わっていく。次節では、その前史となる横浜健民少年団との関わりと、そのなかで「生い立つ」思想がどのように展開したのかを検討する。

2　森徳治の横浜健民少年団への関わりとセルフデザイニング論

スポーツ教育の理念づくり

森は、現在は「スポーツ少年団の理念」（一九六四年）として伝えられるスポーツ少年団の哲理起草委員会のメンバーに、ひとり教育学者として参加することになった。後述するように、起草委員会では、第一～第四次にわたって「哲理」の検討が行われ、最終的に「スポーツ少年団の理念」として森の手によって完成されたのである。[6]

その直接のきっかけは、一九五五年に来日したカール・ディーム（一八八二～一九六二）の通訳を森が引き受けたことにあった。陸上競技のメダリストであり戦後日本の体育スポーツ運動の中心人物であった大島鎌吉（一九〇八～八五）は、森に通訳を依頼する際に、ディームについて「第二のペスタロッチまたは第二のゲーテ」であると紹介し、約三週間にわたる滞在中の同行を依頼したようである。[7]この時、大島は、単なるドイツ語通訳を求めたのではなく、哲学や教育学に通じた人物として森を推薦したといわれている。森は、大島について「心を許せる人」と語っており、両者には強い信頼関係があったことが想像される。[8]また、ドイツにおける体育スポーツ理論の中心的な担い手であったディームと森との交友は彼の帰国後も続き、ディームが逝去する直前までやりとりがあったことが、鹿児島大学附属図書館所蔵の書簡類（本書巻末資料編参照）及びケルン・ドイツ体育大学所蔵のディーム文書（Carl und Liselott Diem-Archiv）[9]にそれぞれ二〇点ほどの書簡が残されているところからもうかがわれる。

それでもなお、森がスポーツ少年団の哲理を作成する際にメンバーとなっただけでなく、統括役を引き受けることになったのはなぜかという疑問が残る。そこで、以下では、森の教育思想の展開におけるスポーツの位置付づけを考察していきたい。というのも、これまでの教育運動史研究では、彼の教育思想におけるスポーツ教育論は検討されてこなかったからである。

これまでも論じてきたように、戦後の森は、生い立つ思想を教育理論の中心に据えながら、文化や芸術のもつ教育学的意味を探求してきた。他方では、本書第7章で見たように、児童学を深める過程でシュトラッツの

『子供のからだ』（一九四三年）を訳すなど、子どもの身体の研究にも取り組んでいた。つまり、一九五〇年代のスポーツへの関心は、人間の文化と子どもの身体という二つの筋の延長線上に現れたテーマだったのではないかと思われるのである。彼は一九四九年に東京成城に戻るのだが、一九五〇年頃から「横浜健民少年団」への理論的な指導を行うようになり、やがてスポーツ少年団の理念作成へとつながっていく。それでは、スポーツ論において、本章第1節で見た生い立つ思想はどのように深められたのだろうか。その展開を追っていくこととする。

横浜健民少年団の理論形成

まずは、横浜健民少年団を取り上げよう。これは、焦土となった横浜市において「子供の遊び場」設置運動や「健民会」運動が広がり、市が生活実態調査を含めた健康行政に力を入れるなかで小・中学生を組織する活動として一九五三年に成立したものである。その規模は、設立時で七二地区、約四〇〇〇人の団員数であったという。活動の内容は、「自然活動」「交歓活動」「地域活動」からなるが、特に都会では難しい自然と触れ合う野外活動が重視された[10]。森は、横浜健民審議員の一人として立ち上げ当初から関わっているのだが、そのときの彼の立場は次のようなものであった。

都市に住む青少年は、幼少期から都市社会に順応することが求められるので、「みずから成長したいという衝動[11]」は押さえられ、統制されている。しかし、「この衝動性は、人間に育つ心の種子」であり、それは「未分化なるものではなく、却つて本質的なもの」であり、「少年の内奥の自然、それこそは最も強力」でかつ最も人間的なもの」[12]である。

このように述べる森の視野は、都市に住む少年に自然体験活動を提供するという健民少年団の主旨を大きく超えているようにもみえる。特に、環境としての「外なる自然」と子どもの成長する力としての「内なる自然」とが響き合うことによってこそ、人間的なるものを実現しうると論じるところには、森のこれまで蓄積してきた教育論が凝縮されているといえる。

> 児童は、社会の道徳や規律などの厳しさによつて人と成るのではない。児童の内なる自然が、やさしく確かな道へと導く、この自然力と社会との協力によつてのみ社会を更新しうるような思想のある行動的人間に育つのである。目的だけを示し与えて、成長過程の幸福を与えないような教育では駄目である。[13]

この引用文を先に見た生い立つ論と重ねると、森の教育理論として、子どもによる自己の構成過程が社会の変革（更新）でもあるという主旨がより明確となるように思われる。

横浜健民少年団設立から一周年を迎えた一九五四年には、審議員の三名[14]によって『健民少年教育理論の基礎的研究』が発表されている。そこでは、少年期とは「知的感情の目覚め」「社会的感情の目覚め」の時代であると説明され、この時期に自治的な集団活動を経験することで新しい社会像を形成していくことにつながるとされている。つまり、少年期というのは、思春期特有の心身ともに多難な時代であるだけでなく、次代の社会の担い手としての第一歩を歩み出す時期でもあるという点で重要視されているのである。

このなかで、森は、戦後一〇年を迎え、主知主義教育に舞い戻りつつあった当時の学校教育を批判し、新たに「形成と造形」という概念を用いながら作業や技術のもつ教育上の重要性について論じている点が注目される。森は、まず、「形成」とは人間の内部で自成する心の問題であり、「造形」（セルフデザイニング）とは心の客観的表現として行動にあらわれるものであって、「形成を内なる我とするなら、造形は外なる我である[15]」と説明する。そのうえで、一般的な教育論は、直接に精神そのものを対象とする形成論の立場をとっているが、それは誤りであって、そもそも「人間形成そのものは、技術的造形という間接的な手段を通さないでは自己を形成できない[16]」と指摘しているのである。

> ここに言う形成とは人間形成のことであり、造形とは技術的造形の意味である。人間形成とは心の問題であり、技術的造形とは行動の問題である〔中略〕人間形成の基本的手段である技術的造形は、道具による自然の素材への働きかけである。この自然への道具的働きかけが、とくに少年期の人間形成にとつて根源的な意味をもつている[17]。

この引用のなかにある人間形成の根源的意味とは、自然の美しさや合理性を通しての、情緒や感情の発達と、論理的知性の開発であると説明している。造形論が展開する日常的な活動なくしては、「少年を人間に生い立たせる[18]」ことはできないというのである。この議論は少年の自己形成にとっての技術の意味を論じるものであるが、それが戦前のものと異なるのは、工員の技術論の枠を越えて、自己が生い立つうえでの造形（作業や技術、そして文化）の一般的な意味や価値を問うている点にあると思われる。

ここで、森が「造形」という概念を教育学のなかに導入しようとしたことが注目される。というのも、これまで論じてきた自然性の問題は、少年期においては、自己が自らの形成過程を作り替えるという、「形成―造形」という対立的構図として展開されていると考えられるからである。

この点は、手書きノートにおいて、以下のように論じられている。

> 人間が、自己を独自な人格をもつた生命に形成するばあい、この形成は自ら成るものである。〔中略〕造形とは、自ら成る主体によつて、表現的に作り出されたものであり、それは主体の外にあつて主体に対立するものである。
>
> 生命の自己形成の意志は、人間形成の最高の要求と目的から、生命の表現としての造形に向かわざるを得ないのである。[19]（傍点引用者）

このノートでは、造形概念が「形成された主体に対立するもの」として位置づけられている点に留意する必要がある。ここでいう造形が一般的な芸術論とは一線を画していることは明らかである。いいかえれば、人間の表現活動は、意図的・無意図的に形成されてきた自己像を主体が構成し直すことを指しているのである。本書では、「自ら成る主体」を人間の自然性に立ち返って作り直すというそのダイナミズムを「セルフデザイニング」という言葉でつかまえたいと考えている。

「発育しつつある児童」（発育論争）からセルフデザイニング論へ

この点は、本書序章で取り上げた「発育論争」との関係においても興味深いものである。それは、当時の論争に森自身が新しい視点を提出していると考えられるからである。一九三四年の発育論争では、発達観をめぐって「児童は発育するのか／発育させれるのか」が問われ、前者の立場を取った森は他の心理学者から環境要因を無視していると批判されたのだが、この新たな造形論は当時の二者択一的議論を超えて「自ら成る主体の客観的表現」という視点を提起したものと考えられるのである。ただし、この議論は、公表された論考としては『健民少年教育理論の基礎的研究』のなかの「形成と造形の過程」のみであり、十分に展開されることはなかった。それでもなお、森がスポーツ少年団の結成に携わるうえでも、この枠組みが大きくは引き継がれたのではないかと考えられる。

この横浜健民少年団への関わりを経て、森は日本スポーツ少年団の哲理起草委員会に従事するようになる。最終的に確定する「スポーツ少年団の理念」には、このセルフデザイニング論は展開されてはおらず、包括的な人間形成論が論じられているだけである。しかし、スポーツ少年団の哲理作成委員会のなかで play について論じる際に、森はスポーツ競技だけでなく役者の演技や音楽家の演奏を挙げて、人間の原初的な「遊びとしてのプレー」が「業」として磨かれる過程に着目し、名陶工や弓道の達人の例まで登場させている点は、セルフデザイニング論と地続きのものであると考えられる（第一次草案）。そして、続く委員会の第二次草案では、より端的に次のように書かれている。

> リズムは、競技者が、我を忘れ、時間と空間のなかで、純粋なる運動の秘訣を悟るのである。それは楽聖や詩人のもつ夢と同じものである。それはまた弓の名人が、的とが《ママ》空間において一つになる時間のみを求める心境でもある。（第二次草案、傍点引用者）

以上のように、横浜健民少年団からスポーツ少年団の哲理・理念作成へという一連の活動は、子どもの造形活動の一つとしてスポーツのもつ少年の発達上の意味を追求するものであったということができよう。特に森にとっては、生活のなかで形成される規範や作法に対して、「自然性を取り戻し活かすための技や技術」としてスポーツを論じたと考えられるのである。

3　スポーツを通した「自然」の再構成

人間形成における弛緩への注目

では、スポーツによって「自然性を取り戻す」とはどういうことか。

横浜健民運動との関わりのなかで、森は、学校の外に地域社会を基盤とした少年教育を構想していた。特に、子どもが、集団的な活動のなかで自己を造形することによってこそ真の意味で社会の担い手として育つとした点は、「スポーツ少年団の理念」に示されることになるスポーツによる人間形成論にあと一歩のところまで来ていたと考えることができる。

また、同時期に書かれた成城学園での講義ノートには、森自身がもともと健康や体操に対する関心をもっており、横浜健民審議員となってからは「特に工場労務者の体育について研究している」と書かれていることが注目される。そして、体育に対する次のような期待を述べている。

1．身体活動と身体の状態を自然の活動状態に戻すこと。

2．それには、緊張や収縮や伸展よりも弛緩が研究されなければならない。

3．万有の運動に内在するリズムと人間の自然状態における運動のリズムとの相関関係の研究が必要である。[20]（傍点引用者）

この叙述にある弛緩論に、スポーツによる自然の再構成の具体が端的に示されている。森にとってスポーツは、身体の自然に根ざして行われると同時に、人間が自然の能力を取り戻し、再び発揮する技術の一つとして捉えられていることを読み取ることができる。そして、ここにいう自然を取り戻すとは、大人が子どもに近づくかのように自然を再構築すること[21]、本章第2節で引用したノートの表現でいえば、形成に対立する造形活動を示唆しているといえる。

森は、ノートのなかで、シュオドーの『体育の新しい方法』（文庫クセジュ二六、一九五二年）の「弛緩」論を取り上げて、次のように論じている。動物や原始人、乳児は完全弛緩を得ることができるが、「文明人は弛緩する能力を忘れている」。なぜなら、「身体より知性が優越している」生活のなかで、弛緩の能力を失ってしまっているからである。そこで、スポーツにおいて、弛緩と収縮の効果的な活用が行われれば、都会的な日常生活においても身体能力を高めることができるとするのである。

ここから、森にとってスポーツは、ルールをもったチーム活動という観点から少年の教育に必要とされただけでなく、文明化のなかで失われゆく人間身体の原初的な自然の性質を再び獲得するという意味をもっていたといえる。ただし、これはスポーツに限ったことではなく、芸術や伝統的な遊びに対しても、森は同様の関心を寄せていたことも重要である。晩年の森が、美術教育を論じ、ピカソやマチスの抽象画、形象を描く浮世絵などにたびたび言及したのも「自然性のセルフデザイニング」という主題の追究の一端であったといえよう（本書第10章参照）。

「スポーツ少年団の理念」における造形論の展開

森の思想は、確定版となる「スポーツ少年団の理念」（一九六四年）の次の一節に凝縮して示されていると考えられる。

> スポーツによる人間の自己形成は、歓びの欲する深き永遠が、自分自身の実体となる自然の営みであるといえる。スポーツする行為では、歓びの感情の中で仲間意識が目覚めて、心から心へと交うのである。この友愛こそは、すべての sociality nationality internationality の基盤となり、またそれらを絶えず浄化しまた純化していく人間感情である。このように人間は、あらゆる自然の性質を持ちながら、自己の上に聳え立っている或るものとしての人間へ迫っていく。そこに人間が、自然の存在から、高貴なる価値の対象となる文化への道がある。[22]

彼にとってスポーツを通した自然の再構成は、「歓び」を土台とした活動によって自己の存在を超えていく、すなわち「高貴なる価値」を発見し創造していくものであったといえる。ただし、ここで「造形」という固有の概念が採用されていないのは、森によってこの概念が十分に展開されなかったことと関係しているのではないかと考えられる。あるいは、造形 design という語のもつ技術的なニュアンスが、自然性を回復するという彼の含意を十分に言い尽くせないと判断されたのかもしれない。

他方で、「生い立つ」という表現については、草案において次の通り、森独自の用法が各所でみられる。その数は少ないものの、例えば次のようなものである。

> ひとりびとりの子供は、今日では、その親を通して、民族の子供全体と世界の子供全体の中で生きているのである。子供に代って発言すれば、子供たちは、こうした世界の流れの中で、偉大に生い立ちたいと、親の願う百倍もの希望をもっているのである(23)。（傍点引用者）

ここに見る自動詞としての「生い立つ」は、最終的に印刷された冊子版では二カ所のみとなり、さらに現在の公益財団法人日本スポーツ協会（ＪＳＰＯ）ホームページに掲載されている「スポーツ少年団の理念」では一カ所に止まっている。ここから、横浜健民少年団で展開された森の造形概念や生い立つ論は、草案が重ねられるなかで縮小されていったといえる(24)。また、起草委員の一人であった体育学者の飯塚鉄雄は、聞き取り調査のなかで、森の起草作業への参加は、日本体育協会に集まっていたメンバーにとっては意外な印象があったと語っている(25)。したがって、哲理や理念の大部分は森の執筆によるものと思われる(26)ものの、それは彼の一九五〇年代の研究の単純な展開であったとはいえないのである。

それでも、森の晩年の仕事にとって、起草委員会に関わった経験は大きかったと思われる。というのも、草案を貫いている主旨は、敗戦後の日本が直面している「民族の危機」に対して、人間の衝動性を文化性へと高め、祖国や同胞に対する愛情を喚起し、そこから世界の青少年とともに新たな社会建設に展開するためには、

第一次草案　スポーツ少年団哲理
全37頁

① 第一章　現代社会の危機感とスポーツの使命
　一　世界史の動向
　二　教育の危機
　三　形成さるべき人間像
② 第二章　スポーツの本質と少年教育
　一　スポーツの本質
　二　少年の教育
③ 第二《ママ》章　スポーツ少年団の指導原理
　第一節　人間形成のためのスポーツの場
　第二節　象徴教育としてのスポーツ実践
　第三節　スポーツ実践によって生まれる
　　　　　否定的効果と指導精神
　第四節　スポーツの生活化と指導目標
　第五節　真の自由主義と指導理念
　第六節　国際人としての指導理念

第二次草案　スポーツ少年団哲理
全25頁

① 一　民族の尊厳への信頼と希望
　二　各民族とインター・ナショナリティ
　三　基礎となるデモクラシー思想
　四　現行の学校教育への反省
　五　形成さるべき人間像
② 六　スポーツの本質
　二《ママ》　青少年教育の目標
　三《ママ》　スポーツによる青少年教育計画の骨子

第三次草案　日本スポーツ少年団の理念
全51頁

①② 第一章　民族の運命とその危機
　第二章　非行少年の実態とその絶滅対策
　第三章　学校教育と社会教育との相補関係
　第四章　スポーツの本質とその効果
　第五章　時代の要求と新しい人間像
　　一　個人の教養
　　二　社会人としての要求
　　三　文化と道徳からの要求
③ 第六章　スポーツ少年団の指導原理
　第一節　人間形成のためのスポーツの場
　第二節　象徴教育としてのスポーツ実践
　第三節　スポーツ実践によって生まれる
　　　　　否定的効果と指導精神
　第五《ママ》節　真の自由主義と指導理念
　第六《ママ》節　国際人としての指導理念
第七章　スポーツによる青少年教育の黄金計画

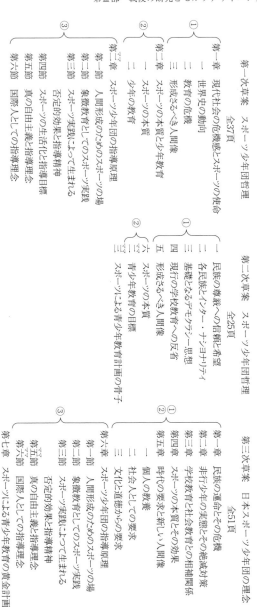

第四次草案　日本スポーツ少年団の哲理
全74頁

Ⅰ　日本スポーツ少年団綱領
Ⅱ　日本スポーツ少年団指導者綱領
Ⅲ　日本スポーツ少年団指導者心得
Ⅳ　日本スポーツ少年団要項
Ⅴ　日本スポーツ少年団の理念

①
第一章　民族の運命とその危機
第二章　非行少年の実態とその絶滅対策
第三章　学校教育と社会教育との相補関係
第四章　時代の要求と新しい人間像
　一　個人の教養
　二　社会人としての要求
　三　文化と道徳からの要求

②
第五章　スポーツの本質とその効果

③
第六章　スポーツ少年団の指導原理
　一　人間形成のためのスポーツの場
　二　象徴教育としてのスポーツ実践
　三　スポーツ実践によつて生まれる否定的効果と指導精神
　四　スポーツの生活化と指導目標
　五　真の自由主義と指導理念
　六　国際人としての指導理念

（第七章と第八章が予告されているが記述はない）

スポーツ少年団の理念（確定版）
全54頁（冊子版全24頁）

第一章　平和への二つの道

②
第二章　スポーツの本質
　一　スポーツとは何か
　二　遊戯性の本質について
　三　スポーツの歓びについて
　四　スポーツと友情
　五　スポーツの中のルール
　六　スポーツにはビジョンがある
第三章　スポーツの効果
　一　スポーツの身体的効果
　二　スポーツの心理的効果

③
第四章　日本スポーツ少年団の指導原理
　一　人間形成のためのスポーツの場
　二　象徴教育としてのスポーツ実践
　三　スポーツ実践によって生まれる否定的効果と指導精神
　四　スポーツの生活化と指導目標
　五　真の自由主義と指導理念
　六　国際人としての指導理念

①
第五章　時代の要求する少年像
　一　個人の教養
　二　社会人としての要求
　三　文化と道徳からの要求

図9－1　スポーツ少年団の哲理・理念の目次一覧

出典：鹿児島大学附属図書館所蔵の資料より筆者作成。

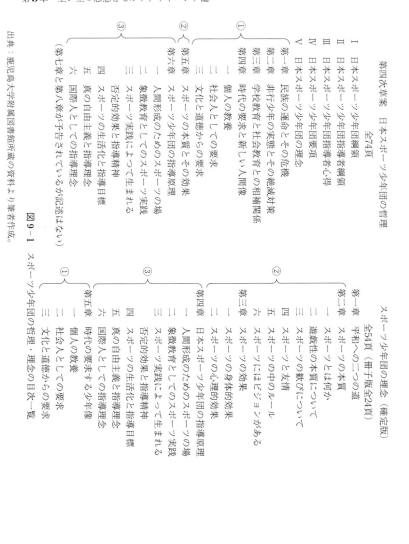

スポーツによる自己形成が必須であるというものであり、第8章で見た「日本民族教育論」の具体的な展開として位置づけられるからである。「民族の子ら」がどうすれば生い立つことができるのか——そのためには受験競争を煽る学校や家庭に対して第三の場を与え、一〇歳から一五歳の少年らが遊戯からスポーツへと発達することで活動力のある人間が形成されると森は考えたのである。

図9－1は、スポーツ少年団の哲理の四つの草案と、一九六四年に確定した「スポーツ少年団の理念」の目次を比較したものである。内容を構成する三つの柱——①世界情勢と少年教育論、②スポーツ本質論、③スポーツ少年団の指導原理——に大きな変更はみられないといっていいだろう。あえていえば、第二次～第三次草案では特に学校教育への言及がみられ、非行少年問題が紙幅を裂いて論じられている。そして、最終的に完成された「スポーツ少年団の理念」では、指導者論を中核に置いた構成になっている点が特徴的である。

他方で、先に取り上げた横浜健民少年団に関わる論考と比較した際に浮かび上がるのは、民族問題あるいは民族教育という文脈が強く押し出されている点である。そのことを、次節で押さえておきたい。

4　自ら生い立つ「民族の子ら」への期待

民族性の喪失への危機感

草案の検討過程では、学校教育批判を展開して、スポーツによる教育の意味が模索されていた。そこでは、「民族の尊厳」の危機について触れられてきたことを先に指摘した。

この点をめぐる記述の展開を辿ってみたい。第二次草案の冒頭では、「わが国のナショナリティーが危機への道を辿っている」「[今の青少年は]祖国への愛情も持ってはいない」といった国家意識の問題として論じられている。それに対して、別の箇所では、「狂信的な民族の利己主義的暴挙」に対して警鐘を鳴らしながら、「世界の青少年と共に、来るべき人類社会建設に協力できる青少年に育成しなければならない」として「各民族のインター・ナショナリティー」を論じている。ここから、執筆段階において民族あるいはナショナリティをめぐる記述は、重要性は示されつつも、その内実はスローガン的なものにとどまっていたといえる。

確定版「スポーツ少年団の理念」における民族論の削除

続く第三次草案では、直接国家につながる民族論を展開するのではなく、文化と道徳を育む歴史的精神としての民族性、すなわち「文化意識の中にこそ国民の自然感情としての祖国愛があり」、この「祖国愛こそ、他民族の文化への共感を呼び、他民族を尊敬する感情の母胎である」[27]というものに変化している。さらに、「つねに少年の生い立つ一歩手前で教育が行われ」るのであるから、「民族の子ら」としての育ちも大人が押しつけるのではなく、「少年たちの内部に潜在する無限の可能性と陶冶性を思い、それに信頼するとき」に実現するとしているのである[28]。

最終的に、冊子版『日本スポーツ少年団の理念』には、草案段階にはあった「民族の運命とその危機」という章は掲載されていない。しかし、森にとって民族教育は小さくない問題であり、確定版の直前まで「前線も銃後もなく、わが国土を荒廃に帰した近代的な大規模戦争における日本の敗戦は、実にわが民族史上初めての悲惨なる経験であつた」(第四次草案)[29]とも語っていた。そして、スポーツは人の内奥の衝動性を文化へと自ら造形するうえで欠かせない営みであり、「政治を超えたスポーツによって、人類に生きる新しい力を与え、地上に歓びと平和をもたらし、人類をひとつに結ぶ近代オリンピアを復興した」[30] クーベルタンの思想を引き継ぐ起草委員会に教育の未来像を期待したことは明白である。ただし、問題は、生い立つ思想を民族性の問題として論じたことが彼の教育をめぐる思索にどのような意味をもたらしたのかという点であろう。このことを次の第10章で検討したい。

補足的にいえば、一九九四年に出された「スポーツ少年団『理念』の再確認と今後のあり方について」（ＪＳＰＯ）という文章では、社会情勢に対する危機意識と、そのなかでの学校教育の限界やスポーツの役割等の記述が再確認されているが、人間が衝動性から高貴性へと自己を超えていく——森が「生い立つ」と表現してきた——人間発達論にはほとんど触れられていない。「民族の子ら」が自ら生い立つという彼の教育論は、スポーツ少年団運動のなかでも何らかの難しさを抱えたのかもしれない。

注

（1）森徳治『労務者の職分』第一公論社、一九四二年。
（2）森徳治『技術の生いたち』学校図書館文庫№8、牧書店、一九五一年、二二頁、二一五頁。
（3）森徳治『すまいのおいたち』小学生学習文庫№7、あかね書房、一九五二年、一〇〇頁。
（4）森徳治、前掲『すまいのおいたち』一〇六頁。
（5）森徳治、前掲『すまいのおいたち』七六頁。
（6）武隈晃・前田晶子「『日本スポーツ少年団の哲理・理念』における教育思想の形成過程」『鹿児島大学教育学部教育実践研究紀要』第二四巻、二〇一五年。図9－1に示すように、「スポーツ少年団哲理」には第一～四次草案があり、確定版となる「スポーツ少年団の理念」、そこに若干の修正が加えられた冊子版（日本スポーツ少年団本部、一九六四年）がある。

（7）森徳治「ディーム先生の想い出」『柏崎体育』一九五九年六月一〇日付。

（8）森礼治氏への聞き取り調査による。二〇一四年九月一日。

（9）Walter Borgers ed., *Nachlaß Carl Diem Gesamtverzeichnis der Korrespondenz Band 2*, 1994, Carl und Liselott Diem-Archiv.

（10）横浜市教育委員会健康教育課『健民少年の手引』横浜市健民体育資料第八輯、一九五三年、一頁。

（11）森徳治「大自然と少年の生い立ち」『健民少年運動の研究』横浜市健民体育資料第八輯、一九五三年、九頁。

（12）森徳治「少年と自然」『健民少年運動の研究』横浜市健民体育資料第八輯、一九五三年、一九～二七頁。

（13）森徳治、前掲「少年と自然」二三頁。

（14）森に加えて、富田富士雄（社会学、関東学院大学）と西村武夫（体育学、神奈川大学）の共同研究として発表されたものである。横浜市教育委員会健康教育課『健民少年教育理論の基礎的研究』横浜市健民体育資料第一五輯、一九五四年。

（15）横浜市教育委員会健康教育課前掲、『健民少年教育理論の基礎的研究』四三頁。

（16）横浜市教育委員会健康教育課前掲、『健民少年教育理論の基礎的研究』四三頁。

（17）横浜市教育委員会健康教育課前掲、『健民少年教育理論の基礎的研究』四三～四四頁。

（18）横浜市教育委員会健康教育課前掲、『健民少年教育理論の基礎的研究』七一頁。

（19）「健民少年団の教育理論と実際」と題された自筆ノート（ノート類№66）。鹿児島大学附属図書館所蔵の山下（森）徳治文書。『健民少年教育理論の基礎的研究』とは構成が異なるため、森が独自に取り組んだものと考えられる。

（20）「研究ノートⅡ　1952.　V.　15　森徳治」と書かれた自筆ノート（ノート類№45）。鹿児島大学附属図書館所蔵の山下（森）徳治文書。

（21）森は、「日本教育の再構成」という本の構想のメモにおいて、「教育においては、子供と大人とが一体になる日が到来している。児童は成人の父なりという言葉が現実となるべきである」と述べている。本書第10章参照。

(22) 「スポーツ少年団の理念」確定版、一九六四年、一〇頁。「スポーツ少年団の理念」（日本スポーツ少年団本部、一九六四年）五頁では、若干の加筆が行われている。

(23) 「第三次草案　日本スポーツ少年団の理念」一六頁、「第四次草案　日本スポーツ少年団の哲理」二六頁。

(24) 鹿児島大学附属図書館所蔵の山下（森）徳治文書のなかには、「スポーツ少年団の理念」確定版に松田岩男（体育心理学、起草委員）によるコメントが付され、それに対して森自身が修正を加えている資料がある。主として、松田の「わかりにくい」という指摘に対する森からの応答が書き込まれているものである。

(25) 飯塚鉄雄氏インタビュー、二〇一四年九月二日、於岸記念体育会館。なお、起草委員は、第二次草案によれば、野津謙、成田十次郎、大島鎌吉、飯田芳郎、森徳治、上田幸夫、松島茂善、飯塚鉄雄、高田通、石河利寛、松田岩男、安部三也夫の一二名となっている。

(26) 鹿児島大学附属図書館所蔵の山下（森）徳治文書には、部分的に原稿が残っている（スポーツ教育関係No.25、26）。

(27) 前掲「第三次草案　日本スポーツ少年団の理念」三二頁。

(28) 前掲「第三次草案　日本スポーツ少年団の理念」二二頁、三三頁。

(29) 前掲「第四次草案　日本スポーツ少年団の哲理」六頁。

(30) 前掲「スポーツ少年団の理念」確定版、三〜四頁。

第10章　未完の書「日本教育の再発見」へ

1　総力戦体制下の言説

戦前、森は新興教育研究所や教育科学研究会から手を引いた後、一九四〇年代には教育改革についての言説を生み出したが、戦後は一教育評論家として諸種の雑誌に教育論や民族論を執筆した。彼は、公的な教育研究機関には身を置かず、また教育運動の主潮流からも遠ざかっており、戦前からの関係が継続したのは成城学園がほとんど唯一であった。その意味で、戦後のスポーツ教育論や民族論は、研究と運動の両面において戦前からの断絶を背負いながら、在野の教育家として独自に活動するなかで生み出されたものであった。

そして、彼は最終的に「日本教育の再発見」という著書の執筆に取り組むことになる。この研究は、本章後半でその目次を掲載するが、森が体系的な教育学研究をまとめようとしたものであり、ある意味で集大成といってよい構造をもっている。しかし、この構想は、一部の原稿が残されたのみで完成することはなかったのである。これまで述べてきたように、戦後の森は、子どもの形成論を技術の造形論と交差させながら、自然性の再構成としての少年のセルフデザイニングを論じてきた。しかし、それが彼自身の教育学理論として容易に成就しなかった理由は何であったのか。ここでは、その困難さが前章でも述べた民族論にあったのではないかと考えている。そこで、本章では、森の最晩年の研究活動に即しながら、この点を深めたいと考える。

一九四〇年の論考

本章で取り上げる一連の論考は、一見すると日本民族の優位性を主張する保守的な立場を表明しているようにみえるものである。それは、戦中に書かれた国家新体制を支える教育・文化運動の推進を訴えた論考と連続した様相をもっているといえる。そこで、再び一九四〇年代初頭の論考に遡りながら、戦後の民族論の検討を進めたい。

すでに本書第7章でも触れたように、学制の全面的な改革案を提示した「現代教育制度改革論」（一九三二年）[1]は、子ども及び人類の発生論の展開を念頭に置いた組織的な学制の構築を目指したもので、生後二カ月から就学前までの託児所を拡大させると同時に、後期中等教育において専門教育（職業教育）を充実させることによって義務教育年限を一七歳まで延長するという計画を提示していた。また、男女共学と高等教育の機会均等を訴えていた点も学制案の特徴であった。しかし、その八年後に書かれた「新教育体制の創意ある計画性について」（一九四〇年）[2]では、これまでの発生論的・人類史的な見方は示されず、現行の国家新体制に教育がどのように位置づくかという観点から論述されるようになる。

森は、為政者のみならず国民の一人ひとりが創意をもって新体制に関わるべきであり、それは「自己の職分の見地から国家への最高義務として考ふべき課題」であるとする[3]。これまでの学校教育は「有事即応の実力ある人間を創つて来なかつた」が、求められるのは「東亜共同体制の樹立、高度国防国家体制の樹立、国内新体制の樹立」を個々の国民が「自己の職分観の見地」から取り組まなければならず、「もとより国民にとつて滅私奉公は絶対である」とまで述べたのである。(4)

精神と行動の一元論

この論考の特徴は何か。まず一つ目に、行動と精神の矛盾や対立にこそ教育の課題があるとの立場を変更している点である。彼は、人類の精神とは、現実の行動のなかに発見される「生成であり、発展であり、構成的過程である」とし、行動もまた精神の過程にあるという一元的把握をしなければ、新体制の建設には至らず「漠然とした滅私奉公」に終わるとするのである。(5) かつては現象学的解釈を堅持していたのに対して、ここでは精神と行動の一元論としての国家新体制という捉え方に変化している点を見逃すことはできない。そして、後述するように、戦後の民族論は、日本民族の固有性を論じる際にこの一元論が再登場することになるのである。

二つ目は、技術を中核とした教育の組織論である。彼は旧共同体的な社会を想定するのではなく、工業化しつつある日本において「職能制による協同体」(6)として国民組織が作り替えられなければならないと論じている。さらに、この新組織が単なる「レショ《ママ》ナリズム[regionalism——引用者]」に陥いる」ことなく、「東亜共同体」として東洋文化の建設を目指すことが重要であり、国民教育の目的もそこにあると強調している。そして、「教育は、発育過程にある人間を対象として明日の社会に役立つ実力在る人間創造を目指した今日の計画樹立を本来の使命としてゐる」(7) というのである。

この論考にみられる人間社会の進化と技術の創造性という主題は、一九三〇年代までの山下の言説と比較するならば、彼の教育学の主要テーマであった子どもの身体性や直観を軸とした教育課程論、児童性を「即自」として捉え、人間の高貴性や尊厳性を発見するという児童学の立場を、新国家体制の樹立へとシフトしたようにみえる。また、技術論においては、国民教育は生産過程を踏まえる必要があるといいながらも、ここではマルクス主義的な意味での労使関係には言及せず、「協同体」という言い方に変わっているのである。したがって、一九四〇年代初頭の森の立場は、以下のような言説に集約される通り、社会的要請への対応を強く表明するものであったといっていいだろう。

> 義務期間中の学校教育は一般性と基礎性とがより濃厚であるに過ぎないのであつて、教育方針の核心と教科課程編成の原理や教材選択の標準は飽くまで職業教育中心に考慮されなければ教育の社会化は具体的にはならないし、且つ児童の将来的生活を幸福なものにしないのである。[8]

これを一過性の政治的転向とみるか、それとも森の論理構成のなかに国家主義が入り込む余地があったのか。後者だとすれば、かつての新興教育研究所内部でみられた森に対する糾弾は正しかったということになるのかもしれない。しかし、ここで考えたいのは、政治的立場の揺らぎというより、森が精神と行動を一元論として捉えたことによって人間性に対する発生論的な問いが弱められたのではないかという点である。はたして、「人間とは何か」を問うのではなく、「人間のあるべき姿」を論じる決定論になっていったのだろうか。次に検討する戦後の民族論は、まさにその問題を背負って登場してきたといえる。

2　一九五〇年代の民族論にみられる転回

森は、戦争末期を獄中で過ごし、鹿児島に疎開して敗戦を受け止めるなかで、ペスタロッチ・デューイ研究を深めて生い立つ論を展開し、スポーツ少年団の結成に関わるなかで日本の戦後の教育像を模索した。その後、生い立つ論は、「民族」をキーワードとして具体的に構想されていくことになったと考えられるのである。その考えが醸成された時期、すなわち一九五二年から五三年の一年間に日本民族に関わる論考が書かれている。それらは次の通りである。

①「新しい祖国愛の発見」『小五指導計画』一九五二年六月号、六〇～六一頁
②「日本民族と独自の文化」『小六指導計画』一九五二年一〇月号、六二～六三頁
③「日本民族と独自の文化」(三《ママ》)『小六指導計画』一九五二年一一月号、六二～六三頁
④「日本民族と独自の文化」(三)『小六指導計画』一九五二年一二月号、六二～六三頁
⑤「ヒューマニズムと日本民族」『波紋』No.26、一九五二年一二月、四～六頁
⑥「ヒューマニズムと日本民族」(続)『波紋』No.27、一九五三年三月、三～五頁
⑦「ヒューマニズムと日本民族」(完)『波紋』No.28、一九五三年六月、五～七頁

文化造形と人間形成

まず、『指導計画』に連載された①から④の論考は、いずれも、「日本民族の文化造形と人間形成」を主題として、「その精神と手法」が教育を通して培われるとの見解を論じたものである。

①「新しい祖国愛の発見」はその総論的な位置を占める論考であり、「祖国愛」について、「国民が同じ回想と希望を持つこと」（アナトール・フランス）を引用しながら次のように戦後社会の危機について論じている。

> 終戦前までの日本国民は、万国に比類なき神州として八紘一宇の如き大理想を同じ回想と同じ希望として持ち続けてきた。然しこの神話的回想と希望とは、ひとたびそれが敗戦という厳しい現実に晒されたときわが国民の魂の底から朝霧の如く立ち消えていった。神話は歴史創造の母体ではあっても歴史そのものではなかった。[9]

このように述べて、民族文化を通して「祖国愛」を発見し直すことが求められているとする。森は、日本の民族文化の特徴を次のように論じる。

> 建築や美術に限らず、造園や工芸から生花盆栽に至るまで、実に多種多様な文化材が永い世紀に至る自然進化の過程で創り出されている。〔中略〕そして重要なことは、かかる自然進化の逞しい創造の道程では、西洋の物質と精神を対立させた二元論的思想ではなく、一切の物質を精神化する一元的思想から文化造形と人間形成とが純一なる調和として生じていることである。〔中略〕即ち日本文化の造形には、常に

心理的建設の裏付があったということである。[10]（傍点引用者）

ここでの彼の日本文化論は、戦前の民族主義の否定を踏まえてはいるものの、一元的思想の先進性を指摘するやや単純な図式的説明となっている。ここで注目したいのは、「文化造形と人間形成」の調和というくだりである。「形成」と「造形」は、ともに formation や design の意であるが、前章で論じたように、森は、人間の内発的な自己表明の形と、自然に働きかける技術を通して表現される形をそれぞれ「形成」「造形」といい分けて、その対立をどのように調和させるかが教育に課せられた課題であるとしていた。

ところが、ここでは造形から形成を論じて、明治以降の日本の教育が自国文化のオリジナリティに根ざすものではなく、したがって「自然的自発性」が疎外された状態に陥っていたとする。[11] 教育が「文化創造にはたらいた精神と手法[12]」に根ざしたものとなっておらず、個々の子どもの形成論に終始して文化の造形論を欠いているとして、後者をより強調するものとなっているのである。

日本民族の「手の技法」の形

続く「日本民族と独自の文化」のシリーズでは、文化造形の「精神と手法」の具体として、まずは②で「見ること」について論じている。例えば次のように日本画の技法を問題にする。

> 日本画の画法を見ても、自然の素描には丹念するけれども、いざ作品として描くときには、決して対象を見ながら描いていない。対象から全く離れて描いている。ところが却って、物の生命を捉えた作品が生

まれている。[13]

俳句や造園なども同じであるという。しかし、近代学校教育では、「見ること」を「知ること」の一手段として位置づけてきたために、日本固有の文化造形につながることがないとするのである。

続いて③では、「心と手」を論じて、自然の素材に触れて、手によってその素材の本来の美しさが形作られるとする。ここでいう「素材」は必ずしも実態のあるものだけではなく、俳句など言葉の作品も含まれる。そして、「手」は自然を感得しそこに形を与える人間の活動の全体を象徴するものとして表現されているのである。森は、日本文化の独自性が「手」の技法の最も単純化した形である「器用さ」に展開したところにあるとも述べている。[14]最後の論考④では、「器用さ」という「術」が、単なる手先の器用さではなく、自然に開かれた人間の創造的進化という「道」につながるという認識のもとに教育を編成しなければならないと結論づけている。[15]

この「道」の中身について、一九五一年の論考では次のような日本文化論も展開されている。

> 対象に丹念に観いるけれども、いざ描くときには対象を観ないで描いている日本画の手法は、観ることと、描く術と、生命をよりレアルに表現することとが結びつくための最も勝れた精神と手法であつた。見ないで描くために、却つて観ることの修練は真実に行われ、それが描く表現形態と手法とに結びついていた。観ることと術との、また知覚と想、との完全な結合が、積まれた経験から未来的構想となつて、よりレアルでよりイデアルな、絵を生み出してきたのである。こうした手法によつて、丹念に観るけれども、

その制作は観ることから解放されてよりイデアルなものを創りあげてきたといえる。

この手法は、美術教育だけでなく、人間教育のすべての仕事のなかで活かされるであろう[16]。

このように、これらの論考では、子どもの自己形成は文化造形の技のなかに一元的に表現されると論じられているのである。

「形成―造形」論の緊張関係の揺らぎ

では、「ヒューマニズムと日本民族」シリーズではどのようなことが論点とされたのか。⑤から⑦の論考は、鹿児島県揖宿郡頴娃町（編集発行人・国子酔夢）の発行とされる総合文芸雑誌『波紋』という同人誌に掲載されたものである。ここでは、人間性の危機が問題とされるのであるが、先の日本民族文化論と同様に「自然」との関係で論が展開されていく。⑤では西洋の道徳律による理性化がもたらした虚無主義を論じたうえで、「創造的進化」を実現するには神秘主義や伝統主義を排して「自然」の模倣とそこからの新しい形の獲得に向かう「開かれた社会」を形成することが肝要であるとする[17]。

⑥では、青年のニヒリズムを取り上げて、この問題を社会との関係でみるのではなく、人間と自然との関係において論じなければならないとしている。山下はニーチェ、ベルクソン、そしてとりわけゲーテを参照して、彼は「人間の自然的な形成過程を、人間本来の文化的形成過程と見て、そこに人間の高い教養を発見した[18]」と論じている。

⑦は、日本文化を論じた②から④の論考と重なりの大きい内容となっており、②でも引用された次の小学一

年生の詩が再掲され、日本民族の独自性としての自然へと開かれた文化創造の具体的な教育場面が論じられている。

　　つくし
つくしが出た。
小さいひとつが出た。
あったかいので、
「ぼく出る」といって、
出たのかなあ[19]。

　この子どもの小さな詩に、自然との交渉を通した文化への道の第一歩がみられるというのである。ここでの詩の評価は、確かに、新教育の童心主義でもなく、また生活綴方のリアリズムとも異なっているのではないかと考えられる。

　以上から、全体として、第二次世界大戦後の世界史的状況のなかで、日本の民族文化がもつ「自然」の模倣による文化造形という特徴が、日本の「民族再建」だけでなく、「世界史的課題解決」にもつながっていく、という認識が示されていたといえよう。

　しかし、同じく「造形」という概念を用いてはいても、横浜健民少年団の論考で論じられたような子どもの自己形成と技術を介した文化造形の緊張関係はここでは弱められ、むしろ、日本文化は元来より自然性との調和を有しているという論調が貫かれているとみることもできる。同時期に書かれた論考ではあっても、横浜健民少年団時代の「形成―造形」論との違いがみられるのではないか。あえていえば、民族論の領域においては、人間形成は文化造形のなかに包括されたのではないかと思われるのである。

3　進化心理学、そして「日本教育の再発見」（未完）の執筆へ

V・フレーンとの交流

森が亡くなる直前の一九六四年、彼は「民族の運命とその危機」と題する一文を書いている。これは、戦後一八年が経ち、経済発展と反比例する形で民族の危機が深まり、資本主義社会がもたらす商品化が教育にも広がっているとして、社会教育と国民的運動の必要性を論じるものである。

> 今日の危機脱出のためには、何よりもまず未来への本質的発展へ導く本道を発見しなくてはならない。かかる民族運動の一翼を担うものとしてわれわれは日本スポーツ少年団の全国組織運動を計画したのである[20]。

同じタイトルの文章は、実は第9章で見た「日本スポーツ少年団の哲理」草案ですでに書かれていたものである。第二～第四次草案では第一章に位置づく重要論文であったが、確定版では削除されている。この部分をあえて別の雑誌に掲載したことから、彼にとってスポーツとしての民族文化論がいかに重要であったかがみえ

てくる。しかし、これまでに指摘してきたように、その民族論に彼は苦心していたと考えられる。

森の格闘の証左として、「進化心理学協会」の立ち上げの試みがあったことを指摘したい。この協会については、正式な発足は確認できておらず、現時点では鹿児島大学附属図書館所蔵の山下（森）徳治文書にあるノートから推測できるに留まっているものである。

以下に、断片的に残されたメモを編集し、この協会の規約案を資料として掲載する。(21)

進化心理学協会規約

一、総則

第一条　本協会は進化心理学協会 Evolutional Psychology Association 略称 E.P.A と名付ける。~~その核心（推進）機関として進化心理学研究所 Laboratory of the Evolutional Psychology を特設する。~~

第二条　本会の目的、本会は人間存在の最高の機能である純粋にして自由なる精神が、いかなる自然発達の過程において形ず《ママ》くられるかを究めるために、意識に到る人間本能の進化過程、すなはち、感性の発達に伴う意識の論理的生産過程を、アジア諸民族の自然発達のうちに研究調査し、この自然発達の一元的進化心理学~~をして~~研究の成果を、人類の真実にして永遠なる平和新建設に寄与せんことを目的とする。

第三条　本会の事務所は、　　　　《ママ》におく。

二、本会の事業

第四條　本会は、左の事業を行う。

1. 進化心理学の基礎的実験研究所の設置。

2. 進化心理学によるアジア諸民族の特性に関する研究調査室の設置。

3. 機関誌「アジアの心理」の発刊。

3.《ママ》 実験学校の設置

4. パンフレット、単行本、雑誌などの刊行および研究会、懇談会、講演会、講習会、演劇会、映画会などの開催による研究の発表および宣伝。

5. 進化心理学図書館の設置。

6. 日本国内および国外における支部会

［中略］

附則

第一、本規約は昭和二十六年十月十六日より実施される。

第二、本規約は、理事会全員と進化心理学研究所全員の承認を経て改正することができる。

第三、本規約施行の従員は、左の通りである。

会長　ヴィクトリー・フレーン

常任理事

この規約の第二条は森によって書かれており、本協会が森の民族文化論を支える研究機関として位置づく性格のものであったことがうかがわれる。彼は、別の断片的ノートにおいて「我々は、アジアについての我々の新しい理解を、唯一の確実な方法を与えるアジアの進化心理学の実証において、世界の他の国につたえアジアと共にコンムニズムから救済することができるであろう[22]」とも述べている。

さて、この進化心理学協会の設立の原動力となったのが、会長のヴィクトール・フレーン（Victor Frene 一八八二年ベルリン生まれ）との交流であったと考えられる。フレーンは、ミュンヘン大学で心理学博士を取得したドイツ人でモンテッソーリ研究者であるが、一九一三年から三七年まで中国に滞在して「支那民族性」の研究に従事し、一九三八年以降は日本で過ごしたとされる人物である[23]。彼は、西洋との比較においてアジア（とりわけ支那）の文化を論じており、森の一連の民族文化論もこの人物との関わりによるところが大きいと推察される。管見の限りでは、両者の直接の関係については不明な点が多く、また総力戦体制下の民族政策を担う目的で設立された井上民族政策研究所（井上雅二所長）によってフレーンの講演が日本で紹介されたという経緯についてもよくわかっていない。森が一九五三年に「世界の文化人の日本研究への関心が高まってきている[24]」と述べていることから、フレーンとは戦後になって初めて出会った可能性もある。

子供と大人とが一体になる日

森にとって、この協会の設立のもつ意味は決して小さくはなかったと考えられる。それは、彼が最後に取り組んだ未完の書「日本教育の再発見」の目次構成において、進化心理学と日本民族論の確固たる位置づけを確認することができるからである。以下に、成城学園教育研究所蔵の山下（森）徳治文書（ノート類№33）に所蔵されている本書の「目次」の全体を示したい。

日本教育の再発見

目次

一　日本新教育の再悲劇

1　伝統なき近代教育えの出発（福沢諭吉の「学問のすすめ」の冒頭句／一万三千の寺子屋廃業に伴う日本的教育伝統の喪失、／無意識の危険、意識されるとき思想となり、歴史的発展をとげうる。）

2　創造なき新教育（創造なき新教育によつて、いかにしてよりいい社会が造れるか。）

3　心理学は何を寄与しえたか（望月衛氏の青年心理学（発達心理学的でなく）／指導原理はどこにあるのか。教育に学力、／発達と学習、依田新、ジャーシルドと正木）

4　新教育理論の弱点（アメリカ教育理論えの反省）

5　新教育再建えの道（日本人の自国文化に対する無意識）

二　日本文化の伝統と創造力

1　伝統とは何か（アナトール・フランスの「祖国とは何か」への巻は何を意味するか。）

2　美術文化に現れた伝統（浮世絵とマネ、ゴッホ、印象派、及びピカソとマチス）

3　建築文化に現われた伝統（ブルノー《ママ》・タウト、ル・コルビジェ／仏教伝来に伴う日本の塔の日本的造形美。／広隆寺、新薬師寺と天平の仏教彫刻　造園）

4　言語文化に現われた伝統（手ごころ、手ぶり。／ことばのうらとおもて、うつくし、うるわし。／フンボルトの民族研究。）

5　世界の流れに立つ日本文化（ゲーテの場合、地方文化と人類文化、／文化の世界性。）

三　進化心理学と日本民族の特性

1　環境と民族の進化（変化に富んだ日本の風土―日本人の豊かな感情。／刺戟と反応、作用と反作用／感情の豊かさと感受性…印象の深さ。）

2　人間の根源的生（ニーチェの場合、自明なギリシア的理性の崩壊、自然的なるもの、形なきもの、音楽的なものに求めた理由。）

3　自然力の増大と発展（中江藤樹―羊は跪乳の乳を吸う／ジョルタノ・ブルノー《ママ》の言葉（アリストテレスに対する。）／衝動性―飢えた人間の場合（生活造形の国）／日本民族の自然物の価値化、―生花、造園等）

4　本能の進化と精神の発展（本能の進化は人間的なものである。／精神の発展は、物の価値化、身体と精神の一体化、一元的進化の道。）

5　進化と生活の再構成（進化は、自然性と精神発展の法則である。／進化は自己創造への道である。創造における思考力と行動力とは一元的に連ケイしている。進化は生活においてのみ起るのであるから、生活における自己創造は、思考力と行動力によつて生活を再構成する。）

四　科学・芸術・教育

1　観察・実験・数学（観察から実験は手の器用に関係がある。／観察の行動性　実験の経験的性格。／数学の抽象能力は、特殊の中に普遍を見る。／数学による量化が発展の契機となる。）

2　科学と精神文化（科学はこれまで物質文明といわれてきた。それはその通りであつた。対象だけに認知されたから。／しかし、一世紀前から、その事情は違つてきた。／進化、人間の進化が問題となつた）

3　科学と人間性（ポアンカレ―「科学の《ママ》方法」生物学者が細胞に向つた本能の正しさ。）

4　知覚・感性・記憶・想像・創造（自然を見つめる。しかし、描くときには見ないで描く。／この間の心理的発達）

5　芸術と人間性（人間自然の自然的形成は、デューイの言える如く本来的に美的なものであり、芸術的な造形である。）

五　歴史・地理・教育

1　人間活動の諸関係（アインシュタインの理論と人間活動の諸関係／時間と空間によつて表示される。／社会科の本来的意義を我々はここにおく。）

2　科学の統一としての地理（デューイの School and Society の一節。）

3　人間活動の地理的関係（歴史のプロットの舞台としての地理。）

4　人間活動の歴史的関係

5　地理的把握と歴史的理解

六　生産・経済・教育

1　手の進化と自然力の増大（ダーヴィンの進化論。進化という生物進化原理は不動の真理。）

2　手の延長と生産（デューイの作業中心の教育。ルネサンスと徒弟工／ゲーテの手工業にたいする深い思想。／マックス・シェラーの工作人）

3　機械の剰余価値（マルクスの使用価値と交換価値からの剰余価値 mehrwert はキカイによる。キカイは手の延長、物の精神化の過程）

4　経済の人間的要素

5　産業人の人間形成（教育は何れも職業教育に到る／産業社会に産業人を作ることが、職業教育に限らず、今日一般教育といわれるものの共通の課題である。）

七　日本道徳の根柢

1　理性と民族（理性という言葉は、個人的な表現でなく、民族的な表現である。シェリングの言葉が正しい。四七頁。）

2　行動力と感情（ミュレーの言葉に即する。）

3　判断力と英知（中江藤樹「よしあしと思う心をすててみよ。もとの心によしあしぞある。判断の□□性は、行動である。」）

4　術より道に到る（アジア的でありながら支那と異なるところ／術精しからざれば偉大ならず／ジャーシルドの習慣の自発的修正の原理）

5　日本道徳の高揚（世界史的意義）（人類性）

強烈な感受性によって、他人のうちに自己を発見する。他人における自己の同感である。その際、思考と行動が別々でない。他人のうちにおける同感こそ、最も人間的な心情であり、最も高貴なる精神である。教育においては、子供と大人とが一体になる日が到来している。児童は成人の父なりという言葉が現実となるべきである。

美術の世界において、ピカソマチスが原始人に求めた、原始人と現代人の一体の世界が、そこに開けてきている。

（裏面）術より道に至るという日本の伝統は、技術といういはば物質的なものに精神的な価値を与えることである。物の精神化である。

以上、未完となったこの著書の構想からうかがわれるのは、子どもの自己形成と人類の文化造形史を橋渡す試みとして近代教育を改造しようとしている点である。

彼の研究史を振り返るとき、発育論争で子どもの発達の「即自」の立場を取った初発の地点から、戦時期の学校制度改革構想、さらに戦後のスポーツ教育における造形論を通して、同一の問題――子どものもつ自然性が人間の高貴性につながる教育の道筋、すなわち「子供と大人とが一体になる日」――に取り組んできたことがうかがわれる。その歩みは、戦前のプロレタリア教育運動から戦後のスポーツ少年団運動に至る紆余曲折をくぐり抜けながら、一貫して民間の立場から、発生論的に教育学を追求したものであった。少なくとも、目次をみる限りこの問いを手放さなかったことは明らかである。

また、教育が対立的な問題構制のなかで追求されていることを改めて確認することができる。彼の研究史が常に論争的であったということは本書の全体を通じて論じてきたところである。それは、端的に言えば、「ペスタロッチからデューイへ」という問題構制（本書第8章）やセルフデザイニング論（本書第9章）などに確認することができよう。また、発育論争で彼が受けた批判（環境を無視した夢想主義というもの）が単純に当てはまらないものであったことも思い起こされる。論争の複雑さについてつけ加えれば、波多野完治が、戦後になって、自身は「発達主義」、森は「環境主義」であり、発育論争では逆の立場を取っていたと語っている[25]ところにも現れているのである。

しかし、晩年の民族教育論においては、「人間発達の発生論的問い」（序章）——「人間とは何か」という根源的な問い——の視点が弱まったのではないか、という点も重ねて指摘しておきたい。その理由の一つとして、進化心理学協会の立ち上げにみられるように、商業主義（具体的にはアメリカ資本主義）に対して教育はどう対抗するかという課題に対する性急さがあったのではないかと考えている。

以上から、本章の今後の課題として、彼の晩年の民族教育論や進化心理学が、同時代の、とりわけ一九五〇年代の日本民族をめぐる論議においてどのような位置と独自性をもつものであったのかという点が明らかにされなければならないと考えている。また、人間形成における造形概念について、森が取り組んだ技術教育や美術教育との関係で具体的な検討が必要である。本書では一九五〇年代のこれらの論考を取り上げることができていない。さらに、セルフデザイニング論が現代の教育学の発達論をめぐる論争にどのようなインパクトをもちうるのか、この点についても考えを深めていきたい。

注

（1）山下徳治「現代教育制度改革論」『中央公論』一九三二年一月号。
（2）山下徳治「新教育体制の創意ある計画性について」『帝国教育』第七四四号、帝国教育会、一九四〇年。
（3）山下徳治、前掲「新教育体制の創意ある計画性について」六四頁。
（4）山下徳治、前掲「新教育体制の創意ある計画性について」六六頁、七二頁。
（5）山下徳治、前掲「新教育体制の創意ある計画性について」六八頁、七一頁。
（6）山下徳治、前掲「新教育体制の創意ある計画性について」六五頁。
（7）山下徳治、前掲「新教育体制の創意ある計画性について」六八頁。

（8）山下徳治「秋田への旅日記」『技術と教育』一九四〇年二月号。

（9）森徳治「新しい祖国愛の発見」『小五指導計画』一九五二年六月号、六〇頁。

（10）森徳治、前掲「新しい祖国愛の発見」六一頁。

（11）森徳治「日本文化のオリジナリティー」『教育美術』第12巻第12号、一九五一年一二月、五頁。

（12）森徳治、前掲「日本文化のオリジナリティー」四頁。

（13）森徳治「日本民族と独自の文化」『小六指導計画』一九五二年一〇月号、六三頁。

（14）森徳治「日本民族と独自の文化（二）」『小六指導計画』一九五二年一一月号、六二～六三頁。

（15）森徳治、前掲「日本民族と独自の文化（三）」『小六指導計画』一九五二年一二月号、六二～六三頁。

（16）森徳治、前掲「日本文化のオリジナリティー」九頁。

（17）森徳治「ヒューマニズムと日本民族」『波紋』No.26、一九五二年一二月、六頁。

（18）森徳治「ヒューマニズムと日本民族（続）」『波紋』No.27、一九五三年三月、四頁。

（19）森徳治「ヒューマニズムと日本民族（完）」『波紋』No.28、一九五三年六月、六頁。

（20）森徳治「民族の運命とその危機」『人間形成』第四五号、一九六四年、二四頁。

（21）鹿児島大学附属図書館所蔵の山下（森）徳治文書、原稿・冊子類No.75～77。なお、断片的なノートからの再現であり、史料の通し番号には乱れがみられる。

（22）鹿児島大学附属図書館所蔵の山下（森）徳治文書No.76。

（23）これらの情報については、フレーン『支那民族性の研究』（井上民族政策研究所　研究資料第一輯、刀江書院、一九四一年）に加えて、Victor Frene 研究者の Erhard Neckermann 氏との交流によるところが大きい。

（24）森徳治、前掲「ヒューマニズムと日本民族（完）」五頁。

（25）『波多野完治全集⑨月報〈6〉』一九九〇年一〇月、一二～一三頁。

終章　教育学と発生論的発達論

山下（森）徳治は、戦後、教育学や民間教育研究運動から身を引き、スポーツ少年団を中心的な活動の場として執筆活動に専念した。そして、最後の著作で戦後教育が直面する困難に対して構造的に課題を示そうとして、「日本教育の再発見」[1]と題する研究の執筆に取りかかったのである。彼の研究の軌跡を追ってきた本書の立場としては、結果として、山下の研究生活は一度も教育学から離れなかったものと考えている。

しかし、その道のりは単純ではなかった。彼がさまざまな場に身を置き、諸種の学説や運動と関わりをもったことが研究のユニークな展開をもたらしたことは確かである。そのなかで、発生論に注目した場合、一九三〇年代末に一つの潜在的な転機があったのではないかと考えている。工業化社会の進行のなかで、徒弟学校や工場の青年らと関わりながら、「自然性」を論じるだけではまったく十分ではないという認識が彼のなかで生まれたのではないかと思われるのである。すでに人間は商品化した生活のなかで育っており、自然概念だけでは「人間とは何か」を問うことができなくなっている。むしろ、生活の変革に向けた行動こそが問題とされたのではないか。そして、本書第10章でも述べたように、行動への要請の性急さが彼の発生論に揺らぎをもたらしたと考えられるのである。

本章では、結局のところ、彼の発達思想はどのように探究されたのかについて、未完となった「日本教育の再発見」までの彼の歩んだ道のりを振り返ってみたい。

1　子どもへのまなざしの変化

学童期の子どもの研究

まずは、彼の子どもに対する捉え方について考えてみたい。

山下は、小学校教員だったこともあり、当初は学童期の児童を想定して研究に取り組んでいた。成城小学校では、とりわけ低学年に注目し、「児童の自然性」を論じたのであった。その際には、児童を原始人に喩える言説もみられたが、それらは文明社会批判の文脈として、また海洋学や植物学などへの関心と重なって展開されていたと考えられる。そして、「哲学以前」「道徳以前」「アプリオリのアプリオリ」として人間の無邪気さにアプローチしようとしたのである。彼の発生論は、一般的な教育学の道筋とは逆向きの、認識から自然へと遡る志向性をもつものであったといえる。

発生論の道を行く彼は、ペスタロッチの教育思想から教育実践を改革しようとして、その科学的根拠を心理学の直観像研究に求めた。それは、一九二三年からのドイツ留学中にイエンシュのもとで熱心に取り組まれたものであり、当初の指導教授であったナトルプの社会的教育学に対する批判的視点を得る契機ともなったと考えられる。

彼は、ドイツでの宗教的思索を経て、精神の混沌や非合理性を人間性の本質とみて、そこに働きかけることこそが教育目的であるとした。その際、「発展（Entwicklung）」という概念を意識的に用いたのであるが、その用語法は戦後の著作にも多くみられた。この概念が山下の発生論的発達論の中核にあることは最後まで引き継がれたのである。

他方で、一九三四年の発育論争にみるように、児童学の目的を語る際に「発育」や「発達」などの語彙が混在して用いられていたことは、これらが明確に概念化されていなかったことを物語っている。つまり、当時の彼にとっての発達思想は、「子ども」そのものを定義するというよりは、子どもを通して浮かび上ってくる「人間」についての思索であったといえよう。

児童の自然性から少年の造形活動へ

一九五〇年代に入り、デューイの研究をまとめた後に取り組んだのが「少年」に焦点化した研究であった点に注目したい。先にも述べたように、その端緒は戦時中の少年工を論じた『労務者の職分』（一九四二年）に遡ることができるが、戦後はもっぱら彼のまなざしが少年へとシフトしている。児童から少年へ——この点について山下は取り立てて論じてはいないが、児童の自然性よりも少年のセルフデザイニングに注目する明らかな視点の移行があったと考えてよい。

スポーツ教育に深く関わるようになった山下は、それを契機として少年期の子どもの身体に即して問いを立て直したと思われる。彼は、健民少年団やスポーツ少年団の理論形成において、少年が自らの成長や環境に対立して自己を形作る契機を造形概念で論じ、そこに人間性の根源があるとした。そして、直接少年に向けて

「生い立つ」論を投げかけたのである。これは、少年個人の生い立ちと人類文化の生い立ちの相互の変革の契機を論じるための概念であったといってよい。

このように彼が戦後になって子どもの身体そのものに着目するようになったのには、戦後社会と教育学に対するある種の危機感がある。それは、とりわけ教育における個人主義と合理主義に対する批判であった。そのうえで、彼はどのように教育学を再論しようとしたのか。

2　科学史に根ざす人間科学の探究

物質文明に対抗する人間科学

山下の最後の教育学構想「日本教育の再発見」が戦後社会に対する危機感から出発していたことは、第10章で示した目次からも読み取る事ができるだろう。「第一章　日本新教育の再悲劇」から始まるこの研究は、形式的な民主主義の受容や日本社会の伝統の軽視といった、戦後の新教育に対する当時の批判を共有している。しかし、山下は、新教育への批判にとどまらず、教育学の課題を構造的に提示することを目指していたことがわかる。

まずは、断片的に残されている原稿からその内容を押さえておきたい。

> 精神の自然的な発展、すなはち進化の見地からすれば、現代人の示す精神は、むしろ退化していると見るほかはない。(2)

「日本教育の再発見」の草稿は、冒頭からこのように始まっている。山下は、原子力に代表される科学技術の進展が人間の実際生活を超える次元に到達している一方で、人間科学が精神を抽象的にのみ論じていることについての危機感を表明している。そして、科学が人間的なるものを追求せず、「世界は物質によって構成されている」という認識が広がっているとする。この状況を「退化」と表現し、人類史において初めて直面する大問題であると指摘しているのである。また、次のようにも論じている。

> 抽象的な精神にとつては、すべての物質法則と精神進化とは、矛盾対立する二元の世界の出来事であるかの如く思いこんでいる。現代の「悲劇的なるもの」の根源は、まさにこの物質と精神の解けがたき矛盾のうちにある。抽象的でしたがつて退化した精神は、この「悲劇的なるもの」の根源をつきとめる科学的な方法をもつていないから、みずから平和を望みながら、ますます不幸な道に陥りつつあるというのが、現代社会の実情である。[3]

「日本新教育の再悲劇」では、新教育が物質文明観を暗黙裏に前提としていることへの批判が論じられており、それゆえ人間の自然性に働きかけるはずの教育もまた人間を物質化（もしくは商品化）するのではないかと指摘されている。彼にとって教育の営みは、人間の自然性を具体的な生活に根ざす方法によって精神の高貴性にまで高めるものであり、ゆえに平和を追求するべきものであった。

人間学としての心理学への期待

例えば本書第9章でも見たように、生い立つ論では、人間の生活を支えるスマイや手仕事において物質と精神が働き合う形で発展してきた歴史を子どもに向けて論じ、彼らの学びを人類史の継承と変革のうえに構想したものであった。そのためには、自然科学と精神科学が共鳴するための科学史研究が必須である。しかし、山下は、現前の自然科学の展開は物質と精神の切断を導いているというのである。

彼は、再びデューイを参照して、現代の哲学の課題を次のように論じている。

> ふるき哲学は、自己の真理に到達しさえすれば、すべての事実は解明されると約束してくれた。しかるに人類がこの道において経験したものは、むしろ幾多の苦難と桎梏のみであつた。何ひとつ真理への道において約束の果されたものはなかつた。これに反して科学は、何ひとつ人類に約束したことはなかつた。中世紀の科学者に見るように、むしろ科学の真理のために自己を火刑の苦難に晒して、しかも今日人類に与える富と力の増大は、殆ど量り知ることができない[4]。

哲学と科学の現状を、このような歴史的な矛盾として指摘したうえで、現代の科学は「人類の永久平和えの道」[5]を進むべきか否かの判断を迫られる地点に立っているとしている。そして、山下は、その際に鍵となるのが心理学であると指摘するのである。

この危機を人類の永久平和へ導くためには、諸科学自身のあいだにおけるバランスある発展が根本条件となる。その一つの重要なる科学は心理学であり、科学的心理学こそ、新しき生活科学として、人類をその内部において改造する方法を与えてくれるであろう。心理学は、同じ科学の道において、人間の自然力を精神化し、その創造力を増大して、人類の平和建設のために、また人類の平和を妨害している一切の破壊力を排除するために、真正なる科学としての新しい心理学に生まれ変わらなければ無力である[6]。

以上から、彼が科学史に根拠をもつ人間科学を構想しようとしていたことをうかがうことができよう。そして、精神の物質化という危機に際して、それをむしろ発展の契機とし、物質の精神化へと転換する鍵を心理学に求めたことがわかるのである。

3　教育学における発達論の課題

発達心理学への期待

さて、山下は、このように心理学への期待を語るのであるが、さらに「心理学が科学的であるためには、発達心理学であるであろうと私は考える[7]」とこの草稿の末尾に綴っている。ここで彼はどのような意味で「発達心理学」を論じているのだろうか。

まず、山下は、日本の心理学が「人間性の解放や児童性の解放という心理学研究本来の課題[8]」を踏まえていなかったために、アメリカ新教育の移入に際して教育の方向性や方法を示し得なかったと述べる。ここにいう解放とは、本章第2節で見たような人間精神の物質文明への従属に対する離脱の道筋を指している。彼は、心理学が「あらゆる自然に関する諸科学のなかで、人間に関する唯一独自な科学として世界の人類の発達史における最も重要なる地位におかれていた」[9]とし、「最も人間的なものである自然力の発展過程」[10]を明らかにする役割があると述べるのである。例として、山下は、望月衛『青年心理学』（一九五一年）を取り上げて、「青年期を子供から大人えの変化過程における一位相の心理的特徴として考えるだけでは不十分」[11]であるとの疑問を呈している。ある一時期の子どもの問題に応える心理学ではなく、人間の本能や衝動性から人間性の解放を目指す研究を発達心理学に求めたことがわかる。確かに彼の立場は、人間の発生に遡って「人間とは何か」を問う発生論的発達論であったといえる。

　しかし、彼の語る期待は、発達心理学の一般的理解とは異なるものであるといわざるを得ない。そもそも、心理学における発達研究では、発生論的アプローチは珍しいものではなく、むしろ発達の古典理論においては共有された研究枠組であった。R・ザゾ[12]が指摘するように、フランス語圏の発達研究は弁証法を用いて発生論的に追求されてきたものである。例えば、感覚—運動的知能から論理的知能の発生を論じたJ・ピアジェと、行為から思考の発生を展開したH・ワロンは、ともに、子どもの知能における等質性と異質性、不変性と可変性、連続性と非連続性など対立する枠組みを重視したとザゾは指摘している。その際、同一性を強調するのか、それとも差異性に注目するのかという両者の弁証法の違いは決定的ではあるものの、発生論的に人間発達を論じる際にその矛盾構造に注目することは、ある意味で当時の発達研究の前提であったといっていいだろう。

　しかし、山下の場合、児童心理学や青年心理学のように「児童（青年）への問い」を発生論的に深めるのではなく、一足飛びに「人間性への問い」に照準をあわせるという、発達心理学よりもむしろ歴史心理学に近い立場を取っている。ここには、二つの困難があったと考えられる。

教育学における発達思想の困難

困難さの一つ目は、山下が「個人」という概念を回避していたという問題である。彼は、新興教育運動時から個人主義に対する批判を明確にし、それこそが功利主義の元凶であると考えていた（本書第5章）。社会に従属する個人という観念を否定するあまり、近代教育の目的である「個人のよりよき自立」について深めることが十分ではなかったように思われる。彼は、少年のスポーツに関わるなかで、少年が自身の形成過程に対立して自己を形作ることを造形（セルフデザイニング）という概念で論じた（本書第9章）。しかし、その後、ある種の飛躍をもって文化造形論に解消してしまったのではないかと思われるのである。

二つ目として、教育学において発達を論じる際には、そこからどのような教育計画と教育改革を導くかという問いと無関係には成立しないという事情が関係していると思われる。彼は、発達を「生い立つ」という自動詞で捉えたが、教育学である限り、それを人類史に位置づけて技術論や民族論として論じる方向は必然であったのだろう。ここに、避けることのできなかった一つの飛躍があったのではないかと思われる。

一般に教育学では、社会関係の維持・発展を目的とする「教化」と、個人の自立を目的とする「教育」とを対立的に捉える。ただし、「教化と教育が重なる」という理想は可能性としてはあり得ること[13]であり、山下の場合、その可能性としての理想を戦後の教育学構想として語ったのだといえる。そのことは、「日本教育の再発見」の目次の末尾にある「子供と大人とが一体になる日」「原始人と現代人の一体の世界」という表現に端的に現れている。

しかし、「教化と教育が重なる」という理想は、例えば歌舞伎のような芸事の世襲性にみるように、現実にはその維持には矛盾や対立が内在されているはずである。その矛盾を山下はどこまで追求し得たのだろうか。

筆者は、「日本教育の再発見」に至る前の、本書第9章で取り上げた一九五〇年代のセルフデザイニング論に注目したいと考えている。このスポーツをめぐる議論では、社会によって形成される自己と、それに対立してセルフデザイニングするという、まさに自己をめぐる教育と教化の緊張関係に迫っていたのではないかと考えられるからである。

セルフデザイニング論の可能性

教育学において発生論的に発達を問題とするとき、人間形成の価値論を避けることができないため、教化と教育を調和的に論じざるを得ないという難しさがつきまとうことは山下に限ったことではないだろう。そのうえで、筆者は、彼のセルフデザイニング論に注目し、生い立つ思想の中心に位置づけることが一つの解となるのではないかと考えている。

さらには、不確実性に満ちた現代社会において自己に内在する矛盾や危機が深刻化していると考えられるなかでは、むしろ危機を乗り越えるセルフデザイニングの作法こそが教育学に求められているのではないかと考える。ここに、発生論的発達論をセルフデザイニング論として教育学において深めることの切実さが存在しているといえるのではないだろうか[14]。

したがって、セルフデザイニング論にこそ、山下の教育学構想が戦後教育学に一石を投じる可能性が存在していると考えている。

注

（1）森徳治「日本教育の発見」成城学園教育研究所所蔵の山下（森）徳治文書（ノート類№32）。なお、この未定稿のメモは彼が最晩年に残したものだと考えられるが、そのタイトルは「日本教育の発見」となっており、第10章で示した未完の書のタイトル及び目次とは対応していないものである。煩雑さを避けるため、本文では「日本教育の再発見」で統一して表記する。
（2）森徳治、前掲「日本教育の発見」一頁。
（3）森徳治、前掲「日本教育の発見」四〜五頁。
（4）森徳治、前掲「日本教育の発見」八二頁。
（5）森徳治、前掲「日本教育の発見」八七頁。
（6）森徳治、前掲「日本教育の発見」八八〜八九頁。
（7）森徳治、前掲「日本教育の発見」一二九頁。
（8）森徳治、前掲「日本教育の発見」一二〇頁。
（9）森徳治、前掲「日本教育の発見」一二二頁。併せて、山下は、心理学の関係科学として地質学、考古学、人類学、民俗学があると指摘している。また、この草稿のなかで「児童心理学」と「発達心理学」がおおよそ同じ意味をもって論じられていることも指摘しておきたい。しかし、彼が戦後社会の危機の乗り越えを後者に期待していることは、このなかで特に際立っている。
（10）森徳治、前掲「日本教育の発見」一二五頁。
（11）森徳治、前掲「日本教育の発見」一二八頁。
（12）R・ザゾ「知能の弁証法――ワロン―ピアジェ」『心理学とマルクス主義』、波多野完治・真田孝昭訳、大月書店、一九七八年。
（13）中内敏夫「教育学はどうすれば有効な学問になりうるか」『教育評論の奨め』国土社、二〇〇五年、一六九〜二〇八頁。

（14）この視点について、坂元忠芳「変革の教育学」（私家本、二〇一五～一六年）の自己造形論から多くを学んだことを付記しておきたい。坂元は、現代社会においては人格も商品化・物象化される危機にあるとして、その転換の可能性を「自己造形」という概念で論じている。

あとがき

山下徳治は、文字通り激動の研究人生を送った人物である。彼の論理展開を追いながら「発達への発生論的アプローチ」を軸にその軌跡をたどることは、率直にいって容易ではなかった。それゆえ、本書では、彼のライフヒストリーを追いながらその思考をたどる方法を取ることにしたのである。しかしながら、本書を書き上げるまでに一五年もの時間を費やすことになってしまった。

本書は、筆者が鹿児島大学に赴任したときから構想し、二〇一〇年頃から論考を重ねてきたものである。二〇一三年、森礼治氏から鹿児島大学への資料寄贈の依頼を受けた。その時の電話でのやりとりを今も鮮明に思い出すことができる。森氏は、父の仕事の遺産をなんとしても鹿児島に返したいとおっしゃったのである。それ以降、執筆作業と資料整理を平行して進めることになった。一点ずつ袋に入れ、分類する作業を手伝ってくれた鹿児島大学の学生・院生の存在が何よりの励ましとなった。鹿児島大学附属図書館の特殊文庫への寄贈手続きが終わったのは、やっと二〇二三年のことである。

鹿児島の地で、彼の残した資料に接しながら本研究に取り組めたことは、有り難い幸運であった。鹿児島の町や海、島々の風景と重ねて彼の原稿を読むことができたからである。また、自彊学舎の宮内信正氏の紹介で、山下の最初の赴任校であった鹿児島市立西田小学校で講演をさせていただいたことも思い出される。さらには、山下の戦後史のなかでスポーツ少年団への関わりが重要な意味をもつことを教えてくれたのは、鹿児島大学法文教育学域教育学系の武隈晃氏（体育経営学、現・鹿児島大学理事）であった。その示唆がなければ、山下の全体像を捉えることはできなかったと思う。

本書をまとめてもなお、山下徳治は不可解かつ魅力的な人物であると感じる。「山下（森）徳治文書」がさらに今後の研究を拓いていくことと思う。改めて、研究の機会を与えて下さった森礼治氏に感謝したい。

最後に、本書の刊行に際して、鹿児島大学の稲盛アカデミーより出版助成金をいただいたので、ここに深く感謝したい。また厳しい出版事情のなかで、お引き受けいただいたミネルヴァ書房と同編集部の杉田信啓氏に心より感謝したい。杉田氏の提案は斬新かつ本質を突くものであり、本書をまとめるうえで大きな支えとなったことを付記しておきたい。

二〇二四年一二月二四日

前田晶子

山下（森）徳治略年譜

西暦	和暦	齢	関連事項	論文・著書
一八九二	明治二五	0	1月25日鹿児島県徳之島に出生（四男六女の三男、第六子）。 父・幸吉は、西南戦争後、砂糖製造・販売業に従事。	
一八九五	二八	3	徳之島を離れ、鹿児島市西田町に転居。このとき、長兄・武二が戸主となっている。	
一八九八	三一	6	健児の舎「自彊学舎」に通い始める。	
一八九九	三二	7	西田小学校に入学。	
一九〇三	三六	11	鹿児島高等小学校に入学。	
一九〇五	三八	13	母・スマの逝去、四二歳。 鹿児島高等小学校卒業。	
一九〇七	四〇	15	鹿児島県立第一中学校に入学（教師との対立で第二学年の三学期に退学）。	
一九〇九	四二	17	鹿児島県師範学校（本科第一部）に転入。 教頭追放運動への参加。キリスト教に関心をもつ。	
一九一〇	四三	18	師範学校卒業、西田小学校訓導となり、六年生を担当する。	
一九一三	大正二	21	この頃、宮崎の「新しき村」（武者小路実篤）を見に行ったとのちに語っている。その際、増水した川をロープを頼りに泳いで渡ったという出来事があり、山下は「ただひたすら生	

			きようとした」といい、これこそが祈りであると思ったという。	
一九一四	三	22	桜島の大正大噴火。御真影を風呂敷に包んで背負って噴火の中を逃げたという。	
一九一六	五	24	小原国芳（当時京大生）の哲学講演会「探究会」（於清水小学校）に参加。七日間、「西田哲学」などについて学んだ。これが小原との出会いとなる。この頃から月に一〇冊、平均三〇〇〇頁を読破。造士館天野貞祐から、カント「プロレゴメナ」等哲学書を借りて読み、ド・ガンの「ペスタロッチ伝」を沢柳政太郎の訳で読んだという。	
一九一八	七	26	海洋学（オセアノロジー）を学ぶため、メルボルン大学を目指してひとまず長兄・武二と次女・はるこの住む台湾へ赴く。松田英治（植物学者）の紹介で阿緱小学校に勤務。	
一九一九	八	27	オーストラリア総督・ヒューズの排日政策のため入国が叶わなかった。小原国芳より成城小学校への招聘の依頼の電報を受けている。松田より『ゲルトルードは如何にして其の子を教ふるか』を送られた。	
一九二〇	九	28	小原の招きで成城小学校に赴任。東京に向かう途中、奈良女子高等師範学校に立ち寄り、鹿児島県女子師範学校元校長の木下竹次を訪問した。	
一九二一	一〇	29	成城小学校では算数教育に取り組む。ドイツ語専修学校に通う。また、無教会派の日曜学校に参加し、内村鑑三の聖書講義に出席した。	「子供の理解」（『教育問題研

一九二二	一一	30		究』） 「低学年の数学教授に於ける諸問題」（『教育問題研究』）
一九二三	一二	31	第一回海外派遣生として渡独。マールブルク大学でナトルプに従事する。また、三木清とともにハイデガーに従事した。ナトルプの死後、主にイエンシュの心理学に学ぶ。他に、ハイデガーやオットーらの哲学講義、神学の講義も受講した。	「尋一経営の九ヶ月」（『教育問題研究』）
一九二四	一三	32		
一九二六	大正一五 昭和　元	33	ソ連を経由して、帰国。	「マールブルヒにてイエンシュ教授の心理学」（『全人』） 「ペスタロッチの『自然』(Natur) について」（『教育問題研究』）、「教育の本質より見たるペスタロッチーの教育思想」（『全人』）
一九二七	二	35	成城学園初等科主事、及び高等学校のドイツ語教授を務める。 **12月**沢柳政太郎が逝去（六三歳）。成城小学校の混乱が起こり、のちに成城事件（一九三三年）となって小原国芳が去ることになる。山下もまた成城を去っている。	
一九二八	三	36	自由学園に転任、教育学を教授する。 **11月**一カ月半をかけて、ソヴィエト連邦に滞在する。ソ連では、ルナチャルスキー、バッソフ、ヴィゴツキー、ボルンスキーを訪問、単一労働学校のシャッキーと出会いダルトンプランについて議論した。	
一九二九	四	37	ポーランド、ドイツにても教育視察を行う。ドイツでは芸術体操を見学して半年後に帰国する。その後、再び、革命後一〇年を経たソ連を見学する。 プロレタリア科学研究所教育問題研究会の責任者となる。	「若きロシアとその道徳生活」（『倫理研究』）、『新興ロシアの教育』
一九三〇	五	38	新興教育研究所設立、初代所長に就任する。 朝鮮新教支部準備会の弾圧に伴い、京城へ連行された。	『新興教育』創刊、「ブルジョア教育学の非現実性」（『新興教育』）、ジョン・デューイの『ソ

一九三一	六	39	新興教育研究所として教育会館で第一回講習会を開催。またプロレタリア教育展も同時に開く。 この年、「教化史」が執筆される。 日本プロレタリア文化連盟の中央協議員に、野上荘吉とともに選出される。 ソウルで、第一審判決で二年の刑を申し渡され、控訴する。 この頃、ペンネーム「渡辺良雄」を使用する。	ヴィエートロシア印象記」「翻訳」、「××と教育」(『新興教育』) 「教員の赤化問題」(『中央公論』)
一九三二	七	40	第二審判決で無罪を勝ち取る	「現代教育制度改革論」(『中央公論』)、「教化史」(『日本資本主義発達史講座』第二部)
一九三三	八	41	ブルーノ・タウトと交流。 成城事件が起こる。 『教育』編集部に入る。	「児童研究の態度」(『郷土教育』)、「澤柳政太郎博士」(『教育』)
一九三四	九	42	児童学研究会 『教材と児童学研究』の主催者となる。	『教師日記』『教材と児童学研究』創刊
一九三五	一〇	43		「教育科学と児童学」(『教育』)、 「公民教育の基礎問題と公共心の養成」(『教育』)
一九三六	一一	44		『ギイヨオ・デューイ』、「座談会　義務教育年限延長問題について」(『教育』)、「我が国における成城教育の意義」(『成城文化史』)

一九三七	一二	45	教育科学研究会の結成に参画	『児童教育基礎理論』
一九三八	一三	46		『明日の学校』
一九三九	一四	47		
一九四一	一六	49	森瑶子と結婚して「森」姓となる。式を挙げた赤坂霊南坂教会の牧師とは知り合いであり、洗礼を受けていた。	
一九四二	一七	50	長男誕生	『労務者の職分』
一九四三	一八	51	次男誕生	『子供のからだ』
一九四四	一九	52	教科研事件で検挙	
一九四五	二〇	53	鹿児島県指宿に疎開。ホテル偕楽園や焼酎醸造工場等に間借りして後、鰻池へ通じる山道の峠附近に二町歩の土地を借りて、家を建て、畑仕事をし、食料を確保した。	
一九四八	二三	56		『デューイの哲学と教育』
一九四九	二四	57	長男就学（成城学園初等科）のため、鹿児島を離れて上京する。	『ジョン・デューイ学説批判』 『経済哲学入門』
一九五〇	二五	58		『ペスタロッチからデューイへ』
一九五一	二六	59		『技術の生いたち』、「日本文化のオリジナリティー」（『教育美術』）
一九五二	二七	60		『すまいのおいたち』、「日本民族と独特の文化」（『指導計画』）、「ヒューマニズムと日本民族（1）」（『波紋』）
一九五三	二八	61		「大自然と少年の生い立ち」（『健民少年運動の研究』）
一九五四	二九	62		『健民少年教育理論の基礎的研

一九五五	三〇	63	ケルン体育大学総長カール・ディームの来日に際して案内人を務める。	究』（横浜市健民体育資料）「カールデーム博士講演集」［翻訳］（『パンフレット』）
一九五六	三一	64		「ころび行く石」（『人の教育』）
一九五七	三二	65		「教育発達史の上から見た成城教育」（『成城教育』）
一九五八	三三	67		「新興教育研究所創立のころ」（『新教の友』）、『東郷元帥』
一九五九	三四	68		「成城小学校の自由教育」（『日本教育運動史』）、「新興教育研究所創立当時の回想」（『日本教育運動史』）、「ブルジョア教育の非現実性」（『教育』）
一九六二	三七	70	「日本スポーツ少年団」の創設に関わる。本部委員として活動。	「ヴィゴツキーの思い出」（『ソヴィエト教育科学』）
一九六四	三九	72		「スポーツ少年団の理念」（『日本スポーツ少年団本部』）、「民族の運命とその危機」（『人間形成』）
一九六五	四〇	73	山下（森）徳治逝去。	

注：年譜の「関連事項」欄は、主に鹿児島大学附属図書館所蔵「山下（森）徳治年表（R・MORI版）Ve1999」（個人資料、その他No.27～No.35）を参照している。

巻末付図表

表3－1　マールブルク大学における山下徳治の受講票一覧（その①）

【1924年夏学期】

Die Studierenden haben eine Abschrift der belebten Vorlesungen auf diesen Zettel einzutragen und auf der Quästur abzugeben

Yamashita　*Tokuji*　〈Familienname〉- bitte deutlich - 〈Rufname〉 - abcschützenmäßig -

Philosophie　〈Studienfach〉

aus *Japan*

Hiesige Wohnung *Wörthstr 23*

Nr.des Vorl.= Ver= zeichn	Privat=〈entgeltliche〉 Vorlesungen		Betrag 〈füllt Quästur aus〉		Nr.des Vorl.= Ver= zeichn	Öffentliche 〈unentgeltliche〉 Vorlesungen	
	Dozent	Gegenstand	G=M.	Pf.		Dozent	Gegenstand
	Prof. Heidegger *1 ハイデガー	*Grundbegriffe der Aristotelischen Philosophie* アリストテレス哲学の基本概念	*10*	–		*Prof. Heiler* ハイラー	*Die Gottheit Christi* *3 神聖なるキリスト
	Prof. Otto オットー	*Glaubenslehre* *2 教理神学	*10*	–			
		Unterrichtsgeld	*20*	–	Welche Vorlesung Wird		
		Aufnahme=Gebuhren〈Nr.＿〉			Wiederholt belegt?		
		Allgemeine Gebühren					
		Hörergebühr	*30*	–			
		Ausländerzuschlag	*35*	–	Zum wievielten Male?		
		Aufn.Geb.z.Abg.d.fr.Exm.Geb					
		Gesamtbetrag:	*85*	–	Bei wem früher gehört?		

Zahlungstag *15/5* 1924　　Nr. *1074*　　Welcher Korporation gehören Sie an?

注1：表3－1（その①～⑤）はすべてマールブルク大学古文書館（Archiv der Philipps-Universität Marburg im Hessischen Staatsarchiv Marburg）所蔵のものである。ゴシック（イタリック）体は手書きで記入された箇所である。【1925年夏学期】のみ筆蹟が異なり，三木清のものと酷似していることから，彼による代筆ではないかと推測される。その他は，山下自身の記入によると思われる。

注2：日本語訳を付した。

注3：各期の講義録“Verzeichnis der Vorlesungen”と対象させ，必要に応じて修正，または注を付した。

＊1：講義録にハイデガーの記載は見つからなかった。

＊2：講義録では，Systemisches Seminar（über Schleiermachers Glaubenslehre）となっている。

＊3：講義録では，ハイラーは3つの講義を担当しているが，山下徳治が受講したものについての特定はできなかった。

出典：マールブルク大学古文書館所蔵。

表3-1　マールブルク大学における山下徳治の受講票一覧（その②）

【1924年冬学期】

Die Studierenden haben eine Abschrift der belebten Vorlesungen auf diesen Zettel einzutragen und auf der Quästur abuzugeben

Yamashita　*Tokuji*　　*Philosophie*　　aus *Japan*

(Familienname)- bitte deutlich - (Rufname)　(Studienfach)　Hiesige Wohnung *Wörthstr 23*

- abcschützenmäßig -

Nr.des Vorl.= Ver= zeichn	Privat=(entgeltliche) Vorlesungen		Betrag (füllt Quästur aus)		Nr.des Vorl.= Ver= zeichn	Öffentliche (unentgeltliche) Vorlesungen	
	Dozent	Gegenstand	Mark	Pf.		Dozent	Gegenstand
1	*Prof. Hartmann* ハルトマン	*Logik* 論理学	*10*	.			
3	*Prof. Jaensch* イエンシュ	*Psychologie* *1 心理学	*10*	–			
10	*Prof. Jaensch* イエンシュ	*Leitung eigener psychologiecher und philosophischer Arbeiten* 心理学と哲学の統一	–	–			
5	*Prof. Jaensch* イエンシュ	*Übungen* *2 演習	–	–			
		Unterrichtsgeld	*20*		Welche Vorlesung Wird		
		Soziale Abgaben	~~12~~	80	Wiederholt belegt?		
		Studiengebühr					
		Ersatzgeld					
		Aufnahmegebühren(Nr.___)			Zum wievielten Male?		
		Hörergebühr	*30*				
		Auslånderzuschlag			Bei wem früher gehört?		
		Gesamtbetrag:	*50*	*80*			

Zahlungstag *10/11* 1924　　Nr. *689*　　Welcher Korporation gehören Sie an?

＊1　講義録では，Psychologie（mit Dcmonstrationen 実験を含む）となっている。

＊2　講義録では Übungen über ausgewählte Fragen der neuesten Psychologie（新しい心理学の諸問題）となっている。

出典：マールブルク大学古文書館所蔵。

表3－1　マールブルク大学における山下徳治の受講票一覧（その③）

【1925年夏学期】

Die Studierenden haben eine Abschrift der belebten Vorlesungen auf diesen Zettel einzutragen und auf der Quästur abuzugeben

Yamashita　*Tokuji*　　*Philosophie*　　aus *Japan*

〈Familienname〉- bitte deutlich - 〈Rufname〉　　〈Studienfach〉　　Hiesige Wohnung *Wörthstr 23*

- abcschützenmäßig -

Nr.des Vorl.= Ver= zeichn.	Privat=〈entgeltliche〉 Vorlesungen Dozent	Gegenstand	Betrag 〈füllt Quästur aus〉 Mark	Pf.	Nr.des Vorl.= Ver= zeichn.	Öffentliche 〈unentgeltliche〉 Vorlesungen Dozent	Gegenstand
4	*Heidegger* ハイデガー	*Geschichte des Zeitbegriffs* 時間概念の歴史	10				
7	*Hertmann* ハルトマン	*Erkenntnistheorie* *1 認識論	10				
8	*Hertmann* ハルトマン	*Übungen über Kant* *2 カントについての演習	–				
2	*Jaensch* イエンシュ	*Grundfrage der Psychologie* *3 心理学の根本問題	10				
	Jaensch イエンシュ	*Ubungen über Denken* *4 思考についての演習	–				
5	*E.Otto* オットー	*Allgemeine Erzrehungslehre* 一般的教育学	5				
11	*E.Otto* オットー	*Übungen über Spranger* *5 シュプランガーについての演習	5				
10	*Rehmke* レムケ	*Übungen über Kant* *6 カントについての演習	–				
12	*Bultmann* ブルトマン	*Erklärung der Briefe an die Korinther* 「コリント人への手紙」解釈	10				
		Unterrichtsgeld	50		Welche Vorlesung Wird		
		Soziale Abgaben	~~12~~	~~80~~	Wiederholt belegt?		
		Studiengebühr					
		Ersatzgeld					
		Aufnahmegebühren〈Nr.___〉			Zum wievielten Male?		
		Hörergebühr	20	80			
		Ausländerzuschlag			Bei wem früher gehört?		
		Gesamtbetrag:	70	80			

Zahlungstag *16/5* 1925　　Nr. *1702*　　Welcher Korporation gehören Sie an?

＊1：講義録ではÜbungen über die Nikomachische Ethik des Aristoteles（アリストテレス『ニコマコス倫理学』演習）となっている。

＊2：講義録ではÜbungen über Kant（Kritik der reinen Vernunft 純粋理性批判）となっている。

＊3：講義録ではÄsthetik（Philosophie des Schönen und Kunst, im Zusammenhang mit den Einzelwissenschaften, der allemeinen Philosophie und den Kultur= und Erziehungsfragen)（美学：美と芸術の哲学，個別科学との関係，一般的哲学とその文化，そして教育の問題）となっている。

＊4：講義録では確認することができなかったが，講義に付随して行われたものと思われる。

＊5：講義録ではÜbungen über Allgemeine Erziehungslehre（一般教育論についての演習）となっている。

＊6：講義録ではÜbungen über Kant Kritik der praktischen Vernunft（実践理性批判）となっている。

出典：マールブルク大学古文書館所蔵。

表3-1　マールブルク大学における山下徳治の受講票一覧（その④）

【1925年冬学期】

Die Studierenden haben eine Abschrift der belebten Vorlesungen auf diesen Zettel einzutragen und auf der Quästur abuzugeben

Yamashita *Tokuji* 〈Familienname〉- bitte deutlich - 〈Rufname〉 - abcschützenmäßig -

Philosophie 〈Studienfach〉

aus *Japan*

Hiesige Wohnung *Wörthstr 23*

Nr.des Vorl.= Ver= zeichn	Privat=〈entgeltliche〉 Vorlesungen: Dozent	Gegenstand	Betrag 〈füllt Quästur aus〉 R=Mark	Pf.	Nr.des Vorl.= Ver= zeichn.	Öffentliche 〈unentgeltliche〉 Vorlesungen: Dozent	Gegenstand
1	*Prof. Heidegger* ハイデガー	*Logik* 論理学	10				
5	*Prof. Heidegger* ハイデガー	*Phanomenologisch Ubungen für Anfänger* 初級現象学演習	–				
6	*Prof. Heidegger* ハイデガー	*Phanomenologisch Ubungen für Fortgeschrittene* 上級現象学	–				
3	*Prof. Jaensch* イエンシュ	*Psychologie* *1 心理学	10				
	Prof. Jaensch イエンシュ	*Seminal* ゼミナール	–				
11	*Prof. Freiherr von Soden* フォン・ゾーデン	*Erklärung der Briefe an die Galater u. an die Römer* 「ガラテヤ人への手紙」と「ローマ人への手紙」解釈	10				
22	*Prof. Rade* ラーデ	*Theologie Luthers u. Melanchthons* ルター派神学とメランヒトン	5				
33	*Prof. Niebergall* ニーバーガール	*Evangelische Volkserziehung* 福音主義国民教育論	5				
17	*Prof. Geldner* ゲルドナー	*Sanskrit =Grammatik für Anfänger*	–				

Wird Ratenzahlung gewünscht?

In welcher Höhe?

Bem. Bei Ratenzahlung muß die 1.Rate mindestens die Hälfre der Gesamtsumme betragen.

	R=Mark	Pf.
Unterrichtsgeld	40	
Soziale Abgaben	~~12~~	~~30~~
Beitrag z. Amt f. Leibesubung.	~~2~~	–
Studiengebühr		
Ersatzgeld		
Aufnahmegebühren〈Nr.___〉		
Horergebühr u. Unfall.=Vers.	20	80
Für Prüfung der Zeugnisse von Ausländern	~~5~~	
Gesamtbetrag:	60	80

Welche Vorlesung Wird Wiederholt belegt?

Zum wievielten Male?

Bei wem früher gehört?

Zahlungstag *30. 10* 1925

Nr. *111*

Welcher Korporation gehören Sie an?

＊1：講義録では，Psychologie（mit Demonstrationen 実験を含む）となっている。

出典：マールブルク大学古文書館所蔵。

表3-1　マールブルク大学における山下徳治の受講票一覧（その⑤）

【1926年夏学期】

Die Studierenden haben eine Abschrift der belebten Vorlesungen auf diesen Zettel einzutragen und auf der Quästur abzugeben

Yamashita　*Tokuji*　　*Philosophie*　　aus *Japan*

〈Familienname〉- bitte deutlich - 〈Rufname〉 - abcschützenmäßig -　　〈Studienfach〉　　Hiesige Wohnung *bei Herru Pfor. Ziegler Reuthof 13*

Nr.des Vorl.=Ver=	Privat=〈entgeltliche〉 Vorlesungen und Uebungen pp. Dozent	Gegenstand	Betrag 〈fűllt Quästur aus〉 RM.	Pf.	Nr.des Vorl.=Ver=zeichn	Öffentliche 〈unentgeltliche〉 Vorlesungen und Uebungen pp. Dozent	Gegenstand
	Prof. Heidegger ハイデガー	*Grundbegriff der antiken Philosophie* 古代哲学の根本概念	*10*				
	〃	*Übungen über Gesch. u. histo. Erke.* *1 ゲシヒテとヒストリエの区別についての演習	–				
	Prof. Jaensch イエンシュ	*Philosophische Antoropologie* *2 哲学的人類学	*10*				
	〃	*Übungen zur philo. Antoropologie* 哲学的人類学演習	–				
	Prof. R.Otto オットー	*Ethik* 倫理学	*10*				

		RM.	Pf.	
Wird Ratenzahlung gewunscht?	Unterrichtsgeld	*30*		
	Soziale Abgaben	~~12~~	~~0.0~~	Welche Vorlesung Wird Wiederholt belegt?
	Beitrag z. Institut f. Leibesubung.	~~2~~	–	
In welcher Höhe?	Studiengebühr			
	Ersatzgeld			
	Aufnahmegebühr〈Nr.___〉			Zum wievielten Male?
Bem. Bei Ratenzahlung muß die 1.Rate mindestens die Hälfre der Gesamtsumme betragen.	Horergebühr u. Unfall.=Vers.	*20*	*80*	
	Für Prüfung der Zeugnisse von Ausländern			
Im wievielten Studiensemester stehen Sie?	Gesamtbetrag:	*50*	*80*	Bei wem früher gehört?
	1.Rate=　　Mk. 〈füllt Quästur aus〉			Einn.=Buch Nr. *214*

＊1：講義録では Übungen über Geschichte und historische Erkenntnis im Anschluß an J. G. Droysen, Grundriß der Historik（ゲシヒテとヒストリエの区別についての演習，ドロイゼン歴史学概説の到達点より）となっている。

＊2：講義録では Philosophische Anthropologie（Die Lehre vom Menschen und seinem Verhältnis zur welt als philosophische Grundwiffenschaft）（哲学的人類学：人間の教えと哲学的基礎科学の世界との関係）となっている。

出典：マールブルク大学古文書館所蔵。

①

言葉は魔術的力~~働~~きをする。唯物論。唯物史観。マルキシズム　レーニズム
ソビエット露西亜の名を聞くさへ厭はしいこと。恐るべきことのやうに思ふ。
事実を見まいとすることは怯懦である！文化のあらゆる方面、学問芸術宗教に於て生産的であらうとするならば

日本に於ける民本主義者　武者小路氏の幸福者
賢者も圧制者となれば愚人となる。
自然の発達過程に於いてはハックスレーが「自由教育学」の中に言っているやうに
無知と故意の反抗と同視的に鋭く罰せられる。

自然の訓戒は人間の愛のやうに諄々として説がない。一言なしに直ちに横面を張る。
然し人間は何の理由によつて横面を張られたかについて考へて見なければ
ならない。それが人間に与へられた課題である。

②

日本に於ける新教育の没落

ドイツに於ける Versuchsschule の没落。

Why に就いて考へた。同一原理に由つて没落してゐる。

日本やドイツに於ける新教育没落の同一原理は又現代文化の各方面を支配して
ゐるやうに思ふ。

没落の同一原理

a. Mensch an und für sich.　（偶然の意義）｛Möglichkeit として在るもの｛内在神／Dasein として在るもの｛超越神
｛子、母、人類、神　extensir für sich
｛子、神、人類、母　intensiv an sich

b. Theorie und Praktisch　アリストテレスの学問の規定。新オルガノン（ベーコン）
(Triangel)　（生活“　的”と~~指導~~原理的指導）
c. Erkenntnis und Methode (Technick)
d. 自然的関係と自然的関係の破れていく問題
それへの救済としてペスタロッチに於ける人間の研究及び後の教育精神とその実際

ペスタロッチ研究｛
フレーベル
ヘルバルト
ナトルプ
デレカート
イエンシュ　初めて人間学的立場より，

図4-1　山下徳治資料のノート No. 18（抜粋①）

出典：成城学園教育研究所所蔵。

③

ペスタロッチ教育思想はプラトーやカントや Neukanntianism に近いよりは
　　オーガスチン、パスカルやマルクスやニーチェやディルタイや
　　ジェームスに近い。
自然の発達過程に於ける
人間とその社会生活の研究に於て唯物的弁証法程 忠実に教へてくれたものはない
と思ふ。

唯物的弁証法かヘーゲルの Dialektik と区別されるのはマルクスも言ってゐるやう
に、ヘーゲルのそれは自然に於いては逆立ちしてゐると言つたことで充分である。

歴史主義の克服
　　アリストテレス及びヘーゲルに於ける歴史の尊重と有在の歴史性の否定。

要するに私は神の人ペスタロッチの教育精神とその実際とを無神論的
唯物史観の立場からの新興ロシヤに於て現象的に実現せんとするのを見た。
既にその計画は部分的には実現し又将来に

④

然し茲には大きい問題が横はつてゐる。
　　即　教育と社会組織との関係の問題である。
　　教育は教育だけとしては考へられない。
Ⅰ　それで若し或人か「ロシヤの教育は政治の宣伝機関になつてゐる」と云ふことを
　　問題にするなら、それは余りにも当然であつて日本の学校教育か
　　日本の社会政治組織に於て余りにも多く関係を持ち過ぎてゐるやうに。

要はその現実の社会なり政治組織がどうかと云ふ根本的批判の問題か
　　先行しなければならぬ。

Ⅱ　◎理想と現実の相異

社会的必然性、　個人的自由

図4－1　山下徳治資料のノート No. 18（抜粋②）

出典：成城学園教育研究所所蔵。

⑤

人間教育を、唯物的弁証法　或は唯物史観に於て厳密に、正しく
理解するならば、新カント学派、精神科学、現象学派から区別

1．唯物論とするか唯心論をとるかの現実的根拠を究めなければならぬ

a　<u>感性</u>（Sinnlichkeit）
- 三つ子の魂百まで。
- 武士道、禅、陽明学
- 音楽―芸術一般

Feuerbach に於ては尚消極的であつた感性に、aktiv な性格を
与へたのは Marx であつた。

b <u>今日ドイツの Typologie</u>

<u>Werttypologie</u>
(Spranger)
<u>Somathische Typologie</u>
(Kretzmer)
→ <u>Jaenschsche Typologie</u>

c さきの Pestalozzi の例に於て <u>extensiv</u> な世界が根本にならねばならぬ。

2．人間とその社会生活に於ける<u>自然生長性</u>が重要視されそれとの関係に於て
目的意識性が考へられる。

a 理念や価値からだけで規定されない。殊に出来上がつた理念と云うふものはない。
（固形化した理論、閉鎖された体系）

b 人間やその社会を支配してゐる、経験や生活を通し知ることが重要事である。
自然生長性の実現を

c 人間やその社会が一つの Struktur に於て研究される。
今迄の哲学がしたやうな論理的第一原理の理論と認織に役立つ限りは
於て他を ausschalten したやうなことは許されない。生長や発展をその
全体の姿に於て眺める。・・・・

中條百合子
d 従つて Erkenntnis が単に論理的でない。或は単に芸術的感傷的でない。
何よりも過程として認識する。

e 従つて又 methodisch でなければならぬ。

3．個人的自由は社会的必然性の認識に於てのみ許容される。

a 人間の存在を für sich に従つて Umgebung の問題となる。
人間の意識内容は規定されてゐる。an sich としての可能性は生活経験
に由つて規定されてゐる

（改ページ）

b <u>氏より育ち</u>

（以下空白）

図 4－1　山下徳治資料のノート No. 18（抜粋③）

出典：成城学園教育研究所所蔵。

資料編　山下（森）徳治文書の概要とその性格

1　二つの「山下（森）徳治文書」

ここに取り上げる「山下（森）徳治文書」（以下「山下文書」と記載）は、二つの機関に所蔵されているものであることをまずは述べておきたい。一つは、成城学園教育研究所に所蔵されている三〇〇点ほどの資料群である。もう一つは、二〇一三年三月に鹿児島大学に寄贈された同程度の分量のものである。したがって、現在、山下文書は東京と鹿児島に分かれて所蔵されているのである。研究の便宜からいえば資料が一カ所に収集されていることが望ましいが、家族の意向により一部を山下の郷里である鹿児島の地で所蔵することになったものである。

成城学園教育研究所所蔵の山下文書は、山下の論考が掲載されている雑誌類が中心を占め、他にドイツ留学中のノートやスポーツ教育関係の文書などがある。これらは妻・森瑤子氏によって当研究所に寄贈されたものである。

一方、鹿児島大学附属図書館所蔵の山下文書は、原稿やメモ類が多く、なかには未発表の文書も含まれている。また卒業証書や書簡などの個人資料も多数所収されている。そのため、書簡等については、現時点で五〇年を経過した歴史的資料としての価値があるものを選定したうえで、一覧に掲載していることを断っておく。これらは二〇二三年に鹿児島大学附属図書館の特殊文庫として所蔵され、現在はすべて公開されている。

山下の著作目録については、『明日の学校』（世界教育学選集七六、明治図書出版、一九七三年）に掲載されて久しいが、今後の山下徳治研究は、二つの山下文書の分析により、さらに充実されることが期待される。それに加えて、山下のもとで育った教育学者や心理学者の交流関係が文書を通じて明らかにされることにより、戦後の教育学の担い手や場の形成過程を明らかにすることも可能となると考えられる。現在、教育学において「戦後教育学」の評価をめぐる論議が行われているなかで、この文書がもつ研究的意味は単に山下個人の研究にとどまらないものであると考えている。また、本書では詳述できなかったが、戦後日本の少年のスポーツ論についても貴重な資料が含まれており、この領域においての今後の研究に活用されると考えている。

2　成城学園教育研究所所蔵「山下（森）徳治文書」目録一覧

成城学園教育研究所所蔵の山下（森）徳治文書には、大きく、「雑誌・冊子類」「ノート類」「洋書類」に分類される資料が所収されている。なお、多数ある新聞の切り抜きについては、今回一覧には掲載していない。雑誌・冊子類は、山下の論考が掲載されているものが中心であり、一覧には備考欄にそれらの論文名を示している。ただし、山下の全著作が収められているわけではなく、例えば、初期の機関紙『教育問題研究』は入っていない。

雑誌のなかで、今回の一覧では、「スポーツ教育関係」と「教育運動史関係」は別途分類して掲載している。その理由は、これらの二領域については、雑誌だけでなく、関係する書簡や印刷物などの資料があり、ひとまとまりとして示した方がよいと判断したためである。

戦前の教育運動についての資料は多くはなく、戦後のものが中心となっている。ただし、新興教育運動については、『新興教育』の復刻を支援し、当時の回想を書いて若手の教育運動史研究者に協力していたことが資料から読み取れるだろう。スポーツ教育の方は、戦後に山下が自身の教育思想を結実させようと情熱を傾けた領域であるため、鹿児島大学附属図書館所蔵の文書と併せて多数の資料が残されていることがわかる。

ノート類と書籍類（洋書）は、ともにドイツ語で書かれたものが中心となっている。山下が成城の海外派遣生としてマールブルク大学に留学していた当時の貴重な学習ノートが残されており、彼の初期の思想形成とともに、その発生論的な志向性をたどることができるものとなっている。

最後に、ノート類には、未刊の原稿が含まれていることが注目されるところである。本書第10章及び終章で取り上げた「日本教育の発足」または「日本教育の再発見」というタイトルで残された目次と一部の原稿は、成城学園教育研究所に所蔵されているものである。

なお、＊は推定年である。

雑誌・冊子類

No.	分類	雑誌・冊子名	年月日	著者	備考
1	雑誌	『全人』第一巻第一号	一九二六・八		山下徳治「マールブルヒの思索」
2	雑誌	『全人』第一巻第二号	一九二六・九		
3	雑誌	『全人』第一巻第三号	一九二六・一〇		山下徳治「イエンシュ教授の心理学とその教育との関係について」
4	雑誌	『全人』第一巻第四号	一九二六・一一		山下徳治「北欧の學校を訪ねて」
5	雑誌	『全人』第一巻第五号	一九二六・一二		山下徳治「教育と藝術的創造」、小原國芳「山下君を迎えて」
6	雑誌	『全人』第六号	一九二七・一		山下徳治「教育の本質より見たるペスタロッチの教育思想」 ペスタロッチー百年祭記念
7	雑誌	『全人』第七号	一九二七・二		山下徳治「ペスタロッチーの死について」 ペスタロッチー記念号続巻
8	雑誌	『全人』第八号	一九二七・三		山下徳治「新しき音楽教育論を聞く（一）」
9	雑誌	『全人』第九号	一九二七・四		山下徳治「新らしき音楽教育論をきく（二）」
10	雑誌	『全人』第一〇号	一九二七・五		山下徳治「ドイツはベートーフェンの國である」 ベートーヴェン百年祭記念号
11	雑誌	『全人』第一一号	一九二七・六		
12	雑誌	『全人』第一二号	一九二七・七		ベートーヴェン記念号続巻
13	雑誌	『全人』第一三号	一九二七・八		

14	雑誌	『全人』第一四号	一九二七・九		
15	雑誌	『全人』第一五号	一九二七・一〇		
16	雑誌	『全人』第一七号	一九二七・一二		
17	雑誌	『全人』第一八号	一九二八・一		トルストイ生誕百年記念号
18	雑誌	『全人』第一九号	一九二八・二		澤柳先生記念号
19	雑誌	『理想』第四三号	一九三三・一一		山下徳治「新教育学説の種々相」
20	冊子	『ハイデッガー哲学』	一九三五・四	理想社出版部	山下徳治「巻頭肖像に就いて」
21	複写	「教育科學と児童學」	一九三五・四	山下徳治	『教育』第三巻第四号掲載論文
22	複写	『成城文化史』	一九三八	成城高等学校同窓会	山下徳治「我が国における成城教育の意義」
23	雑誌	『日曜学校』第二七巻第五号	一九四〇・五		山下徳治「『叱る』教育」
24	雑誌	『帝国教育』第七四四号（十月号）	一九四〇・九		山下徳治「新教育體制の創意ある計畫性について」
25	雑誌	『イタリア』創刊号	一九四一・四		山下徳治「教育の心理主義化を排す（時評）」
26	雑誌	『少國民文化』第二巻第一二号	一九四三・一二		森徳治「産業戦士の生ひ立ち」
27	雑誌	『真体育』第一三七号	一九四三・六		森徳治「運動の作る『うるはしさ』に就いて」
28	雑誌	『科學史研究』	一九四九・一〇	日本科学誌学会	
29	雑誌	『近代教育』創刊号	一九四九・一二	成城教育研究所	森徳治「直接経験——教育の基礎経験としての」
30	雑誌	『心』八月号	一九四九・八		「ゲーテ生誕二百年を記念して」と書き込みあり

31	雑誌	『教育』第三巻第八・九号	一九四九・九		森徳治「石山脩平論」
32	雑誌	『近代教育』第二号	一九五〇・二	成城教育研究所	森徳治「湯川博士と我々の問題（一）」
33	雑誌	『職業教育』第一巻第三号	一九五〇・三		森徳治「『中学校における職業・家庭科について』に対する希望と期待」
34	雑誌	『東京都醫師會雑誌』第三巻第一号	一九五〇・五		
35	雑誌	『教育美術』第一一巻第六号	一九五〇・六		森徳治「美術教育革新のシンポジウム」
36	雑誌	『教育美術』第一一巻第七号	一九五〇・七		森徳治「解答のあとに」美術教育革新シンポジウム（六月号）の回答
37	雑誌	『児童心理』第四巻第七号	一九五〇・七		森徳治「自然への開放」
38	雑誌	『教育美術』第一一巻第八号	一九五〇・八		「美術教育革新のシンポジウム（座談会）」司会：森徳治
39	雑誌	『教育美術』第一一巻第一〇号	一九五〇・一〇		中谷健次・森徳治「美術教育の方法についての対話」
40	冊子	『国内出版物目録』一九四九年四月～三月	一九五一・五・一五	国立国会図書館	
41	雑誌	『教育研究』第六巻第三号	一九五一・三		東京教育大学附属小学校初等教育研究会
42	雑誌	『教育美術』第一二巻第六号	一九五一・六		森徳治「美術の深淵と頂點——土方定一編『美術』を読みて」
43	冊子	「第三回ゆかり芸能保育講習會」	一九五一・七		森徳治「新教育の理念と芸能教育」
44	冊子	「一般教育における美術」	一九五一・七	日本ユネスコ国内委員会事務局	

45	雑誌	『教育技術』第六巻第七号（臨時増刊）	一九五一・九		森徳治「現在教育の盲点をつく」
46	雑誌	『産業教育』第一巻第五号	一九五一・一〇		森徳治「職業教育における人間形成」
47	雑誌	『理想』第二二二号	一九五一・一一		森徳治「讀書と人間形成」
48	雑誌	『教育美術』第一二巻第一二号	一九五一・一二		森徳治「日本文化のオリジナリティー」
49	新聞	『南日本新聞』	一九五一		宮原誠一「子どものための人類歴史の案内書」（森徳治『技術の生いたち』紹介）
50	雑誌	『職業教育』第三巻第三号	一九五二・三		森徳治「教科書論とその批判」
51	雑誌	『教育美術』第一三巻第六号	一九五二・六		森徳治「ピカソ・マチスへの心理的反省」
52	雑誌	『小五指導計画』六月号	一九五二・六		森徳治「新しい祖国愛の発見」
53	雑誌	『教育技術』第四巻第六号	一九五二・八		森徳治「社会科改造の根本課題」
54	新聞	「教育技術新報」	一九五二・九・一		森徳治「言論の自由と教育」
55	雑誌	『小六指導計画』一〇月号	一九五二・一〇		森徳治「日本民族と独自の文化――見るということについて」
56	雑誌	『小六指導計画』一一月号	一九五二・一一		森徳治「日本民族と独自の文化（二）――日本民族の心と手」
57	雑誌	『小六指導計画』一二月号	一九五二・一二		森徳治「日本民族と独自の文化（三）――術から道に到る」
58	雑誌	『造形パンフレット』第三号	一九五二・一二		森徳治「作ることについて」
59	雑誌	『波紋』第二六号	一九五二・一二		森徳治「ヒューマニズムと日本民族」
60	雑誌	『教育技術』第四巻第一二号	一九五三・二		森徳治「日本社会の現段階における社会科の役割」

61	雑誌	『波紋』第二七号	一九五三・三		森徳治「ヒュマニズムと日本民族（続）」
62	雑誌	『児童心理』第七巻第四号	一九五三・四		森徳治「計算器とグラフ」
63	雑誌	『教育技術』第八巻第一号	一九五三・四		森徳治「生活が教える学校」
64	雑誌	『波紋』第二八号	一九五三・六		森徳治「ヒューマニズムと日本民族（完）」
65	雑誌	『中学教育技術』第三巻第四号	一九五三・七		森徳治「中学校の教育研究に期待するもの」
66	冊子	「科学的思考の発達」	一九五三・七	森徳治	教育心理学講座第七巻第一一号
67	雑誌	『小五教育技術』第八巻第二号	一九五四・五		森徳治「社会科の前進――地歴教育のあゆみをみる」
68	雑誌	『児童心理』第八巻第八号	一九五四・八		森徳治「夏休みと子どもの生活」
69	雑誌	『児童心理』第二一五号	一九五四・一〇		森徳治「健全なレクリエーションを」
70	雑誌	『中学教育技術』第四巻第八号	一九五四・一一		森徳治「生活指導と数学教育――抽象能力の低下」
71	雑誌	『児童心理』第八巻第一一号	一九五四・一一		森徳治「問題解決能力の発達」
72	雑誌	『人の教育』第八巻第三号	一九五五・三		森徳治「新しい教育人間像」
73	雑誌	『観光手帖』四月号	一九五五・四		森徳治「旅を想う」
74	雑誌	『観光手帖』秋季号	一九五五・九		森徳治「旅と自然」
75	雑誌	『指導計画』第七巻第九号	一九五五・一一		森徳治「美術工芸と日本の将来」
76	雑誌	『教育技術』第一一巻第八号	一九五六・一〇		森徳治「教育技術の基本的性格について」
77	雑誌	『職業教育』第七巻第四号	一九五六・四		森徳治「誠実なる改訂案とその進路」出版社からの挨拶文同封

78	雑誌	『小四教育技術』第九巻第六号	一九五六・八		森徳治「現代人の思考」
79	新聞	『日本のカイロ』新年号	一九五七・一・一	脊髄匡正療法研究会後援会	森徳治「人類の運命と病気」
80	新聞	「教育質量ニュース」	一九五八・二・一	教育質量研究会	（第二面）森徳治「新教育の再発見」
81	冊子	「学力の最低必要量とその測定について」	一九五八・二	教育質量研究会	専門委員会代表　森徳治（専任）　教育質量研究会封筒に「教育質量ニュース」同封
82	雑誌	『職業教育』第九巻第四号	一九五八・四		森徳治「技術教育の問題点」　世田谷区議会同志クラブニュース
83	冊子	「日本技術教育会議の概要（案）」	一九五八・六	技術教育研究会	
84	雑誌	『職業教育』第一〇巻第四号	一九五九・四		森徳治「技術とは何か　諸外国との対比にみる技術教育の本質」
85	雑誌	『家族の教室』二月号	一九六〇・二		森徳治「こどもの見方（第九回）」
86	雑誌	『家族の教室』三月号	一九六〇・三		森徳治「こどもの見方（第一〇回）」
87	雑誌	『ふろ』創刊号	一九六〇・三		森徳治「愛情の欠乏感」
88	雑誌	『ふろ』第二号	一九六〇・五		森徳治「自由な学習法」
89	雑誌	『生活教育』第一二巻第六号	一九六〇・六		森徳治「日ソにおける算数教育の出発点の比較研究」
90	雑誌	『家族の教室』七月号	一九六〇・七		森徳治「子どもの見方第一四回　一〇～一二才の人間形成」
91	雑誌	『職業教育』第一一巻第六号	一九六〇・七		森徳治「三つの技術」
92	雑誌	『家族の教室』八月号	一九六〇・八		森徳治「子どもの見方第一五回　感情の芽ばえるころ」

93	雑誌	『ふろ』第三号	一九六〇・八		森徳治「兄弟げんか」
94	雑誌	『家族の教室』九月号	一九六〇・九		森徳治「子どもの見方第一六回　感情は想像力のいずみ」
95	雑誌	『教育』第一〇巻第一一号	一九六〇・一〇		山下徳治「ブルジョア教育学の非現実性」
96	雑誌	『家族の教室』一〇月号	一九六〇・一〇		森徳治「子どもの見方第一七回　子どもの速度の一歩まえで」
97	雑誌	『ふろ』第四号	一九六〇・一一		森徳治「国語力をつける」
98	雑誌	『家族の教室』一月号	一九六一・一		森徳治「子どもの見方第二〇回　こども部屋の必要な時期」
99	冊子	「長野県教育の抵抗の歴史」	一九六一・七・一	二・四事件記録刊行委員会	
100	雑誌	『家族の教室』二月号	一九六一・二		森徳治「子どもの見方第二一回　考える学習の中で――生きて生い立つ学習を」
101	冊子	「教室の窓　中学社会」第3巻第2号	一九六一・二		森徳治「日本文化の伝統と創造」
102	雑誌	『家族の教室』三月号	一九六一・三		森徳治「子どもの見方（最終回）――家庭生活と教育」
103	雑誌	『算数と数学』第一一九号	一九六一・一二		森徳治「新時代の教具論」
104	雑誌	『職業教育』第一三巻第一号	一九六二・一		森徳治「教育哲学の改造と技術教育」
105	雑誌	『技術・家庭教育』第一四巻第一号	一九六三・一		森徳治「中学校の技術教育に期待するもの」『職業教育』改題
106	雑誌	『人間形成』第四五号	一九六四・六		森徳治「民族の運命とその危機」

107	雑誌	『産業教育』第二四巻第一一号（産業教育九〇年記念臨時増刊）	一九四七・一一		森徳治「職業教育における人間形成」文部省からの再掲依頼文同封
108	印刷物	「日本教育学会（第四〇回大会プログラム）」	一九八一・八・二八〜三〇		
109	新聞	『南日本新聞』＊			寒さに強い〃薩摩っ子〃（一月二三日付夕刊）、山下兼秀の名あり
110	印刷物	「子供の生活の場――自然科学」			
111	冊子	「技術教育を推進するために（提案骨子）」			

スポーツ教育関係

No.	分類	資料名	年月日	著者	備考
1	冊子	Education in the Tamagawa-Juku	一九三二	Kuniyoshi Obara	Tamagawa-Gakuen
2	印刷物	「全國都市体育研究協議會規程案」	一九五一・一二	全國都市体育研究協議會	
3	印刷物	「横濵健民体育研究協議會要項」	一九五二・三	横濵健民体育研究協議會	
4	印刷物	「昭和二十八年度における体育管理の實際」	一九五三	若松市教育委員会事務局保健体育課	
5	著書	『健民少年の手引』（横浜市県民体育資料第八輯）	一九五三	横浜市教育委員会健康教育課	
6	著書	『健民少年運動の研究』（横浜市県民体育資料第九輯）	一九五三・三	横浜市教育委員会健康教育課	森徳治「大自然と少年の生い立ち」「少年と自然」

7	印刷物	「横浜健民少年団交歓（京都）活動参加者名簿」	一九五三・七	横浜県民少年団	
8	印刷物	「『健民少年新春大会』の計画」	一九五四・一・八		於フライヤージム（横浜公園）・横浜平和球場 封筒に「津金地区スポーツ少年団」と記載
9	著書	『健民少年教育理論の基礎的研究』（横浜市県民体育資料第一五輯）	一九五四・四・三	横浜市教育委員会健康教育課	森徳治、富田富士雄、西村武夫の共同研究
10	冊子	『横浜健民』第四五号	一九五四・三・二五		森徳治「講義　健民少年活動の運営について」森瑤子　音楽指導
11	冊子	「カール・ディーム博士講演集」	一九五五・一一	カール・ディーム博士招聘講演会準備委員会	書込あり
12	冊子	「独乙ケルン体育大学学長カールディーム博士招聘講演会の計画」	一九五五・一一		全国都市体育研究協議会・日本体育学会・文部省主催
13	冊子	Die Leibeserziehung	一九五六・一		Carl Diem "Schul- und Universitätssport im Fernen Osten und am Nil"
14	冊子	German Sport- Movement	一九五六・一一	Carl Diem	
15	冊子	「横浜市における『子供の遊び場』——手引きとして」	一九五七・二	横浜市教育委員会健康教育課	健康教育資料第二五集 「健民少年運動の再建についての意見」（手書きメモ同封）
16	冊子	『横浜健民』第六七号	一九五七・二・二八		「健民審議会の記載」森徳治、富田富士雄、西村武夫、瓜巣憲三、安永和夫、石井安正、峯尾正次、井上村蔵、柴田梅吉

17	報告	「要望書」	一九五八・五・二七	全国都市青少年体育振興会議	全国都市青少年体育振興会議（横浜市）にて公演「少年育成への反省と対策」（森徳治）
18	冊子	『横浜健民』第四七号	一九五四・五・二五		森徳治訳「ドイツ青少年活動の紹介『我々の青少年』」 "Unsere Jugend" Jahrgang März 1953 Heft 3 Postversandort München
19	新聞	『柏崎体育』第四八号	一九五九・六・一〇		森徳治「ディーム先生の想い出」
20	冊子	「カール・ディーム博士講演概要」	一九六一・四	日本体育協会オリンピック東京大会組織委員会	
21	冊子	「Japanese Archery」	一九六一・九	Seikichi Ochiai, Hideharu Onuma	Asahi Archery Equipment Co. 新聞切抜挿入
22	手紙	Liselott Diem 宛	一九六三・一・三一	Kenkichi Oshima	The Japanese olympic committee 図書の Aufsatze（目録）が付されている。封筒「健民少年団」
23	手紙	Kenkithi Oshima 宛	一九六三・四・九	Liselott Diem	Köln-Müngersdorf 封筒「健民少年団」
24	手紙	Kenkithi Oshima 宛	一九六三・五・二〇	Liselott Diem	Köln-Müngersdorf 封筒「健民少年団」
25	印刷物	田辺市スポーツ団体会報	一九六四・四・二二	田辺市教育委員会社会教育課	封筒「健民少年団」
26	証書	修了証	一九六四・五・一六〜一七	田辺市スポーツ少年団	氏名の記入無し 封筒「健民少年団」
27	印刷物	「スポーツ少年団　キャンプ」	一九六四・五・一六〜		田辺市スポーツ少年団本部

		指導者講習会要項」	一七		「指導者証」（田辺市スポーツ少年団）同封
28	通知	市内各中学校校長殿	一九六四・五・二九	堅田哲生	田辺市スポーツ少年団本部長、堅田「オリンピックとスポーツ少年団」新聞同封 封筒「健民少年団」
29	手紙	森徳治宛	一九六四・七・一〇	福吉正則	フィルム一枚同封
30	印刷物	機関紙編集委員会議事要約	一九六四・九・一	日本スポーツ少年団	
31	印刷物	東京オリンピックに参加の皆様へ	一九六四・一〇	日本スポーツ少年団	日本語、英文、仏文、独語、西語
32	原稿	大和スポーツ少年団	一九六四＊		大和スポーツ少年団 封筒「健民少年団」
33	印刷物	Japan ruft!	一九六五・二		Vom Kirchlichen und Missionarischen dienst in Japan Akira Akaike の名あり
34	新聞	『スポーツジャーナル』	一九六五・二・一〇	スポーツジャーナル社	座談会「スポーツ少年団の理想像」（石井光次郎、竹田恒徳、前田充明、大庭哲雄、八田一朗、青木半治、野津謙、森徳治、司会：田鶴浜弘・阿部三也夫）
35	新聞	『健康保険新聞』第八五号	一九六五・三・一		森徳治「あちらのお医者さん」
36	新聞	『読売新聞』	一九六五・三・三〇		危機はらむスポーツ少年団
37	雑誌	『体協時報』第一四〇号	一九六五・八		
38	冊子	スポーツ少年団の理念	一九六六＊	日本体育協会 日本スポーツ少年団本部	
39	冊子	『日本スポーツ少年団　指導	一九六七＊	日本体育協会	

No.	分類	資料名	年月日	著者	備考
		の手引き』		日本スポーツ少年団本部	
40	手紙	森徳治宛		輿水亀春	山梨県・津金中学校、七月八日付 封筒「健民少年団」
41	手紙	阿部三也夫宛		福吉正則	鹿児島県教育委員会、八月二九日付 封筒「健民少年団」
42	印刷物	健民少年演劇活動の考察点（一）			
43	印刷物	全国都市健民少年交歓会要項			於フライヤージム
44	印刷物	健民少年団の地域活動			

教育運動史関係

No.	分類	資料名	年月日	著者	備考
1	著書	*Education in Japan*	一九三八・三	Tokuji Yamashita	The Foreign Affairs Association of Japan 独語手書きメモ
2	手紙	森瑤子宛	一九四四・八・一八	成瀬政男	封筒「森礼治様」内、東北帝国大学工学部航空学科
3	手紙	森徳治宛	一九五〇・四・一	小浜勲	封筒「森礼治様」内
4	手紙	森徳治宛	一九五八・二・一	松永健哉	封筒「森礼治様」内、教育質量研究会、正木正の手紙同封
5	手紙	森徳治宛	一九五八・二・一九	松永健哉	封筒「森礼治様」内、教育質量研究会
6	年賀状		一九五九・一・一	森徳治	封筒「森礼治様」内
7	依頼文	森徳治宛	一九五九・五・一五	大砂吉雄	第13回全国レクリエーション大会横浜市実行委員会事務局長

8	印刷物	「第13回全国レクリエーション大会日程」	一九五九・六・三〜六		
9	冊子	『新教の友』第三号	一九五九・七	新教懇話会	森徳治「新興教育研究所の創立のころ」
10	冊子	『新教の友』	一九六〇・六・一		
11	冊子	『ソビエト教育学研究会報』第一号	一九六一・二		森徳治「若い研究者への期待」
12	雑誌	『教育運動史研究』第六号	一九六二・九	新教懇話会	
13	雑誌	『ソビエト教育科学』第一巻第五号	一九六二・一〇		森徳治「ヴィゴツキーの想い出」
14	手紙	森徳治宛	一九六三・五・九	松永健哉	封筒「森礼治様」内、教育質量研究会
15	冊子	『ソビエト教育学研究会報』第四号	一九六三・一二		森徳治「新しい人間像への待望」
16	雑誌	『民間教育史料研究』第五号	一九六七・一〇・一八	民間教育史料研究会	柿治肇・森礼治「森（旧山下）徳治論文目録（1）」
17	冊子	新教・教労の教育運動の組織基本文書	一九七一・九	教育運動史研究会編	教育運動史研究資料No.1
18	印刷物	「沢柳政太郎著作目録目安」	一九七三・一一・一九	成城学園沢柳研究会	封筒「沢柳関係」
19	葉書	森礼治宛	一九八一・三・三一	平田薫	
20	葉書	森礼治宛	一九八一・六・一二	秋池薫	
21	印刷物	「山下徳治文献目録」	一九八一・八・二九	秋池薫、山下雅彦、甲斐千代子、村井淳志、中嶋哲史（都立大学大学院）	
22	印刷物	「山下徳治の発達観の展開と教育方法論」	一九八一・八・二九	秋池薫、村井淳志、山下雅彦、中島哲史、甲斐千代子	日本教育学会第四〇回大会

				代子	
23	メモ	メモ	一九八一	柿沼肇	封筒「山下（森）徳治文献目録」
24	冊子	「日本資本主義発達史講座刊行50周年記念復刻版　別冊1 解説・資料」	一九八二・五		岩波書店
25	葉書	年賀状	一九八七・一	柿沼肇	封筒「山下（森）徳治文献目録」
26	手紙	森礼治宛	一九八八・七・三〇	岡野正	封筒「森礼治様」内、世田谷区の地図同封
27	冊子	一九三〇年代教員運動関係者名簿	一九九〇・八		岡野正からの文書あり（一九九〇年九月六日付）
28	葉書	喪中葉書	一九九一・一二	柿沼肇	封筒「山下（森）徳治文献目録」
29	葉書	年賀状	一九九二・一	岡野正	封筒「山下（森）徳治文献目録」山下についての記述あり
30	印刷物	第四学年一組学習指導案		西節子	単元「世田谷の発達」写真二枚、フィルム一枚
31	封筒	封筒「成城学園教育研究所」			
32	印刷物	「澤柳政太郎全集」			封筒「沢柳関係」、全集のちらし
33	新聞	「新興教育」の複製			封筒「森礼治様」内
34	手紙	森徳治宛		宮原誠一	封筒「森礼治様」内
35	ノート	無題			森徳治著作目録
36	メモ	無題			手書きメモ、森徳治経歴、「森徳治先生葬儀役員」
37	封筒	封筒「森礼治氏目録」			

ノート類

No.	分類	資料名	年月日	著者	備考
1	ノート	Deva=Bodhisattva (Aryadeva)	一九二四・一一	山下徳治	独語ノート
2	ノート	Für das Griechische Mai 1925	一九二五・五	山下徳治	ギリシャ語ノート
3	ノート	Vokabulare Mai 1925	一九二五・五	山下徳治	単語ノート
4	ノート	"Brief"	一九二五*	山下徳治	書簡ノート
5	ノート	An die Galater!	一九二五*	山下徳治	宗教学ノート
6	ノート	Deutsche Grammatik Formen und Satzlehre	一九二五*	山下徳治	独語ノート、日本語メモあり（小野島右左男「現代の心理学」）
7	ノート	Griechisch II	一九二五*	山下徳治	ギリシャ語ノート
8	ノート	Pestalozzi	一九二五*	山下徳治	日本語ノート、ペスタロッチの生育史について
9	ノート	無題	一九二五*	山下徳治	児童心理学についての日本語・独語の原稿
10	ノート	無題	一九二五*	山下徳治	ヨーロッパ・サンスクリットについての独語ノート
11	ノート	無題	一九二五*	山下徳治	ギリシャ語の学習、マールブルク大学の受講計画等
12	ノート	無題	一九二五*	山下徳治	ルソーについての独語ノート、大蔵経華厳部の一部写しあり
13	ノート	Note Book	一九二五*	山下徳治	独語ノート
14	ノート	3m	一九二五*	山下徳治	書簡ノート
15	ノート	3m	一九二五*	山下徳治	書簡ノート、ナトルプへの書簡下書き

					あり
16	ノート	無　題	一九二五＊	山下徳治	独語ノート
17	ノート	無　題	一九二五＊	山下徳治	独語単語帳
18	ノート	Общая Тетрадь	一九二五＊	山下徳治	日本語、メモ
19	ノート	The school and society by John Dewey（Haruko Hatano）		波多野治子	デューイ『学校と社会』の日本語訳、原稿用紙あり
20	ノート	Note Book		山下徳治	児童学に関する日本語ノート
21	ノート	御願ひ	一九二七・一・一〇	山下徳治	詩の写し
22	報　告	「報告」	一九三九・四	教育科学研究所（成城）	「山下国語教育研究室便り」「体育の哲学」と題したメモ書きがある
23	冊　子	「ＰＴＡ研究録」	一九五三	揖宿郡開聞小学校ＰＴＡ	
24	印刷物	冬の学校　参加者募集	一九五五・一二・一二	成城学園初等学校	
25	印刷物	浅草観音遷座記念乗車券（地下鉄）	一九五五・五・一五		封筒「森徳治氏、旧蔵書中にはさんであったもの」
26	複　写	技術と訓練についてのノート	一九五八＊	森徳治	手書きノートの謄写版
27	葉　書	新教懇話会二月例会	一九六二・二・一六		封筒「森徳治氏、旧蔵書中にはさんであったもの」
28	印刷物	本庄陸男遺稿集刊行会	一九六二＊		封筒「森徳治氏、旧蔵書中にはさんであったもの」
29	印刷物	神奈川県立近代美術館入場券	一九六二＊		封筒「森徳治氏、旧蔵書中にはさんであったもの」
30	写　真	深大寺国宝釈迦像写真	一九六二＊		封筒「森徳治氏、旧蔵書中にはさんであったもの」

31	印刷物	日本国際日本一・東京入場券	一九六二＊		封筒「森徳治氏、旧蔵書中にはさんであったもの」
32	原　稿	日本教育の発足		森徳治	未完、第一稿（封筒には「日本教育の再発見」とある）「伸長と体重の曲線による児童期の区分」（手書き）「The discovery of Japanese Education by Tokuji Mori」（メモ）
33	原　稿	日本教育の再発見　目次		森徳治	大判の画用紙に目次が書かれている。「日本教育の発足」とは対応していない。
34	ノート	日本教育年表		森徳治	用紙をつないで巻物状にしたもの、一八〇〇～一九三〇年の年表
35	原　稿	森（旧山下）徳治「教育科学と児童学」（解題）			森（旧山下）徳治「教育科学と児童学」（解題）
36	ノート	Scrap Book			
37	葉　書	「ふろ」愛読者カード		能率風呂工業（株）「ふろ」編集係	封筒「スミ九六　一・二九」
38	葉　書	葉　書			封筒「森徳治氏　旧蔵書中にはさんであったもの」西河仁三郎より田畑一作宛、軍事郵便
39	メ　モ	Greek Alphabet			封筒「森徳治氏　旧蔵書中にはさんであったもの」
40	ノート	森徳治著書目録			
41	印刷物	Salary Man			英語の試験問題

洋書類

No.	分類	書名	年月日	著者	備考
1	書籍	*Johann Amos Comenius Als theolog.*	一八八一	Hermann Ferdinand von Criegern	
2	書籍	*Herbert Spencer Die Erziehung*	一八八九	Frik Schulke	
3	書籍	*Johann Amos Comenius*	一八九二	Karl von Raumer	
4	書籍	*Johann Amos Comenius*	一八九二	W. Rayser	
5	書籍	*The School and Society*	一八九九	John Dewey	11th Impression February 1929
6	書籍	*A History of Education*	一九〇〇	Thomas Davidson	
7	書籍	*J. H. Pestalozzi Ausgewählte Werke*	一九〇六	Friedrich Mann	
8	書籍	*Literaturkunde für Präparandenanitalten*	一九〇七	Bachmann	
9	書籍	*Dr. Friedrich Köhlers Fremdwörterbuch*	一九〇九	Paul Seliger	
10	書籍	*Die Elizabeth Duncan-Schule*	一九一二		
11	冊子	Zur Begründung Einer Philosophischen Sektion	一九一三	Paul Natorp	
12	書籍	*Theosophie*	一九一九	Johannes Müller	
13	書籍	*Paul Natorp : Die Einheitsschule*	一九一九	Karl Muthesius	
14	書籍	*Pädagogisches Magazin "Reichsverfassung und Arbe-*	一九二〇	Georg Weiß	

		itsunterricht”			
15	冊子	Die Deutsche Philosophie der Gegenwart in Selbstdarstellungen	一九二一	Raymund Schmidt	Paul Natorp 編
16	冊子	Die Philosophie der Gegenwart in Selbstdarstellungen	一九二二	Raymund Schmidt	Jonas Cohn 編
17	書籍	*Eriechifches Übungsbuch*	一九二二	Rdoff Kaegf	
18	書籍	*Democracy and Education*	一九二二	John Dewey	
19	書籍	*Kant und Fichte als Rousseau-Interpreten*	一九二二	Georg Gurwitseh	
20	書籍	*Erkenntnis und Glaube*	一九二三	Eberhard Grisebach	
21	書籍	*Ethics*	一九二三・一二	John Dewey	
22	書籍	*The Dalton Laboratory Plan*	一九二四	Evelyn Dewey	
23	書籍	*Die Lebensschule “Aus dem leben der Berthold Otto-Schule”*	一九二五	Helmut Alberts	
24	書籍	*Химическая Азбчка*	一九二七	В. Н. Верховский	
25	書籍	*Das Psychologische Institut in Marburg*	一九二七	Erich Jeansch	
26	書籍	*Математика для детей*	一九二八	Д. Л. Волковский	
27	書籍	*Малый Географиуеский Атлас*	一九二八	Соколов, Чваров, Белавин, Каменецкий	
28	書籍	*А. И. АЪРАМОВА*	一九二八	В. П. Ивинг	
29	雑誌	*Die Erziehung*	一九三三・九		

30	雑誌	*Die Erziehung*	一九三五・一〇		
31	印刷物	N.Y.K. Japan-Europe	一九三八〜三九		
32	雑誌	*Die Erziehung*	一九五三		
33	書籍	*Pestalozzi's Berufswahl und Berufslehre*	一九八五	B. Morf	
34	冊子	Herbert Lindner			
35	書籍	*Comenius*		J. Beeger und F. Bouber	
36	印刷物	Erster Theil			Rousseau の章
37	書籍	*Johann Heinrich Pestalozzi Leben, Wollen und Wirfen*		Karl Oppel	
38	印刷物	The Memorial Center of the Twenty-six Martyrs			
39	書籍	*Courses on Education of Musical Sensitiveness*		Alfred Westharp	
40	印刷物	Hohe Schule der Musik			

3　鹿児島大学附属図書館所蔵「山下（森）徳治文書」目録一覧

鹿児島大学附属図書館所蔵の文書には、論文の原稿や、山下が編集に携わった際の校正原稿が所収されているという特徴がある。本目録は、成城学園教育研究所所蔵文書の分類枠組みを踏襲し、「原稿・冊子類」「スポーツ教育関係」「ノート類」「洋書類」「個人資料、その他」「書簡」のカテゴリーによって整理した。

資料の年代については、不明のものが多く、そのため推定により年代順に掲載している。年に「＊」を付したところは推定年を示しており、それも難しいものは空欄としている。また、著者について不明なものも空欄とし、山下徳治の筆蹟と判断できる場合には「（山下徳治）」または「（森徳治）」と記載している。

原稿・冊子類

No.	分類	原稿・冊子・雑誌名【論文名】	年月日	著者	備考
1	原稿	薩英戦争と引続いた親交	一九二一	西春彦（前駐英大使）	四〇頁
2	原稿	Das Psychologische Laboratorium	一九二八・一二・一二〜二九・一・一八	Jamashita 他	一一枚
3	原稿	基礎教育の思想に就いて：ペスタロッチが瑞西教育会のために行へるレンツブルグに於ける講演		（山下徳治）	六頁
4	抜刷	「教化史」（日本資本主義発達史講座（第二部資本主義発達史、岩波書店）	一九三二・一一・一四	山下徳治	四二頁
5	抜刷	「教育科学と児童学」（『教育』一九三五年四月号）	一九三五・四・一	山下徳治	三七〇〜三八四頁
6	冊子	Bücher Verzeichnis der Bibliothek Paul Natorp（ナトルプ文庫目録）	一九三八	Seijyo-Gakuen	二二五頁、二部
7	原稿	学校日誌		A・I	三枚
8	原稿	人間の危機（他）		（山下徳治）	「人間の危機」一二枚、「歴史の危機」一枚、「人間の危機」二枚、「日本教育最大の危機」一枚
9	原稿	少年の心理と教育		（山下徳治）	二三枚、目次一枚
10	原稿	児童学に関するノート		（山下徳治）	四二頁（途中欠落あり、一七枚）

11	原稿	ゲーテの全体的研究方法に就いて	一九四〇・一〇・八	（山下徳治）	一二枚
12	原稿	国民学校技術教育に於ける教科目及び教科配列私案	一九四〇・一二・七	（山下徳治）	五枚
13	原稿	模型飛行機の工作指導に就いて	一九四〇頃	（山下徳治）	九枚
14	原稿	工作教材として〝動力〟を選んだわけ	一九四〇頃	（山下徳治）	四枚
15	原稿	（マールブルク滞在記）		（森徳治）	一〇枚、帰国後の執筆
16	原稿	鹿児島に於ける森徳治先生を囲む座談会	（戦後）	花田正実、小池鉄太郎他	二二頁、於甲南中学校
17	原稿	Retort に依る木材炭化とその縮合物質により生産される諸物質の発生系統図		森徳治	一枚
18	原稿	（水流の実験装置）		（森徳治）	一枚
19	原稿	「デューウィの芸術論」を読む	一九四九頃	（森徳治）	三枚
20	原稿	直接経験——教育の基礎経験としての	一九四九頃	森徳治	八枚、『近代教育』創刊号に掲載、同タイトルの別原稿No.21
21	原稿	教育の基礎経験としての直接経験	一九四九＊	森徳治	一八枚、同タイトルの別原稿No.20
22	書類	防衛機構の種類の分類と分類の基礎		（森徳治）	原稿用紙三枚、メモ二枚
23	原稿	（刺戟について）		（森徳治）	一枚
24	原稿	経験哲学入門	一九四九＊	森徳治	三二四頁、成城書房より出版

25	原稿	『近代教育』創刊号	一九四九		創刊号の原稿の一部分、柳田国男「食べ物の今と昔」二枚、「編集後記」三枚など
26	原稿	生活単元学習と教科学習	一九四九＊	石井信	一枚
27	原稿	新学校の創造――我々の宣言		成城教育研究所	一三枚
28	原稿	新学校への道		成城教育研究所	五枚
29	原稿	世界はどう変るか（一）		成城教育研究所	五枚
30	原稿	世界はどう変るか（四号）科学の進歩性		成城教育研究所	九枚
31	原稿	ガイダンス・プログラム批判		成城教育研究所	一二枚
32	原稿	誌上懇談室		（成城教育研究所）	四枚
33	原稿	教育技術の未熟とその救済		嵯峨根遼吉	七枚
34	原稿	美しき生活環境へ		伊藤廉	四枚
35	原稿	Dewey の言葉		森徳治	二枚
36	原稿	国語科の学習単位と作業単元（一）		輿水実	八枚
37	原稿	スイスの教育		石井信	二枚
38	原稿	学校劇はどこへ行く		A・I	二枚
39	原稿	農地改革と教育		森徳治	一枚
40	原稿	親善野球		石井	二枚
41	原稿	原子力		森徳治	二枚
42	原稿	新学校の経営方針（一）		柴田勝	一三枚、成城初等学校長
43	原稿	学校は家庭の要望を充たしうるか		野上弥生子	三枚

44	原稿	発達と学習——母のため、教師のための心理学（一）		依田新	一二枚
45	原稿	読書紹介			六枚、六著書の紹介文
46	原稿	美術教育への疑問		実本三郎	三枚
47	原稿	（読書案内原稿）		石井	一枚
48	原稿	G．S．クレイグ著　科学の教室		山田一枝	四枚
49	原稿	正義感		小林琴	二枚
50	印刷物	経験哲学会々規	一九五〇		一枚
51	原稿	The Dawn of an American Era	一九五一・九	Victor Frene	一五枚、英文
52	原稿	The Orientalist Manifesto	一九五一・九・二四	Victor Frene	二枚、Tokyo、英文
53	原稿	A Scheme of World Wide Mobilization		Victor Frene	七枚、英文、手書き修正あり
54	原稿	社会科の根本問題——カリキュラム構成の方法論	一九五二＊	森徳治	六一九頁、『教育技術』第四巻第六号、第四巻第一二号に同内容の論文あり
55	原稿	五、大昔のスマイ	一九五二＊	（森徳治）	七枚
56	原稿	「少年の生い立ち」or「少年心理学」	一九五三＊	（森徳治）	目次
57	原稿	少年の生い立ちⅠ、Ⅱ	一九五三＊	森徳治	七七枚、同タイトルの原稿No.74
58	雑誌	『人の教育』第一〇号	一九五六・三・二〇	森徳治	特集：自伝的教師像（森徳治「ころびゆく石」三〇～四二頁）
59	原稿	ドイツの教育心理学	一九五六＊	森徳治	元原稿一三枚、清書したもの一五枚
60	原稿	教具論への出発	一九五七＊	（森徳治）	一五枚

61	冊子	「日本技術教育会議の概要（案）」	一九五八・六	技術教育研究会	九頁
62	冊子	「技術教育を推進するために（提案骨子）」			三頁
63	雑誌	『家庭の教室』六月号	一九六〇・六・一	森徳治	森徳治「子ども魂の自然な祈り」三二～三七頁
64	原稿	青少年心理の発達と生活の特性（要項）		森徳治	五枚
65	印刷物	「学校劇の成立基盤をどう考えるか」			一枚
66	原稿	（フレーンとの対話）		（森徳治）	一二枚
67	原稿	澤柳政太郎 ジョン・デューイ スペンサー		森徳治	一～一三頁、一～一四頁、一～一〇頁
68	原稿	問題解決能力の発達、生活指導と数学教育（他）		（森徳治）	二〇枚、断片三枚
69	原稿	（浅沼稲次郎暗殺事件についての原稿）	一九六〇＊	（森徳治）	一、浅沼稲次郎暗殺事件に関する原稿二三枚　二、山口晋平宛の文章二九枚
70	原稿	一、訓の国		（森徳治）	一枚
71	原稿	概念の発達（他）		（森徳治）	二一枚、数概念の発達
72	原稿	（キューバ危機に関する原稿断片）		（森徳治）	五枚
73	原稿	青少年と大人の間の壁を突き破ろう		森徳治	五八枚
74	原稿	少年の生い立ち（断片）		（森徳治）	二五枚、同タイトルの原稿No.57

75	原稿	児童の遊び場管理の根本問題要綱、進化心理学研究所規約		（森徳治）	一二枚
76	原稿	進化心理学協会規約、進化心理学協会設立の趣旨（他）		（森徳治）	三五枚
77	原稿	Japan Ideal Verein für Entwicklungs Psychologie Manifesto 進化心理学協会設立の趣旨		（山下徳治）	独語、一八枚（裏面に日本語原稿八枚）
78	原稿	新興教育研究所創立	一九六〇＊	（山下徳治）	五枚、部分、『新教の友』第三号及び『日本教育運動史』第一巻に同内容の文章あり
79	原稿	算数教育の出発点	一九六〇＊	森徳治	七枚（一～五頁、一二頁、一三頁）、海老原治善編「特集　教育における生活力と学力の問題」『生活教育』第一二巻第五号に「日ソにおける算数教育の出発点の比較研究」として掲載
80	冊子	「『新興教育』復製版刊行企画書」	一九六五・七	新興教育複製版刊行委員会、井野川潔	四頁
81	冊子	「『新興教育』復製版刊行へ協力のお願い」	一九六五	新興教育複製版刊行委員会	四頁
82	冊子	「新興教育復刻版全七巻パンフレット」	一九七五＊	新興教育複製版刊行委員会	『新興教育』復刻版のパンフレット、教労・新教四五周年記念出版、白石書店
83	原稿	（経験論についての目次）		（森徳治）	一枚
84	原稿	日本教育の発見		森徳治	一六三頁、「決定稿　未刊」と記入あり、「日本教育の再発見」というタイトルが混在、初稿は成城教育研究所所

					蔵
85	原稿	（日本文化論）		（森徳治）	七枚
86	原稿	仏滅二千五百年式典について ——宮本正尊博士に聞く		（森徳治）	九枚
87	原稿	（アジア情勢について）		（森徳治）	三枚
88	原稿	（学級人数について）		（森徳治）	三枚
89	原稿	（日本文化論）	一九六六＊	（森徳治）	九枚、カール・ディームへの言及あり
90	原稿	（人間における文化と自然）		（森徳治）	六枚
91	原稿	（児童の知性の発達）		（森徳治）	一枚
92	原稿	（人間像の探究）		（森徳治）	二五枚、ホモ・ルーデンス論、青年とスポーツ論
93	冊子	「山下（森）徳治『教育学による五・六歳児の方法的学習法』」		森遥子	三四頁

スポーツ教育関係

No.	分類	原稿・冊子・雑誌名【論文名】	年月日	著者	備考
1	洋書 和書	*Wesen und Lehre des Sports* 『スポーツの本質・その教え』	一九四九 一九五〇・一一・二四	Carl Diem カール・ディーム	Weidmannsche Buchhandlung、ディームのサインあり（一九五五・一一・二九） 大島鎌吉訳、万有出版
2	写真	（カール・ディーム来日時の写真）	一九五五		一六枚

3	冊子	独乙ケルン体育大学学長カールディーム博士招聘講演会計画	一九五五・一一	全国都市体育研究協議会、日本体育学会、文部省	
4	冊子	健民少年運動指導の手引	一九五九	横浜市教育委員会	
5	原稿	生い立つ健民少年運動		森徳治	二四枚
6	メモ	横浜体育講習会		（森徳治）	講演原稿八頁
7	冊子	「カール・ディーム博士とその業績」	一九五五・一〇	全国都市体育研究協議会、日本体育学会、文部省	14頁、はがきサイズ
8	冊子	「カール・ディーム博士講演集」	一九五五・一一	カール・ディーム博士招聘講演会準備委員会	通訳　森徳治、No.37
9	原稿	スポーツと年齢	一九五七＊	カール・ディーム	六枚、一九五七年第一八回ドイツ体育医学会でのディームによる講演の草稿の翻訳
10	冊子	「第一回和歌山縣スポーツ少年團大会」	一九六四・八・三〜五	和歌山県体育協会、田辺スポーツ少年団	於田辺市つぶり坂星ヶ丘、森徳治：スポーツ少年団の任務（講演）、森遥子：歌唱指導
11	冊子	「第二回日・独スポーツ少年団研究協議会」	一九六四・一〇・二〇		於岸記念体育会館二階理事幹事室
12	冊子	「第二回全国スポーツ少年大会　報告書」	一九六四・一二・一六	日本体育協会	森遥子：歌唱指導について、森徳治：スポーツに賭けた人々
13	冊子	「第一回全国都道府県スポーツ少年団本部長会議報告」「第二回全国スポーツ少年団指導者中央研修会報告」	一九六五・三	日本体育協会日本スポーツ少年団本部	座談会：野津（日本スポーツ少年団）、加藤（東京大学）、森（成城大学）
14	雑誌	『スポーツ少年　第四号』	一九六五・五・一	日本体育協会日本スポー	座談会「あすの日本がぼくらを期待し

				ツ少年団本部	ている!」（大石武一、大庭哲夫、竹田恒徳、野津謙、森徳治、飯塚鉄雄）
15	雑誌	『スポーツ少年　第五号』	一九六五・七・一	日本体育協会日本スポーツ少年団本部	
16	冊子	「スポーツ少年団哲理第一次草案」	一九六三		
17	冊子	「スポーツ少年団哲理第二次草案」	一九六三		
18	冊子	「スポーツ少年団の理念第三次草案」	一九六三		
19	冊子	「スポーツ少年団の哲理第四次草案」	一九六四・一		
20	冊子	「日本スポーツ少年団綱領」	一九六四＊		
21	冊子	「日本スポーツ少年団指導要綱案」	一九六四＊	日本体育協会日本スポーツ少年団本部	
22	冊子	「スポーツ少年団の理念」	一九六四	日本スポーツ少年団本部	三冊、うち一冊には、松田岩男による修正あり
23	冊子	「スポーツ少年団の理念」	一九六四	日本体育協会日本スポーツ少年団本部	二冊、印刷版
24	冊子	「スポーツ少年団とは!!」	一九六四＊	日本体育協会日本スポーツ少年団本部	
25	原稿	日本スポーツ少年団の理念：その introduction の note	一九六三	（森徳治）	一一枚
26	原稿	日本スポーツ少年団の理念：そのスポーツ本質論の note	一九六三	（森徳治）	一七枚

27	原稿	スポーツ本質論	一九六三		三枚
28	原稿	第一章　現代生活の危機感とスポーツの使命	一九六三＊	（森徳治）	一～一九頁、五五～六二頁
29	原稿	（オリンピアの指導者に関するメモ）		（森徳治）	五枚
30	書簡	（スポーツ少年団関係者への書簡下書き）		（森徳治）	一枚
31	メモ	発起人		（森徳治）	四枚
32	原稿	日本スポーツ少年団綱領	一九六四＊	（森徳治）	六枚、裏面記述あり
33	原稿	スポーツ少年団の理念	一九六三＊		四五枚、朱書き修正あり
34	冊子	「少年に望ましい人間像」	一九六四＊	日本スポーツ少年団本部	三冊、朱書きあり
35	冊子	「日本スポーツ少年団本部規程」	一九六四＊	日本体育協会日本スポーツ少年団本部	
36	原稿	体育民踊大会（通訳用）			四枚、刈羽郡、柏崎市の八六団体八〇〇名の参加者
37	原稿	（カール・ディーム博士講演集翻訳原稿）		（森徳治）	五三枚、四六頁から始まる。No.8参照
38	原稿	未来が若人を呼んでいる	一九六四	（森徳治）	三枚、「文部大臣愛知揆一」と記載
39	原稿	森徳治先生の講演	一九六四		スポーツ少年団第一回指導者講習会森徳治講演記録

ノート類

No.	分類	資料名	年月日	著者	備考
1	ノート	逝く聲	一九一六～二〇	山下徳治	詩集
2	ノート	（心理学実験ノート他）	一九二四・一一・一二～	山下徳治	心理学実験に関するノート、歴史主義批判、講演会の写真
3	ノート	Prof. Jeansch Psychologie	一九二四・一一・一〇～二五・二・二七	山下徳治	Jaensch の講義ノート
4	ノート	Natur notwendigkeit Zwang und Freiheit von Jaensch	一九二四＊	山下徳治	Jaensch の講義ノート
5	ノート	An Herrn Prof. Georg Schünemann	一九二五～一一・一二～	山下徳治	Schünemann に宛てた手紙の下書き
6	ノート	Erklärung an die Galaterbriefe	一九二五・一一・三～二六・二・二四	山下徳治	Freiherr von Soden の講義ノート
7	メモ	遂に来るべき時が来た	一九二五・八・二七	山下徳治	宗教的経験についての日本語のメモ、一枚
8	ノート	Allgemein Erziehungslehre	一九二五・五・六～七・二三	山下徳治	E. Otto の講義ノート
9	ノート	Erkenntnistheorie	一九二五・五・五～七・三一	山下徳治	Hartmann の講義ノート
10	ノート	Logik	一九二四・一一・三～二五・二・一九	山下徳治	Hartmann の講義ノート
11	ノート	Erklärung der Briefe an die Korinther	一九二五・五・四～七・三一	山下徳治	Bultmann の講義ノート
12	ノート	Magdeburg (Mein Pflegekind)	一九二六・一一・二五	（山下徳治）	独文（ジュッターリーン体）、切り紙挿入

13	ノート	Magdeburg (Mein Lebenslaüf)		（山下徳治）	独文（ジュッターリーン体）
14	ノート	Unter Vogel		（山下徳治）	独文（ジュッターリーン体）
15	ノート	2. B.		（山下徳治）	ギリシャ語語学ノート
16	ノート	Der Zusammengesetzte Satz		（山下徳治）	独語学習ノート
17	メモ	der abteilungs chef		（山下徳治）	三枚、独語学習ノート
18	ノート	aller		（山下徳治）	独語学習ノート
19	ノート	aru, iru, oru. (sein, haben)		（山下徳治）	独語学習ノート、独文印刷物挿入
20	ノート	Deutsche Sprach		（山下徳治）	独語学習ノート
21	ノート	Method		（山下徳治）	直観像に関するメモ他
22	ノート	（雑記帳）		（山下徳治）	メモ、日記など
23	メモ	Lieschens Streiche			一〇頁、絵本の日本語訳
24	メモ	（哲学者の年代一覧）		（山下徳治）	一枚、西洋人のみ
25	ノート	教育改造論原稿（二）		山下徳治	『新興ロシアの教育』（一九二九年、鐵塔書院）の草稿
26	ノート	（日曜学校の宗教教育）		T. Yamashita	講演メモ（宗教教育、人間学、児童心理など）
27	ノート	教育辞典原稿ひかへ	一九三六＊	（山下徳治）	『教育学辞典』（岩波書店、一九三六～三九年）の原稿、原稿用紙・新聞記事の差し込みあり
28	ノート	（教育と人間形成の変革期）		（山下徳治）	
29	ノート	（児童論）		（山下徳治）	
30	ノート	aufnehmen / übernehmen		（山下徳治）	独語学習ノート、ペスタロッチ会についての日本語メモ他

31	原稿	Paul Gerhard Natorp and Seijo		Satoshi Nakajima	英文、Postgraduate of Economiecs Seijo University Tokyo
32	ノート	パブロフの第2信号系の理論	一九五〇＊	（山下徳治）	メモ帳
33	書簡	封筒		Al. Luria	A・ルリアからの書簡の封筒とみられる
34	メモ	（メモカード）		（山下徳治）	人間学・児童学等に関するメモ、箱入り
35	メモ	序曲三つ		（山下徳治）	一枚
36	ノート	Tatsuo 15.7 小学三年		（山下徳治）	
37	ノート	学級日誌	一九二七・四・九	山下徳治	
38	ノート	Padologie	一九二八＊	（山下徳治）	事実問題の函数的取扱について（一九二八・一・一四）他、差し込みメモ三枚
39	メモ	（児童学メモ）		（山下徳治）	カード三九枚、児童学
40	メモ	（一斉検挙）	一九三三＊	（山下徳治）	一枚
41	メモ	国民学校の児童の為に		（森徳治）	二枚
42	謄写版	言語哲学（池上謙三先生による）			六枚
43	ノート	鈴蘭の芽	一九四三・三・二一	（森徳治）	詩集
44	ノート	研究ノートⅠ	一九五二・四・四	森徳治	Upanisad論、健少教育の基礎理論、成城大学講演録「第一回日本文化の世界性」、シュオドー『体育の新しい方法』
45	ノート	研究ノートⅡ	一九五二・五・一五	森徳治	成城大学講演録「第二回科学と哲学への反省」、造形教育論、メモ・新聞切

					り抜き挿入
46	ノート	研究ノートⅥ	一九五四・四・一二	Tokuji Mori	παιδος、横浜健民指導員
47	メモ	（レオンチェフ他）			ソヴィエト心理学者についてのメモ
48	メモ	Alle Reize		（森徳治）	独語メモ、三種類（二枚、六枚、六枚）刺激について
49	ノート	人間形成のプロセス		（森徳治）	二頁のみ使用
50	ノート	講演集		（森徳治）	頴娃村開聞校での講演「アメリカ哲学と教育」草稿
51	メモ	宮本正尊先生			画用紙一枚に書いたメモ、仏教論
52	ノート	教育		池島つや子	心理学に関するノート
53	ノート	三年生という子供		（森徳治）	原稿用紙六枚挿入
54	メモ	近代社会における少年の教育をどう考えるか		（森徳治）	一一頁、末頁に桜島・鹿児島の詩が付されている
55	メモ	（工作論）		（森徳治）	四枚
56	メモ	講演会		（森徳治）	一枚、小金井第三小学校ＰＴＡ主催「家庭における道徳教育」の依頼内容
57	メモ	おやつで一番好きなのは		（森徳治）	一枚
58	メモ	学校が好きになる方法		（森徳治）	八枚
59	メモ	教育は自己表現である		（森徳治）	七枚
60	原稿	（青少年論）		（森徳治）	一枚
61	メモ	青少年育成の反省と対策		（森徳治）	九枚、健民少年運動
62	メモ	自我の自然的発達		（森徳治）	画用紙一枚
63	手帳	（一九四四年手帳）	一九四四	森徳治	
64	手帳	（一九六四年手帳）	一九六四	森徳治	スポーツ少年団についての記述

65	ノート	（雑記帳）	一九五五＊	（森徳治）	Diem による書き込みあり、住所録
66	ノート	健民少年団の教育理論と実際		（森徳治）	原稿、Diem 宛書簡の下書きあり
67	ノート	教育音楽	一九六四	（森徳治）	他に、健民少年団・スポーツ少年団、レクリエーションについての記述あり
68	メモ	（団活動と指導者）		（森徳治）	七枚、各地の課題についてのメモ
69	メモ	（スポーツ少年団論）		（森徳治）	一〇枚、注意事項一枚
70	ノート	スポーツ本質論		（森徳治）	
71	メモ	戦後の日本人の心理		（森徳治）	一枚
72	メモ	（横浜健民少年団団歌下書き）		（森徳治）	三枚
73	ノート	森徳治についてのメモ	一九六八・六・二二	本間俊平	山下兼秀氏に聞く

洋書類

No.	分類	冊子・著書・雑誌名【論文名】	年月日	著者	備考
1	洋書	*Geschichte der neueren Pädagogik*	一九一三	Fridrich Heman	教師用撰書（Bücherschatz des Lehrers）第一〇巻教育史
2	冊子	Das Schicksal und die Wege der Neuen Psychologie	一九二一	E. R. Jaensch	
3	冊子	Neue Untersuchungen der Jugendpsychologie		E. R. Jaensch	
4	冊子	Die Franckeschen Stiftungen	一九二一		
5	冊子	Pädagogische Warte	一九二四・五・一		
6	洋書	*Psychologie des Jugendalters*	一九二四	Eduard Spranger	一九四八年版、青年期の心理

7	洋書	*Deutsche Pädagogen der Neuzeit*	一九二五	Emil Saupe	近代ドイツ教育、Yamashita im Margdeburg 16 August 1926
8	抜刷	Die typologische Methode in der Psychologie und ihre Bedeutung für die Nervenheilkunde	一九二五	E. R. Jaensch	Deutsche Zeitschrift für Nervenheilkunde Bd. 88.
8－2	抜刷	Jugendpsychologie und Kulturausgaben der Gegenwart		E. R. Jaensch	一〇頁
9	抜刷	Bon der Auswertung des Jahnschen Erbes für die Gesamtheit	一九二六・一〇・一	E. R. Jaensch	Akademischen Turnvund-Blättern No. 477/78
10	抜刷	Über die Verbreitung Eidetischer Phänomene und ihnen zugrunde Liegender Psychophysischer Konstitutionstypen	一九二六	Walther Jaensch	Klinische Wochenschrift 5. Jahrg., Nr. 10
11	洋書	*Physical Education in China* (中国體育概論)	一九二六	郝更生	
12	抜刷	Environmental Forces in Child Behavior and Development	一九三一	Kurt Lewin	Murchison, A Handbook of Child Psychology より抜粋、英訳書
13	洋書	*Probleme der Weltpolitik in Wort und Bild*	一九三九	Karl Haushofer Guftav Fochler=Hauke	
14	冊子	Arbeiten aus den Jahren 1911 bis 1941			
15	洋書	*Asiatische Reiterspiele*	一九四一	Carl Diem	アジアの騎馬競技、森徳治宛のサイン

					あり（一九五五年一一月一九日京都）
16	洋書	*Körpererziehung bei Goethe*	一九四八	Carl Diem	ゲーテの身体教育、森徳治宛のサインあり（一九五五年）
17	冊子	Sporthochschule Köln Iherm Rektor zum 70 Geburtstag	一九五二・六・二四		ディームの七〇歳を祝う会
18	洋書	*SPÄTLESE AM RHEIN*	一九五七	Carl Diem	Wilhelm Limpert-Verlag、森徳治宛のサインあり
19	抜刷	Bericht über die Vortragsreise nach Ostasien	一九五五・一一・一一〜一二・一三	Carl Diem	来日時の講演原稿、一一頁
20	洋雑誌	*Deutsches Turner* No. 2	一九五六・一・二五		ディームの来日時の記事
21	抜刷	Sport und Alter	一九五七・七・二六〜二八	Carl Diem	ハンブルグで開催されたドイツスポーツ医会議（18 Deutscher Sportärzte-Kongress）での報告
22	洋書	*FESTSCHRIFT zum 10 jährigen Bestehen der Sporthochschule Köln*	一九五七		Wilhelm Limpert-Verlag、ケルン体育大学創立一〇周年記念論文集
23	洋雑誌	*Merian*	一九六三		Freiburg
24	洋書	*The Scientific View of Sport*	一九七二	Baitsch, Bock, Bolte, Bokler, Grupe, Heidland, Lotz	Sport im Blickpunkt der Wissenschaften の英訳、The Organizing Committee for the Games of the XXth Olympiad Munich

個人資料、その他

No.	分類	資料名	年月日	著者	備考
1	書類	賞与明細	一九一三・一二・二二	鹿児島県	鹿児島市西田尋常小学校
2	書類	卒業証書	一九一三・三・二四	鹿児島県師範学校	鹿児島県師範学校卒業証書
3	書類	卒業証明書	一九一三・三・二四	鹿児島県師範学校	鹿児島県師範学校卒業証明書（独語）
4	書類	賞与明細	一九一四・一二・二三	鹿児島県	鹿児島市西田尋常小学校
5	書類	賞與明細	一九一五・一二・二〇	鹿児島県	鹿児島市西田尋常小学校
6	書類	賞與明細	一九一六・一二・一八	鹿児島県	鹿児島市西田尋常小学校
7	書類	賞與明細	一九一七・一二・二〇	鹿児島県	鹿児島市西田尋常小学校
8	書類	特別手当明細	一九一七・九・三〇	鹿児島県	鹿児島市西田尋常小学校
9	書類	賞與明細	一九一八・一二・二一	台湾総督府	台湾小学校教諭
10	書類	辞令	一九一八・三・三一	鹿児島県	台湾阿緱廳
11	書類	辞令	一九一八・三・三一	台湾総督府	阿緱尋常高等小学校勤務
12	書類	賞與明細	一九一九・一二・二一	台湾総督府	小学校教諭
13	書類	賞與明細	一九二〇・一一・一九	台湾総督府	台湾小学校教諭
14	メモ	（哲学者についてのノート、独滞在中のメモ・書簡下書き）	一九二三・九・一三＊	（山下徳治）	哲学者についてのノート一二枚、独滞在中のメモ・書簡下書き二一頁
15	書類	*Vorlesungen an heisiger Universität zu hören*	一九二四～二六	Philipps = Universität Marburg	T. Yamashita の授業料明細五枚、メモ一枚
16	書類	パスポート	一九二八・一〇・八		山下徳治
17	アドレス帳	Address-Boook Mori（Mai 1949）	一九四九・五	T. Yamashita	

18	メモ	（小学生向け試験問題）		（森徳治）	四枚
19	メモ	都市定義、ドイツ・ゼダンリングの学校の作品「切り抜き」		（森徳治）	四枚、封筒一つ（切り紙）
20	メモ	（図書購入の明細）		（森徳治）	一枚
21	メモ	（洋書書名一覧）		（森徳治）	二枚、英書
22	書類	名刺類	一九六五		名刺、徳治の葬儀関係――弔辞（斎田、矢川）、香典帳、会葬礼状
23	書簡	ごあいさつ	一九六五・一〇	森遥子	徳治百カ日法要のあいさつ文
24	書簡	『教育学辞典』復刻に当って著作物使用のお願い	一九八二・一二・一五	岩波書店	森遥子宛、三枚
25	目録	成城教育研究所資料	一九九六＊		山下徳治著作目録、五部
26	カード	著作目録作成カード			
27	目録	山下（森）徳治年代順著作目録　Ver. 1996	一九九六		
28	目録	山下（森）徳治年代順著作目録　一九九六・二・一六現在	一九九六		
29	目録	図書目録（手書き）	一九九六		
30	目録	山下（森）徳治年代順著作目録　一九九六・二・一六現在	一九九六	森礼治	
31	目録	山下（森）徳治年表（R. Mori版）Ver. 1	一九九六	森礼治	
32	目録	森（旧姓山下）徳治所蔵資料　一九九六年三月現在	一九九六	森礼治	
33	目録	山下（森）徳治年代順著作目	一九九九	森礼治	

No.	分類	資料名	年月日	著者	備考
		録 Vr2 1999			
34	目録	山下（森）徳治年代順著作目録 Vr2 1999/4/8	一九九九	森礼治	
35	目録	森徳治著作目録	一九九九		完成品三セット、予備用
36	写真	森徳治肖像写真他			四枚（西田小学校、肖像、Diem 氏二枚）
37	書簡	（正木正選集刊行にあたっての原稿依頼）		依田新	森徳治宛、一枚
38	和書	アメリカ人の日本把握	一九四〇・一〇	前田多門	育成社
39	和書	イタリヤの文化	一九四一・九	三浦逸雄	育成社、著者のサインあり
40	漢書	毛主席詩詞三十七首	一九六三・一二		文物出版社
41	印刷物	Lafcadio Hearn and Kumamoto		The City of Kumamoto	

書簡

No.	分類	資料名	年月日	著者	備考
1	書簡下書	Sammlung d. Briefe I	一九二六・三・二一	（山下徳治）	
2	書簡下書	Sammlung d. Briefe	一九二六	（山下徳治）	独語の書簡下書きノート
3	書簡	山下徳治宛書簡	一九二六・九・六	F. Rauch	エアメール、独新聞切り抜き
4	書簡	森徳治宛書簡	一九五二・二・二	菅原卓郎	絵はがき、イリノイ
5	書簡	森徳治宛書簡	一九五五・一二・六	Carl Diem	独語絵はがき
6	書簡	森徳治宛書簡	一九五五・一二・九	Carl Diem	独語絵はがき
7	書簡	森徳治宛書簡	一九五五・一二・一九	Carl Diem	独語絵はがき

8	書簡	森徳治宛書簡	一九五五・一二・二三	Carl Diem	独語エアメール
9	書簡	森徳治宛書簡	一九五六・二・三	Carl Diem	独語絵はがき
10	書簡	森徳治宛書簡	一九五六・二・二九	Carl Diem	独語エアメール
11	書簡	森徳治宛書簡	一九五六・三・一七	Helmut, Ruth 他	阿蘇
12	書簡	森徳治宛書簡	一九五六・四・二六	Carl Diem	独語エアメール
13	書簡	森徳治宛書簡	一九五六・六・一四	Carl Diem	独語絵はがき
14	書簡下書	Diem 宛書簡	一九五六・六・二二	森徳治	下書き、二枚
15	書簡	秋池薫宛	一九五六・六・二六	Carl Diem	独語エアメール
16	書簡	森徳治宛書簡	一九五六・一一・一七	赤池陽	エアメール
17	書簡	森徳治宛書簡	一九五六・一二・一三	Körbs	独語エアメール
18	書簡	森徳治宛書簡	一九五六・一二・一八	Carl Diem	独語絵はがき
19	書簡	「教育心理学事典」（金子書房）原稿依頼	一九五六＊	教育心理学事典編集部	ドイツ教育心理学の項、四月二八日付
20	書簡	森徳治宛書簡	一九五七・二・七	Carl Diem	独語エアメール
21	書簡下書	Diem 宛書簡	一九五七・二・八	森徳治	下書き、二枚
22	書簡	森徳治宛書簡	一九五七・二・二〇	Carl Diem	独語エアメール
23	書簡	森徳治宛書簡	一九五七・三・六	Carl Diem	独語エアメール
24	書簡	森徳治宛書簡	一九五七・三・一二	赤池陽	エアメール
25	書簡	Goldsmith 宛書簡	一九五七・五・六		英文タイプ、一枚
26	書簡	森徳治宛書簡	一九五七・五・二七	赤池陽	エアメール、Diem 他サインあり
27	書簡	森徳治宛書簡	一九五七・七・一八	赤池陽	エアメール
28	書簡	森徳治宛書簡	一九五七・九・六	赤池陽	エアメール
29	書簡	森徳治宛書簡	一九五七・一一・五	Carl Diem	独語エアメール

30	書簡	森徳治宛書簡	一九五七・一一・二二	赤池陽	エアメール
31	書簡	森徳治宛書簡	一九五八・三・二三	赤池陽	エアメール
32	書簡	森徳治宛書簡	一九五八・一一・七	Carl Diem	独語エアメール
33	書簡	森徳治宛書簡	一九五八・一一・二三	赤池陽	エアメール、Diem のメッセージあり
34	書簡	森徳治宛書簡	一九五九・三・二	赤池陽	エアメール、Diem のメッセージあり
35	書簡	森徳治宛書簡	一九五九・九・二七	Carl Diem	独語絵はがき
36	書簡	森徳治宛書簡	一九五九	赤池陽	絵はがき
37	書簡	森徳治宛書簡	一九六〇・四・一一	赤池陽	絵はがき
38	書簡	森徳治宛書簡	一九六〇・四・一三	田口陽子	絵はがき、ロンドン
39	書簡	森徳治宛書簡	一九六〇・五・三〇	Carl Diem	独語エアメール
40	書簡	森徳治宛書簡	一九六〇・七・一七	赤池陽	エアメール、Diem のメッセージあり
41	書簡	森徳治宛書簡	一九六〇・八・一	Carl Diem	独語エアメール
42	書簡	森徳治宛書簡	一九六〇・九・一一	赤池陽	エアメール、独新聞切り抜き
43	書簡	森徳治宛書簡	一九六一・三・一〇	Carl Diem	独語エアメール
44	書簡	森徳治宛書簡	一九六三・八・一一	菊池桂子	エアメール、ドイツ・フライブルク
45	書簡	森徳治宛書簡	一九六三・一一・三〇	加納冨美子	エアメール、ドイツ
46	書簡下書	宛先不明書簡下書		(森徳治)	一枚
47	書簡	森瑤子宛書簡	一九七五・二・二	小田真一	封筒なし
48	書簡	森礼治宛書簡	一九九六・一一・二一、二・八		

人名索引

あ 行

秋田雨雀　141, 144, 145
飯塚鉄雄　207
イエンシュ，E. R.　ii, 53, 55-58, 67, 88
池田種生　142, 144, 150
ヴィゴツキー，Л.　73, 76, 78
上田庄三郎　100
内村鑑三　44, 52, 94
海老原治善　128
エンゲルス，F.　108
大島鎌吉　198
オットー，E.　55
小野島右左雄　4
小原国芳　5, 21, 29, 100, 131

か 行

海後勝雄　138
城戸幡太郎　4, 8, 10, 75, 153, 159
木下竹次　36, 39, 184
クーベルタン，P.　212
蔵原惟人　101
後藤新平　76, 84, 102, 110

さ 行

ザゾ，R.　244
沢（澤）柳政太郎　29, 39, 76, 93, 131, 132, 184
篠原助市　178
シャッキー（シャツキー），C. T.　102, 109
シュトラッツ（シュトラツツ），C. H.　149, 169, 198
上甲米太郎　142, 145

た 行

田中昌人　3

　

ディーム，C.　ii, 198
デューイ，J.　68, 84, 85, 93, 106, 115, 122, 123, 176, 180, 188, 231
東郷平八郎　33
留岡清男　4, 8

な 行

長屋喜一　78
ナトルプ，P.　ii, 51, 74, 103, 104
野呂栄太郎　124

は 行

ハイデガー，M.　ii, 53, 54
波多野完治　ii, 4, 8, 14
バッソフ，M. Я.　76, 156, 160
羽仁五郎　77
フレーン，V.　225, 227, 228
ペスタロッチ，J. H.　33, 56, 68, 69, 71-74, 80, 188

ま 行

正木正　ii, 14, 59, 163, 164
三木清　54, 77, 146, 175
宮原誠一　ii, 146
宗像誠也　139
森徳治　197, 215
森瑶子　142, 146, 175

や・わ 行

矢川徳光　167
山下兼秀　29
山下徳治　i, 3, 4, 14, 21, 97, 156, 160, 165
依田新　ii, 14, 59
ワロン，H.　244

I

事項索引

あ　行

アイデティーク　55, 56
阿缑小学校　33
アジア諸民族の自然発達　226
『明日の学校』　99, 177, 185, 269
明日の教育　126
新しい人間性　31, 59
アプリオリのアプリオリ　45, 47, 238
即自《アンジッヒ》（der Mensch an sich）　6, 13, 78–80
池貝鉄工所　165
意識と無意識　60
一元的思想　220, 221
一元的進化　230
　——心理学　226
原精神《ウルガイスト》（Urgeist）　60, 181
生い立つ（思想）　189, 190, 194–196, 207, 212, 240, 245, 246
大島商社　22
大森徒弟学校　165

か　行

海洋学　23, 32, 93
海洋少年団　34
学制改革　149
学童期　238
『鹿児島教育』　22
鹿児島県師範学校　27
鹿児島市立西田小学校　27, 28
鹿児島県立第一中学校　28
鹿児島大学附属図書館　292
学校改革論　110, 111
学校教育の生活化　148
『学校と社会』　123
環境（学）　82, 83, 161, 163, 164
『函数指導』　30
『ギイヨオ・デューイ』　177
技術　181
　——的造形　201
　『——の生いたち』　193
『教育』　153
教育運動史　135, 136
　——研究　97, 98, 135, 138, 167
　——研究会　135
教育改造論争　126
教育科学　126, 127, 156, 158
　——研究会　125, 136, 143
教育学　158
　——批判　138, 151
教育研究運動　88
教育者の政治的疎外　111
教育人口動態　165
教育制度構想　81
教育と教化　246
教育による社会改造　96
教育の社会的規定　128
教育の商品化　165, 166
教育の世紀社　100
教育のもつ階級性　125
『教育問題研究』　39, 40, 69
教育を通じた社会革命　99
教員社会の自己変革　112
「教員の赤化問題」　142, 147
「教化史」　121, 124
教化と教育　245
器用さ　222
教材　151, 186
　——開発　157
　『——と児童学研究』　5, 7, 152
教授学　157
共通の形　189
共同塾　24, 26

教養学　155
キリスト教　44
近代学校制度　24, 26
近代教育の通史　121
グローバリゼーション　183
『経済哲学入門』　176
芸術　231
　——的創造　70
形成—造形（形成と造形）　200, 201, 223, 225
ゲシュタルト心理学　156, 159, 161
原始人的自然的生活　42
原始人と現代人　232
原始（的）生活　31, 45
現象学（的方法）　10, 54, 154
原子力　241
「現代教育制度改革論」　142, 147, 150, 216
『健民少年教育理論の基礎的研究』　200
高貴性　7, 9, 241
高貴なる価値　206
高貴なる精神　232
工業化社会の進行　237
工芸　105
高校ストライキ　110
構成的な過程　181, 182
高度国防国家体制　217
功利主義批判　70
功利的立場　43, 71
国民の教育要求　139
郷中教育　23
個人主義　72, 104, 107, 245
　——的教育　106
子供と大人とが一体になる日　232, 233, 245
子どもと原始人　40
子どもの原始性　41
子どもの詩　46, 47
子どもの自然性　13, 43
子どもの小さな詩　224
子どもの表現物　10
子どもは発育する存在か／発育される存在か　4
「ころび行く石」　23

さ　行

支那民族性　228
弛緩　205
自彊学舎　24, 25, 28, 29
自己形成の構成的過程　179
自然　180, 223
　「——（Natur）」概念　71–73, 81
　——性　70, 204
　——に帰れ　29
　——の理性化　70–72
実験　57, 67, 184
　——学校　80, 131, 137
　——主義　88
　——的志向性　132
史的弁証法　152
史的唯物論　123
児童演劇　31
児童学　4, 7, 11, 31, 75, 127, 149, 152, 156, 158, 163, 166, 218
　——史　153
　——批判　160
『児童教育基礎理論』　177
児童心理学　154
児童性　155, 188, 243
「児童と未開人との相似」　157, 158
児童の自然性　7, 8, 238
児童は発育するのか／発育させれるのか　161, 164
師範学校　26, 28
社会科学としての教育学　114
社会科学の発達　113
社会教育（学）　103, 104, 183, 184
社会主義　77
社会的諸関係の体系　113
社会有機体説　107
自由学園　130
宗教　108
自由民権運動　95, 126, 140, 152
衝動性　11, 186, 187, 199
　——から高貴性へ　212

少年（期）　201, 239
常磐学舎　24
商品化　147, 148, 241
　　——した生活　237
職業教育　218
『ジョン・デューイ学説批判』　176
進化　240
　　——心理学　225-227, 230
　　——論　2, 231
新カント学派　103
新教育　115, 129, 184, 229
　　——運動　95, 96
新教・教労運動　5, 79, 96, 97, 140
新教懇話会　135, 137
『新興教育』　111, 112, 135
新興教育　76, 93, 97
　　——運動　98, 135
　　——研究所　77, 95, 110, 136, 143
　　——の科学的建設　115
新興ロシア　79, 80
『——の教育』　122
尋常科一年生　41
尋常小学校一年生　42
人民的発想　139
心理学　242, 243
人類の永久平和　242
人類の発生史　12
人類文化発達史　12
数学教育　43
スポーツ　205
　　——教育　197
スポーツ少年団　198, 199
　　——哲理　208
　　——の理念　203, 206, 207, 210
すまい　195
　　『——のおいたち』　193, 196
生活　155, 184
　　——教育論争　96
　　——綴方教育　9
　　——力の涵養　159
成城イズム　129

成城学園　215
　　——教育研究所　68, 270
　　——高等部　100
成城教育　127
成城小学校　5, 39
成城大学図書館ナトルプ文書　51
成城文化　130
『成城文化史』　129, 137
精神　182
　　——主義　183
　　——と行動の一元論　217
青年のニヒリズム　223
セルフデザイニング／造形（論）　13, 15, 105,
　　181, 186, 193, 197, 201-203, 206, 216, 233,
　　234, 239, 245, 246
戦後教育学　i, 1
　　——批判　3
『全人』　69
全人教育　130
全人的立場　45
ソヴィエト教育学　77
ソヴエート単一労働学校　109
『ソヴエートロシア印象記』　122
造形　13, 181, 206, 224
祖国愛　211, 219, 220
尊厳性　7, 9

た　行

台湾　32
聴方科　40
直観　30, 43, 44
　　——像（実験）　55, 57, 58, 63, 68, 73, 78
　　——的思惟　58, 61
　　——と結合された思惟　57
　　——力　46
治療学　166
哲学以前　41, 46, 238
手の技法　221, 222
手のわざ　194
『デューイの哲学と教育』　176, 185
転向　99, 128

道具　197
道徳教育　183
東洋文化　217
徳之島の製糖業　22

な　行

「日本教育の再発見」　14, 215, 228, 240
日本教育労働者組合　95, 112, 141
『日本資本主義発達史講座』　124, 141
日本スポーツ少年団　203, 225
　——の理念　208, 209
日本体育協会　207
日本道徳　232
日本プロレタリア文化連盟　101
日本文化　220, 221, 229
日本民族　195, 219, 234
　——の固有性　217
　——の優位性　216
人間学　242
人間固有の自然性　45
人間性　40, 114, 230
人間的自然　33
人間の自然性　59
人間発達　94, 127
　「——の発生論的問い」　2, 234

は　行

発育しつつある児童　7, 61, 202
発育論争　3, 6, 59, 75, 79, 83, 161, 164, 170
発生論　2, 151, 194
　——的（な）アプローチ　11, 12, 34, 59
　——的問い　4
　——的な人間学　69
　——的発達論　15, 237, 244
発達　1, 2, 14, 59
　——概念　i, 75
　——研究　15
　——心理学　243
　——理論　2
発展（Entwicklung）　59-61, 71, 72, 94, 107, 182, 194, 239
　——概念　108, 180
　——心理学（Entwickelungspsychologie）　62, 70, 74
反省　44, 45, 47
反発達論　3
非行少年問題　210
物質化　241
対　自《フュールジッヒ》（der Mensch für sich）　6, 78, 80
ブルジョア教育学　113
ブルジョア教育批判　106
『プロレタリア科学』　102
　——運動　94, 98
　——研究所　95
　——科学同盟　140, 143
　——教育（学）　104, 121
　——教育運動　125
　——教育研究所　77
　——文化運動　101
文化造形　220, 222, 223
ペスタロッチからデューイへ　175, 188, 233
『ペスタロッチからデューイへ』　176, 178, 187
教授学《ペダゴジー》　158

ま　行

マールブルク　52
　——大学　5, 51, 53
民間教育運動　97
民族　186, 187
　——教育論　35, 179, 197
　——性　189, 210
　——の危機　207
　——の子ら　210, 212
　——文化論　225, 227
　——論　211, 216, 219
明治教化政策　125

や　行

唯物的弁証法　81
唯物弁証法　105, 114
唯物論　82

横浜健民少年団　197, 199

ら　行

リズム　203, 205
リベラリスト　83, 84, 100, 137
類型学　82
歴史心理学　244

労作教育　148, 179, 183, 185
労働　105
　──学校　146
　──教育　109
　──大学　76, 102, 110
『労務者の職分』　186, 193
ロシア革命　78

《著者紹介》

前田晶子（まえだ・あきこ）

1970年　生まれ。
1996年　東京都立大学人文科学研究科修士課程修了。
2002年　一橋大学大学院社会学研究科博士後期課程単位取得後退学。
　　　　鹿児島大学教育学部准教授・教授を経て，
現　在　東海大学児童教育学部教授。
著　書　木村元編著『近代日本の人間形成と学校――その系譜をたどる』（第１章担当）クレス出版，2013年。
　　　　山本睦・前田晶子・古屋恵太編著『教師を支える研修読本――就学前教育から教員養成まで』（第４・第10章担当）ナカニシヤ出版，2014年。
　　　　中村隆一，渡部昭男編『人間発達研究の創出と展開』（第４部第15章担当）群青社，2016年。
　　　　大泉溥編『日本の子ども研究――復刻版解題と原著論文』（第２部特論２担当）クレス出版，2021年。
　　　　鹿児島の子どもハンドブック編集委員会編『鹿児島の子どもハンドブック――民間版子ども基本計画』（前田晶子編集代表）南方新社，2021年。

山下徳治と日本の民間教育運動
――人間発達の発生論からセルフデザイニング論へ――

2025年３月31日　初版第１刷発行　　　検印省略

定価はカバーに
表示しています

著　者　前　田　晶　子
発行者　杉　田　啓　三
印刷者　藤　森　英　夫

発行所　株式会社　ミネルヴァ書房
607-8494 京都市山科区日ノ岡堤谷町１
電話代表（075）581-5191
振替口座　01020-0-8076

亜細亜印刷・新生製本

ISBN 978-4-623-09916-0
Printed in Japan

澤柳政太郎——随時随所楽シマザルナシ　新田義之　著　四六判三六八頁／本体三〇〇〇円

新島　襄——良心之全身ニ充満シタル丈夫　太田雄三　著　四六判四二四頁／本体二五〇〇円

岩波茂雄——低く暮らし、高く想ふ　十重田裕一　著　四六判三三二頁／本体二八〇〇円

天野貞祐——道理を信じ、道理に生きる　貝塚茂樹　著　四六判四七二頁／本体四〇〇〇円

石母田正——暗黒のなかで眼をみひらき　磯前順一　著　四六判三九二頁／本体三八〇〇円

———— ミネルヴァ書房 ————

https://www.minervashobo.co.jp/